主编：夏春锦 周音莹

碧海蓝天林徽因

韩石山 著

寻访林徽因
林徽因的一通遗札
真实背后的真实
林徽因的感情世界
碧海蓝天林徽因

中国出版集团公司
华文出版社

图书在版编目（CIP）数据

碧海蓝天林徽因 / 韩石山著. -- 北京：华文出版社，2022.8
（知新文丛 / 夏春锦，周音莹主编）
ISBN 978-7-5075-5652-0

Ⅰ.①碧… Ⅱ.①韩… Ⅲ.①林徽因（1904—1955）-人物研究 Ⅳ.①K826.16

中国版本图书馆CIP数据核字（2022）第120108号

碧海蓝天林徽因

著　　者：	韩石山
责任编辑：	胡慧华　寇　宁
出版发行：	华文出版社
地　　址：	北京市西城区广外大街305号8区2号楼
邮政编码：	100055
网　　址：	http://www.hwcbs.cn
投稿信箱：	hwcbs@126.com
电　　话：	总编室 010-58336239　责任编辑 010-58336195 发行部 010-58336267
经　　销：	新华书店
印　　刷：	三河市龙大印装有限公司
开　　本：	880mm×1230mm　1/32
印　　张：	10.75
字　　数：	200千字
版　　次：	2022年8月第1版
印　　次：	2022年8月第1次印刷
标准书号：	ISBN 978-7-5075-5652-0
定　　价：	58.00元

版权所有　侵权必究

小序

感谢江南名士夏春锦先生的催促,让我把这多少年来,写林徽因的文章编个集子去出版。

想想也是的,我对现代文学人物的研究,还是从"寻访林徽因"开始的。1995年夏天,不知道看了一篇什么文章,知道1934年夏天,梁思成、林徽因夫妇曾来山西汾阳县(今汾阳市)峪道河度假。什么好地方,竟吸引了这样的名人,于是约了个有车的朋友,还约了个认识不久的女孩子,一同去了。那女孩子是报社的,回来让我写文章,于是写了篇《寻访林徽因》,在他们报上刊出。

又过了几年,写文史钩沉的文章多了,人民文学出版社的朋友让我编本集子。集子里的文章五花八门,起名字总要起个响亮的,于是便用了《寻访林徽因》这个篇名。知道这本书的人多,真正看过的不多,好些人还以为我写过一本林徽因的传记呢。

林徽因总是迷人的,零零散散的,后来还写过好些。最长的该是给厦门电视台写的讲稿,叫《碧海蓝天林徽因》。起初只有几万字,修订过一次,成了七八万字,这次再增补,不觉已是十万字了。于是就用它做了这本集子的名字。

　　毕竟是本集子,某些事例有重复,也是没法可想的事。只能敬祈海涵了。

2022 年 3 月 10 日于潺溪室

目 录

寻访林徽因 001

追寻大师的行踪
　　——梁思成、林徽因在山西的古建筑考察 013

八宝箱之谜 031

此中果有文章
　　——再谈八宝箱之谜 043

林情徐爱有多深 050

林徽因的一通遗札 063

真实背后的真实 068

这笔钱给了没有 072

林徽因的感情世界
　　——在山西省图书馆报告厅的演讲 077

庶出：林徽因的心病 097

碧海蓝天林徽因 120

民国知识女性的婚姻认同
　　——以林徽因、陆小曼、王映霞为例 296

林徽因最为特别的地方
　　——答美国崴涞大学文慧科副教授问　　310
人物传记衰象之分析
　　——以林徽因的传记为例　　318

寻访林徽因

一

这题名不太妥当，谁都知道林先生已仙逝多年，后面加上"踪迹"二字就对了。而一加踪迹，又减弱了我那份纯清的敬意。我是将林先生当作活人来寻访的。就连名字中的那个"因"字，都觉得还是原先的那个"音"字好。当年有个男作家叫林微音，她嫌易生混淆，便自动放弃了原名，改为徽因。何必呢，这宽宏中也不免小气。

林先生和她的丈夫梁思成先生，抗战前曾三次来山西。他们在古建筑考察方面的成就，可说是得力于山西的古建筑实物。不必说没有山西的古建筑，就没有这对古建筑学者，至少他们的成就不会那么高，该是真的。

第一次来山西，是1933年9月，去的是大同，考察了云冈石窟和上下华严寺。

最后一次是1937年夏天，去的是五台山。说来也巧，正是在"七七事变"爆发的那一天,远视眼的林徽因,看见了佛光寺东大殿九米高的梁下,隐隐约约有一行墨字,后来搭架上去看过,证实这是一座真正的唐代建筑。

前后两次都是纯学术考察,只有第二次,即1934年暑天来汾阳县峪道河水磨坊别墅这次,是一面避暑消夏,一面做古建筑考察,其活动也就显得丰富多彩些。

是后来成了大名的美国汉学家费正清,促成了林徽因夫妇的这次山西之行。

1932年,费正清和女友威尔玛(费慰梅)先后到达中国,到北平后去看望清华大学教授、美国人詹姆逊(中文名翟孟生),正巧詹姆逊要外出度假一年,便将自己在西总布胡同的一座院子借给他们住。林徽因梁思成夫妇就住在与这条街相连的北总布胡同院里,两家便由近邻成了要好的朋友。这时林徽因夫妇正在中国营造学社任职,一心做中国古建筑考察。第二年费正清因蒋廷黻的介绍,在清华大学任教。

梁家在北总布胡同住的是三号院子。这个院子,当年在北平文化界可说尽人皆知,是个著名的文化沙龙。虽是梁家的房舍,实是由女主人而出名,通常人称"太太客厅"。因仰慕林徽因的才情与美貌而终身未娶的哲学家金岳霖,就隔一个花园,住在梁家的后院。当时的文学青年,莫不以能蒙女主人的召见为荣幸。萧乾曾得到过这个荣幸,李健吾也有过。冰心曾不无嘲讽地写过一篇小说,叫《我们太太的客厅》,说的就是林徽因的事。

1934年暑假，费正清与威尔玛将去汾阳县度假，邀请林徽因夫妇一同前往。前一年已去山西云冈石窟考察过，原计划今年夏天去北戴河度假的，费正清告诉他俩，他的一位美国朋友，在汾阳县城外的峪道河上租下一座水磨坊，非常宜于避暑，他已借得，不妨一同前去。梁思成夫妇原也有去山西洪洞县考察寺庙的打算，两地相距很近，便应允了。这一年，林徽因三十一岁，梁思成三十三岁，费正清二十八岁，威尔玛与费正清年岁相当。

　　将别墅借给费正清的美国朋友，英文名字为A. W. Hummel，中文名字叫恒慕义。原是美国公理会教士，1915年来华，在汾阳县传教，曾任铭义中学校长。1924年任北京华北协和华语学校讲师，1927年起，任美国国会图书馆东方文物部主任，主编有《清代名人传略》两卷。他那位在铭义中学楼上出生的儿子，取名恒安石，1981年成了美国驻中国大使。

　　从《费正清自传》中的文字记载看，这年恒慕义并未来汾阳，这样，才能将别墅借给费正清使用，费正清才能邀梁思成夫妇同住。

　　六十一年后的这个大暑天，我们一行数人，驱车前往汾阳，至汾阳后，又会合了几位热衷此道的文友，一同前去寻访林徽因在峪道河一带的踪迹。

二

　　这就是马跑神泉,峪道河的源头。

　　迎面是一堵高大的墙,该说是照壁,挡住了背后的山梁,也挡住了我们的游兴。墙上,是一幅绝大的壁画,烧瓷的,画的正是这神泉得名的传说。北宋初年,太宗皇帝亲率大军征讨雄踞太原一带的北汉政权,行至汾阳地面,无水,三军干渴异常,太宗的坐骑奋蹄一刨,平地起泉,解救了干渴的大军,奋力前行,一举荡平北汉,结束了五代十国的分裂局面。画面上,一位将军揽辔疾驰,那飞扬的马蹄,似乎正在刨着干裂的地面。

　　太实相了。有了眼前的画面,传说也就不成其为传说。

　　脚下的平台上,一个口径不会超过一尺的井,深深的,什么也看不清楚,不用问该是那神泉的泉眼。

　　掉转身来,观看着眼前的峪道河,不,该说是渠了。河道两旁全是水泥板砌成的堤堰,河面不过两三米宽。顺着堤堰走去,但见水中铺着不止一根的塑料管子,白色,粗粗的,一看就明白,这是利用虹吸原理,将河中的水引到山梁那面的田里去。虽说渠道狭窄,又铺设着塑料管子,仍能看得出泉水的清洌与湍急。

　　能启人想象的,也只有这清澈见底,又奔腾不息的流水了。

　　峪道河,是地名,也是水名。据《山西通志》称,"原公水,俗名峪道河,又曰马跑泉。自县西北三十里分渠东流……下流入文湖。"

来之前,我已知道,除了这泉水外,什么都不会看到。明知什么都看不到,我们还是来了。只有来了,才能体味出书本上的记载——

去夏乘暑假之便,作晋汾之游。汾阳城外峪道河,为山右绝好消夏的去处;地据白彪山麓,因神头有"马跑神泉",自从宋太宗的骏骑蹄下踢出甘泉,救了干渴的三军,这泉水便没有停流过,千年来为沿溪数十家磨坊供给原动力,直至电气磨机在平遥创立了山西面粉业的中心,这源源清流始闲散的单剩曲折的画意,辘辘轮声既然消寂下来,而空静的磨坊,便也成了许多洋人避暑的别墅。

这是《晋汾古建筑预查纪略》中的一段话,作者林徽因、梁思成。原载1935年《中国营造学社汇刊》第五卷第三期,1982年收入《梁思成文集》第一卷。虽说署着两人的名字,一看便是出于林徽因的笔下。

1934年8月初,林徽因、梁思成夫妇,费正清、威尔玛夫妇,还有费正清的华语教师,先乘石太线的火车抵太原,换乘汽车来到汾阳县城,再来峪道河上的水磨坊别墅。以当时的交通状况揣测,末后的这三十里路,怕只能是雇用骡马大车了。

天生丽质的林徽因，虽经旅途颠簸，略显疲累，依旧光彩照人，她穿着雪白的长裤，宝蓝色的衬衫，容颜洁润，举止潇洒，与全身卡其布服装的梁思成形成鲜明的对照。

一到峪道河，林徽因就被这里的景色迷住了，对费正清说，这里的景色很像美国绮色佳的风光。绮色佳是美国的一座小城，康奈尔大学的所在地，风景优美，林徽因曾在康奈尔大学读书。

此言不诬。不过，峪道河之所以成为避暑胜地，除了自然环境的优美外，还有人文地理上的原因。

二十世纪初叶，汾阳县城的传教士很多，建有教堂、学校、医院，是内地传教士聚会的中心。每年夏天，都要组织夏令会，邀附近县城的传教士来此避暑。1924年夏天，传教士裴万铎为了纪念前一年去世的女儿美瑞小姐，特捐出女儿的教育费五百美金，又出资千余美金，在峪道河畔建立美瑞亭，夏令会的同人亦捐资立碑，镌刻《美瑞亭记》以为纪念。仅此一点，亦可见当年的盛况。

看中这块风水宝地的，不光是传教士。

顺峪道河而上，在一片平坦的山坡上，突兀地耸立着一幢西洋建筑。我们去看了。据说这是当年西北军高桂滋将军的公馆。先前还有高大的屋脊，后来因漏雨被拆除，修成平顶，如今是峪道河中学的理化实验室。

也是这幢建筑，后来成了西北军领袖冯玉祥的羁留之所。1929年夏，冯玉祥携妻女入晋，时局诡谲，阎锡山对冯玉祥起了戒心，遂将冯羁留在山西，不让回陕西。先住在五台县他的家乡，不便看管，后来又转移到这儿。时局莫测，又有西北军的实力，在生活上，阎对冯还是礼遇有加的。冯玉祥在这里住了年余光景，看中了这块地方，便将已去世多年的父母的棺木，由安徽老家迁到附近的赵庄重新安葬。至今赵庄村外的一面土冈上，还有冯玉祥为父母立的碑楼。

这地方，我们也去了。站在土冈上，放眼望去，一望无垠的是骄阳下碧绿的田畴，让人不禁感慨陡生，一代豪杰，征逐连年，而今安在哉！

三

让我感兴趣的，还是当年的水磨坊别墅。

陪同我们的朋友说，当地有民谣——"峪道河上，九十九盘磨"，一则是说水磨之多，再则是说，峪道河的水力，只能带动这么多的磨，一百盘就带不动了。

水磨坊何以会废弃，前面的引文中，林徽因已说得很清楚，那就是"电气磨机在平遥创立了山西面粉业的中心，这源源清流始闲散地单剩曲折的画意。辘辘轮声既然消寂下来，而空静的磨坊，便成了许多洋人避暑的别墅"。

来峪道河水磨坊别墅消夏，不止费正清和梁思成两家，"散布居住于谷地其他磨坊的约十几个传教士家庭，形成一个村落"。(《费正清自传》)

对水磨坊别墅的雅趣,林徽因亦有生动的记述——

磨坊虽不是一种普通的民居,但是住着却别有风味。磨坊利用急流的溪水做发动力,所以必须引水入庭院而入室下,推动机轮,然后再循着水道出去流入山溪。因磨粉机不息的震动,所以房子不能用发券,而用特别粗大的梁架。因求面粉洁净,坊内均铺光润的地板。凡此种种,都使得磨坊成为一种极舒适凉爽,又富有雅趣的住处,尤其是峪道河深山深溪之间,世外桃源里,难怪得被洋人看中做消夏最合宜的别墅。

至于这儿的舒适凉爽,从费正清与金岳霖的通信中也能看出一斑。

有了与林徽因夫妇的交往,费正清跟金岳霖也成了要好的朋友,这次来峪道河消夏,想来也邀了金岳霖,不知何故,金未来。而在这期间,两人有书信往还。来此地消夏的中国人,除了梁思成夫妇,一位中国教授(妻子是英国人)外,还有当时荣获中国女子网球冠军的王氏姐妹。

两姐妹是混血儿,既姓王,可知其父是山西出去的留学生。一个叫王春菁,一个叫王春葳,前一年10月,于南京举办的全国运动会上,战胜十六个省的选手,包揽了女子单打和双打冠军,报界以网坛姐妹花为题,大加赞扬。1934年在上海举办的第六届全运会上,再度蝉联冠军。来峪道河磨坊别墅消夏,当是获得冠军后,父母对这对姐妹花的犒劳。这样费正清也就见到了两姐妹本人,从给金岳霖的信上看,极有可能跟两姐妹一起打过网球。

在给金岳霖的信上,费正清说,"她们中一个比一个更美"。哲学家的金岳霖,对这句既不合逻辑又合逻辑的话很是珍爱。回信中,说了这些日子北京的溽热后,接下来说:"根据你对天气的描述,你们都该穿上毛皮衣了,那你们怎么打网球呢?王氏姐妹怎么进行练习呢?也许她们除了一个比一个更美之外,还应当加上一个比一个更耐寒吧。"

四

在水磨坊别墅住下,稍事休整,林徽因和梁思成便开始了他们的古建筑考察工作。

一开始,先考察了别墅对面白彪山上的几座小庙,对龙天庙的考察尤为详备,认为它在年代和结构上虽无惊人之处,但秀整不俗,可以将它当作山西南部小庙宇的代表作品——

龙天庙在西岩上,庙南向,其东边立面、厢庑后背、钟楼及围墙,成一长线剪影,隔溪居高临下,隐约白杨间。在斜阳掩映之中,最能引起沿溪行人的兴趣。山西庙宇的远景,无论大小都有两个特征:一是立体的组织,权衡俊美,各部参差高下，大小相依附，从任何观点望去均恰到好处；一是在山西，砖筑或石砌物，斑彩淳和，多带红黄色，在日光里与山冈原野同醉，浓艳夺人，尤其是在夕阳西下时，砖石如染，远近殷红映照，绮丽特甚。在这两点上，龙天庙亦非例外。谷中外人三十年来不识其名，但据这种印象，称这庙做"落日庙"并非无因。

这哪里是考察报告上的文字，分明是一段优美的散文，说是字字珠玑亦不为过。

同时，他们还根据廊下乾隆十二年的一通碑上的文字，考证出，庙中祭祀的龙天神，乃晋代永兴元年的介休令贾浑。这一年，叛将刘元海攻陷介休，贾浑死而守节，不愧青天，后人故建庙崇祀。

几天的时间里，他们以水磨坊别墅为基地，接连考察了大相村的崇胜寺，杏花村的国宁寺，小相村的灵岩寺，还顺便考察了山西的砖窑，"并非北平所说的烧砖的窑，乃是指用砖发券的房子而言"。

这些都可说是序曲，他们之所以来峪道河消夏，一个最大的心愿是考察洪洞县的广胜寺。大约在别墅住了不足一个星期后，便整装前往了。费正清与威尔玛与他们同行。威尔玛后来也成了嗜好古建筑的学者，研究的专题是古墓室的建筑艺术。

其时，南同蒲铁路正在修筑中，原有的公路破坏了，新铁路尚在修筑中，而汾阳到洪洞，足有三百华里，经过孝义、介休、灵石、霍州、赵城等县份。没有公共汽车，也没有火车可搭乘，他们只好依靠马车和人力车，沿着正在修建中的路基走。

当年修筑同蒲铁路时，动用的全是山西的部队。因此，沿线的寺庙里，几乎全驻扎了修路的官兵。有一次，梁思成他们看中了一个寺庙，正要住下来，忽然来了一群官兵，也要在这里宿营。梁思成过去跟他们交涉。费正清注意到，梁思成是个很有社交手段的人。虽说身材矮小，且有一条腿是跛的，但他装束整齐，不卑不亢，从容地递上名片，上面列有各种头衔、机构团体，谈吐中偶尔提到几个人名，迫使对方愈来愈显得恭敬，开始想办法帮助他们。最后还是两方协商，都得到妥善的安置。费正清的文章里没说，不过我们可以想象，有林徽因这样气质高雅的太太站在一旁，谁还敢怀疑他的高贵的身份？

纵然艰难，他们仍坚持一边走一边看，开元古碑、铁瓦寺、千佛崖、州署大堂、大槐树、苏三监狱、广胜寺，每到一地，不光是观赏，还要做详细的考察。

大约两个星期后，一行人返回峪道河的水磨坊别墅，小住数日，又启程北上。抵达太原后，他们还考察了晋祠的渔沼飞梁和圣母殿，太原城东南的永祚寺。这时已是八月下旬，该返回北平了。

1934年8月间，林徽因夫妇来峪道河消夏暨考察古建筑，在山西各地共待了二十多天。回到北平后，夫妇俩合写了《晋汾古建筑预查纪略》，对此行考察过的古建筑，均有详尽的记述。费正清晚年著有 *China Bound A Fifty-Year Memoir*，目前国内出有两种译本，一为上海知识出版社出版，译名为《费正清对华回忆录》，一为天津人民出版社出版，译名为《费正清自传》，前者稍有删节，又恰恰是在林梁二位来山西的章节上。

六十多年过去了，林徽因、梁思成、费正清这几位知名人士在山西的行踪，也快要湮没无闻了。我们所以不避溽热，前来寻访，全是出于仰慕先贤的雅兴。再过若干年，不知还有人再来凭吊他们么？

1995 年 8 月 25 日

追寻大师的行踪
—— 梁思成、林徽因在山西的古建筑考察

清清的泉水，似乎在诉说着什么

　　箭似的公路，射向旷野的尽头。飞驰的切诺基，似乎恒定在一个点上。车里，悄无声息。当你领受了一个崇高的使命，当初的激动过后，常会转为一种肃穆的期待。期待着来临，期待着成功。眼下我们正处在这样的时刻。

　　不是期待，体验已经开始了。即如轮下的这条公路，倘若时光推回六十八年前而季节也可随意调适的话——1934年夏天，或许在我们的旁边，会有一辆老式公共汽车，车窗里会闪过一个年轻男子清瘦的身影，还有一个年轻女子俏丽的脸庞。

　　梁思成！林徽因！

　　不是自作多情，实在是自从接受任务起，每天看的是他们的文章和他们的照片，而那些照片，又大多是那个年代的。正是他们丰采照人的岁月。两人都是三十出头年纪，梁三十三岁，林三十一岁。

更重要的是，此刻，我们正行走在当年他们走过的那条公路上。1934年夏天，应一位美国朋友的邀请，他们来汾阳县（今汾阳市）峪道河避暑，同时做山西古建筑的考察。这条路，几十年来，是拓宽了，铺上沥青，但路基没有变。只要太原与汾阳的地理位置不变，连接两地之间的公路也就不会有大的改变。彼时的人并不比我们蠢笨。

我们的目的地，正是峪道河，一个风景绝佳的去处。

不光是峪道河，我们还要循着他们在山西三次考察走过的路线，全部走一趟。他们重复走过的地方，我们不会也去重复。我们也不蠢笨。

"大相村"——路东一块蓝底白字的牌子。

我飞快地翻动手中的《梁思成文集》。《晋汾古建筑预查纪略》一文的第二节便是《汾阳县　大相村　崇胜寺》。一段划过红道的文字跃入眼帘："由太原至汾阳公路上，将到汾阳时，便可望见路东南百余米处，耸起一座庞大的殿宇，出檐深远，四角用砖筑立柱支着，引人注意。"至此，不光我们的车辙与大师的车辙合在一起，我们的目光也与大师的重叠在一起了。

汾阳县城到了。这晋中平原上的名城，虽没有平遥县城那么大的名声，但它在中国近代史上的地位，一点也不比平遥逊色。平遥的建筑，以明代的城墙、清代的商宅闻名于世，将你引领到久远的繁华中，而汾阳则以它欧式的建筑，引领你进入近代的宁静中。青砖楼房，半圆的窗拱，一看就是罗马建筑的风格。同行的摄影家小关，忍不住咔嚓咔嚓地拍起来。刚刚卸任的县委副书记、诗人吕世豪先生，带领我们来到汾阳中学，指着一处楼房说：

"中美建交后第二任驻华大使恒安石，就是在这座楼上出生的。他父亲中文名字叫恒慕义，是美国公理会的传教士，1915年来到汾阳。这中学，还有汾阳医院，都是传教士建的。当年的汾阳，是山西传教士聚集的中心。城里有些老住户，到现在还保留着西方的餐饮习惯，平日做饭系长围裙，逢年过节用银餐具。城里还有个教堂呢。"

"没想到在山西的县城里还保留着这样的建筑！"清华大学建筑系毕业的小房，由衷地感叹。

来到峪道河。说是河，实则是一条渠，源头便是上游的马跑泉。这个"跑"字似乎应当写作"趵"。传说，北宋初年，太宗皇帝率领大军征讨据守晋阳（太原）的北汉政权，行至汾阳地面，三军干渴难耐，疲惫不堪，太宗的坐骑奋蹄一趵，平地起泉，解救了干渴的大军。随即率军北上，一鼓作气扫平北汉，完成了宋王朝的统一大业。

梁思成夫妇来汾阳，住的就是恒慕义的别墅。这年夏天，恒慕义回国去了，将别墅借给美国朋友费正清夫妇，费氏又邀了梁思成夫妇一起来避暑。

过去，峪道河上有几十座水磨作坊，自从近代面粉业兴起后，这些作坊渐渐闲置，便成了洋教士们避暑的好去处。磨坊临水而建，砖石结构，地上铺着厚厚的木板，多年使用，光洁明亮，稍加修整，便是理想的别墅。看中这块风水宝地的，不光有洋人，还有中国人，西北军将领高桂滋修建的公馆，现在还矗立在溪边。民国名人冯玉祥当年幽居于此，将去世多年的父母的骨殖迁来，建了坟茔与碑楼。碑上镌着冯的五言长诗《思吾父》，落款是"民国二十二年八月谷旦"，正是梁林夫妇来峪道河的前一年。

老吕说，前些年曾有一位来此怀旧的美国老人，送他一套峪道河磨坊别墅的照片，说自己小的时候，随父辈在这儿住过。照片上，当年的峪道河岸边，清泉喷涌，绿荫匝地，磨坊毗连，宛若仙境，真是美极了。可惜这组照片，不知藏在哪里，怎么找也找不着了。

"说不定照片上还有林徽因呢。"我说。

"太可惜了，要不用在刊物上多好。"单之蔷先生心疼得直咂舌头。

"不会丢的，肯定还在，唉。"老吕一面宽慰我们，一面也后悔不迭。

就在我们谈话间，脚下的渠水淙淙地流着，似乎在诉说着什么，又似乎在希冀着什么。

正是以峪道河水磨坊别墅为基地，梁思成，这位中国古建筑研究上的大师，偕同他美丽的夫人林徽因，还有费正清、费慰梅这一对美国朋友，开始了他在山西的第二次古建筑考察。

转身之间，飞虹塔竟在头顶上了

说起中国的古建筑，谁都会神采飞扬，而说起中国的古建筑理论，却让人英雄气短。这是二十世纪三十年代以前的情形。若是没有营造学社的成立，没有梁思成、林徽因等人的古建筑研究，这情形还不知会延续到何时是了。

不必奇怪。中国文化的一大特质，便是重文史，薄技艺。诗词文典，浩如烟海；匠作之书，寥若晨星。仅有的两部，一是宋代的《营造法式》，一是清代的《清工部工程做法则例》，仅从名字上看，也只是匠作的范式，难说是什么理论的著述。距时过远，又无人传承与注释，艰涩难懂，已仿佛天书。

梁思成在美国哈佛大学读建筑学时，他的父亲梁启超便将《营造法式》寄去，希望儿子能破解之。然而，要破解这部天书，必须找到宋代以前的建筑实物。梁思成与林徽因回国后，先在东北大学待了两年，后来因林徽因有病，便回到北京，参加了朱启钤等人组织的营造学社。此前的营造学社，只能说是个纯学术的研究机构，自从梁林夫妇加入后，便成为一个行动的组织——大规模的古建筑考察。

考察，是对中国古建筑的清理，也是对中国古建筑理论的实地探索。

山西是中国古建筑留存最多的地方，又毗邻北京，交通也算便利，这样一来，梁思成、林徽因数度进出山西做古建筑考察，也就毫不足怪了。

这次到山西，考察的重点便是洪洞县的飞虹塔。

在峪道河的水磨房别墅安置好之后，他们便向洪洞进发。

六十八年后的今天，我们紧随其后。

汾阳到洪洞三百多里路，汽车、骡车、三轮车，外加步行，梁思成他们走了三四天，我们一个上午就到了。就这，司机老王还嫌路面不好，不能尽情地撒欢呢。

路过霍州时，小房说，是不是该停一下看看霍州的文庙，还有东福昌寺，梁思成的书上都有记载。我说，这些都是元明之际的建筑，在别处或许是宝贝，在山西只不过平常而已，哪个县城都有几处，实在不足为奇，我们还是赶路吧。

老韩你莫要蒙我们呀，单主编一心为了他的刊物，只怕疏忽了什么，影响了刊物的品质。

我说，像文庙什么的，到了别处你们不看人家也要领你们看，因为除了这些再没有可看的了，来到山西若还是这样，我们一天也走不出一个县城。说着我摸出皮包里的一个本子，就在颠簸的车上，朗声读起：全国现在的古建筑中，山西最多，达九千余座，从唐迄清，各个朝代、各种类型的建筑几乎都可看到，堪称中国古代建筑的宝库。其中宋金以前（公元十二世纪以前）的木结构建筑，有106座，占全国同时期木结构建筑的70%以上。唐代的木结构建筑，至今全国仅发现四处，全在山西。这个本子，是我为了此行专门准备的，上面抄录着各种权威著作上的准确数字。

约当十一时许,远远望见东边的山冈上,有一座塔。不用问,那就是广胜寺的飞虹塔了。

车子离开大路,转入一条岔道,眼前是一片厂区,七拐八拐,拐到一条水渠前。老单惊异我对这一带怎么这么熟悉,我说这是山西最大的一个焦化厂,我和这儿的厂长是朋友,常来的。下了车,步行来到分水亭前。只见清流潺潺,水草茵茵,还有鱼儿在缓缓游动。这水,比峪道河的水大多了。背后的山叫霍山,泉便叫霍泉,渠便叫霍渠。

不是说山西缺水吗,怎么又是这么好的水,客人们惊奇地说。我说,凡是寺庙,都建在风景绝佳处,有山有水,要不怎么能吸引来那么多朝拜的人,没有人来,和尚们吃什么。

广胜寺就在霍泉旁边,分作下寺和上寺。塔在上寺。不急,我们还是先看看下寺。

一进山门,小房就显出了建筑学专家的本领,说广胜寺诸殿的梁架,在中国古代建筑史上,都是极罕贵的遗物,也都是前所未有的独例。即如这山门,其梁架不用平梁,而将三个侏儒梁,借助桁木并立于四椽之上,就很奇特。再如这前殿,使用如此巨大的昂尾,也是极罕见的。

最感兴趣的是旁边明应王殿的壁画。不是内行,也能看出它的可贵。此壁画完成于元代泰定元年(1324年),画的是元代的社会生活与风土人情,其中南壁东侧的一幅画,最是动人,一群戏剧人物,动作不同,脸谱各异,都那么栩栩如生,就像是刚演罢戏尚未来得及卸装,忽被摄影师召来摄了个合影。上面一行碗大的墨字:"大行散乐忠都秀在此作场。"想来大行散乐,当是戏剧的种类,而忠都秀,当是剧团的名字或是领班艺人的名字,若是前者,这么说早在元代就有"作秀"这个说法了。

老单、小关和小房的心思,都在上寺的飞虹塔上。那就快点上去吧。

上一道三里长的大坡,转身之间,飞虹塔竟在头顶了。

此寺创建甚古,可推到唐代宗时期,庑廊里的碑碣上,刻有唐代名臣郭子仪的奏章。元代延佑年间,毁于地震,后来又重修。从殿堂与寺塔的布局上,也可看出是唐代的旧制。现在的飞虹塔是明代的建筑,八角十三层,阁楼式,高47.31米。塔身内部青砖砌成,外部全用琉璃烧制的砖瓦包砌。各层皆有塔檐,檐下的斗拱、柱枋、飞檐等构件,各层塔身的饰件如佛像、盘龙、花卉、鸟兽等,也均为琉璃烧制。琉璃表面虽只有黄绿蓝三种基调,因了深浅不同、浓淡各异,在阳光的照射下,五彩斑斓,如同天上的彩虹。飞虹塔之名,由此而得。

此塔最为奇特的是,塔内竟有砖梯可上下,而这砖梯竟无转身的平台,登上一级,急转身便可踏上另一级的台阶。梁思成当年对此很是惊叹,说"其结构法之奇特,在我们尚属初见","走上这没有半丝光线的峻梯的人,在战栗之余,不由得不赞叹设计者心思之巧妙"。(《晋汾古建筑预查纪略》)

五十年代末就做了这样的事，神了，真是神了

按照梁林的路线，考察完广胜寺，就返回峪道河了。再下来是，利用返回太原之便，考察了晋祠的殿宇。晋祠，我们在来峪道河的前一天已去过了，那就在此附上一笔吧。

这晋祠，梁林二先生只是匆匆地一过，我们却是细细地踏访。只是二位先生对晋祠整体的描述太美了，不妨借了过来：

一进了晋祠大门，那一种说不出的美丽辉映的大花园，使我们惊喜愉悦，过于初时的期望。无以名之，只得叫它做花园。其实晋祠布置又像庙观的院落，又像华丽的官苑，全部兼有开敞堂皇的局面和曲折深邃的雅趣，大殿楼阁在古树婆娑池流映带之间，实像个放大的私家园亭……各殿雄壮，巍然其间，使初进园时的印象，感到俯仰堂皇，左右秀媚，无所不适。

晋祠的古建筑，首推圣母殿，再就是殿前那闻名四海的鱼沼飞梁了。大殿建于宋代天圣年间，重檐歇山顶，面阔七间，进深六间，平面几成方形。前廊进深两间，侧廊及后背进深各一间，像这样的殿周围廊，是我国古建筑中最早的实例。殿内阔五间，进深四间，以减柱法营造，故殿内无柱，显得十分宽敞。角柱升起显著，屋檐曲线流畅，整幢建筑，既有展翼

高飞之俊美，又有古拙豪放之气势，在国内同期建筑中，堪称绝无仅有。

鱼沼即鱼池，古人称水塘"圆者为池，方者为沼"。圣母殿前的这个水池，为方形，故称之为沼。早在北魏时期，鱼沼上就建有飞梁。宋代修建圣母殿时，重建飞梁，只有池中的八角形石柱和柱础仍为北魏原物。池中共立石柱34根，柱头用着柏枋相连，上置斗拱承托梁枋，结成十字形桥板，通到四边岸上。南北向的桥面略向下垂，通向圣母殿的东西桥面宽阔平坦，如鸟之展翼，故名之为飞梁。据梁思成说，这样的结构，在中国建筑史上，乃是唯一的孤例。

殿内的宋代彩塑也很有名，郭沫若当年有诗赞曰："倾城四十宫娥像，笑语嘤嘤立满堂"，可见其形象之逼真，亦可见其艺术之精湛。

既然已来到洪洞，何不勇往直前，去看看永乐宫？单之蔷真是个黑心的家伙，原来说好考察过广胜寺就回太原的，没料到刚下了上寺的大坡，便提出了这个让我为难的命题。

那就走吧！小房小关还有司机老王，都像是预先合谋好的，极力撺掇。说是撺掇，已近于挟持了。看他们那架势，我若说不去，保不住敢把我扔在这荒郊野外，让我自个儿想办法回去。事已至此，还是识相点吧。

当天晚上住在运城。永乐宫距运城百余里，在芮城县，黄河岸边的高塬上。路不好走，我们到时，已近中午了。永乐宫原名大纯阳万寿宫，相传是道教始祖之一吕洞宾的故居。建筑上无甚特色，有名的是它的元代壁画，我们去的这天，正有一批中央美院的学生在这儿临摹。三清殿里的《朝元图》，是壁画中的瑰宝，在四米多高，九十多米长的画面上，展现了诸天神朝拜元始天尊的浩大场面，构图严谨，人物传神，衣冠富丽，线条刚健有力，色泽典雅纯正。不是看了原物，实难相信是出于八百多年前的无名画师之手。

这是一个宏大的建筑群，无极门、三清殿、纯阳殿、七真殿，依次在中轴线上排开，最让单之蔷几个吃惊且赞叹不已的是，它们原先并不在这里。此建筑群，原在黄河北岸的永乐镇，修三门峡水库时，永乐镇全部淹掉，国家花费巨资，将之完整地搬迁到县城北边的龙泉村五龙庙附近。现在的侧殿，辟为展厅，展出当年搬迁时的实物和照片。那真是一个了不起的壮举。砖瓦木料，全部编号，十多里的坡路，车拉人扛搬运过来，再一一复原。做这些事情的，包括工匠，全是衣衫破旧的庄稼汉！只有壁画，是在专家的指导下，按照一定的尺寸切割成方块，用棉絮包好运来，再一一拼接上墙。现在看上去，诸神那端庄的面容，流畅的衣带，均如同初作，一点也看不出曾经历割裂与迁徙。

二十世纪五十年代末就做出了这样的事，神了，真是神了！连司机王师傅也赞不绝口。

这下该心满意足了吧？我笑着问单主编。

没有白来！最高兴的还是小房和小关这两个专家。

时间原本是充裕的，从芮城回来的路上，顺便参观了全国最大的关帝庙——解州关帝庙。古木参天，殿宇错落，钟楼鼓楼分列两侧，最后的春秋楼上，关公一手捋须一手持《春秋》，威武肃穆，确有帝王的风仪。至于建筑，一看就是明代的范式，在此行的考察中，要算是不足道的小弟弟了。

原计划晚饭前后赶回太原的，参观关帝庙耽搁了些时间，一上了大运路，大同到运城的公路，王师傅真是不要命了，把一部切诺基开得快要散了架。稍微有个弯儿，我就觉得像要被甩出去似的。

小房的古建筑没有白学，还真让他说对了

切诺基飞驰着，仍在大运路上，时间已不是昨天，而是又一天了。昨晚在太原休息了一夜，一大早我们直奔五台山。

为什么山西有这么多的古建筑保留下来了，路上无事，权当说笑，这个话题一再被我们提起。

年轻的建筑学家小房，最先说了他的见解：山西这地方，东边有座太行山，受夏季风的影响较小，气候干燥，少受雨水的侵袭，有利于古建筑的保存。再加上许多古建筑，都身处深山，人祸不及，也是长久保留下来的一个原因，深山藏古寺嘛。

那也得有那么多，才能保存下来呀？小关似乎在故意找碴子，无意中又将话题引申了一步。

老单自恃见多识广，立即做了回答：山西地处黄河中游，

是我国古代文明的发祥地之一，人类长期在这一带繁衍生息，生产生活，曾有过数次辉煌的时代，当初建构比别处怕就要多些，加上这样的有利保存的条件，遗留下来的古建筑也就比别处多了。

毕竟是此行的组织者，不愿意冷落了任何一个人，言罢，转头问我，老韩，你说是不是这样？

一时找不下合适的话回答，又不愿让年轻人占了上风，稍加思索，我说道：山西这地方，除了北魏短期以大同为国都，像北汉那样二三十年的小朝廷不算数外，历史上几乎没有在山西建都的，政权更迭不繁，人为的破坏也就少些，许多古建筑，也就安然无恙，一代一代地存留下来，大概也算个原因吧。

忻州，五台县城，豆村，一个一个地闪过去了。

看！小房惊叫一声，指着前方的一处庙宇，说道，你看那浑朴的房檐，准是佛光寺了。

小关的古建筑没有白学，还真让他说对了，不知不觉间，我们已到了佛光寺跟前。

佛光寺的发现，真是个奇迹。

1933年梁思成夫妇第一次山西考察时，林徽因在当时发表的文章中还感叹："现在唐代木构在国内还没找到一个"。而到了1937年，第三次来山西考察时，竟意外地发现了佛光寺，这个纯正的唐代木结构的寺庙。

起初他们只是觉得这大殿很是古老，究竟古老到什么程度，心里并没有底。先是梁思成发现，这大殿的屋顶架构，只有在唐代绘画里才有。工作到第三天，远视眼的林徽因，隐隐约约看到，一根顶梁下有墨写的淡淡的字迹。再没有比写在梁木上或刻在石头上的日期，更让人喜欢的东西了。他们找来村民，搭起脚手架，正当他们手忙脚乱工作的时候，林徽因已辨出"佛殿主女弟子宁公遇"几个字。而殿外经幢石柱上也有这个名字，且有"唐大中十一年"的刻字。假定石柱是大殿建成不久后立的，已基本可以肯定这是一个唐代建筑。太高兴了，他们把布单撕开浸上水不断擦拭。梁上涂着土朱，一经水浸，字便显了出来，水一干马上又消退了。费了三天的时间，才读完全文，字体宛然唐风，"功德主故军中尉王"，正是唐代宦官监军时的职务。一座唐代建筑，是确凿无疑的了。

过后收到报纸，才知正是他们在山里忙乱的那几天，北京那边发生了"卢沟桥事变"，全民族的抗战开始了。

此刻，我们站在这宏伟的唐代大殿前，就是我这样的门外汉，也能感到这大殿的不同凡响。粗犷的梁头，硕大的斗拱，平稳地前伸的屋檐，如同一个百岁的老衲，威严地俯视着我们这些不速之客。小关在频频地按动快门，小房也在照相，却是为了输入电脑作建筑绘图之用。

佛光寺精华不止于此，北侧的文殊殿，是座著名的金代建筑，面宽七间，进深四间，单檐歇山顶，具有辽金两代建筑的典型特征。其建造用减柱法，前内柱二根跨三间，与两侧墙跨二间，而后内柱二根跨一间，与两侧墙则跨三间，这种不规则的用柱法，元明以后已不多见，就是在宋金建筑中也很特殊。这样的结构形式，是我国现存木构建筑中的孤例，也是我国古代科技进步的实物例证。

五台山里，后来还发现了一座唐代建筑——南禅寺大殿，虽说建造年代比佛光寺大殿早几十年，一则规模较小，再是后世多次修葺，其建筑史上的价值，较佛光寺大殿就要稍逊一筹了。

小关、小房都没来过五台山，既然来了，总要到山中一游。

是一个科学家的精细，更多的却是一个文学家的灵感

这是应县木塔。

我们的最后一站，恰是当年梁林二位，做山西古建筑考察的第一站。当然还得加上大同的华严寺和云冈石窟。

此塔的全名应是佛宫寺释伽塔。建于辽代清宁二年（1056年），是现存最古的木塔。塔身总高67.13米，底层直径30.27米，平面八角，外观六檐五层（底层为双檐），各层间夹设暗层，实为九层。各层屋檐上，有挑出的平坐与走廊，可供凭览。若是一座砖塔，也就平淡无奇了，奇就奇在它是全木结构，没有一块砖石（除了底层的土墙）。塔上所用斗拱式样繁多，竟达六十余种，规格与变化之多，举世少见。这样雄壮华丽而又细部精巧的木塔，不光是我国，也是世界上木结构

建筑的杰作。

单之蔷们有他们的工作，忙得不亦乐乎，我感兴趣的则是梁思成寻访这座木塔的故事。是一个科学家的精细，更多的却是一个文学家的灵感，——二十世纪四十年代，梁思成真的获得过美国普林斯顿大学名誉文学博士学位。

沧州狮子应州塔，
正定菩萨赵州桥。

这是当年华北一带流传的民谣。狮子、菩萨他不感兴趣，而塔和桥，则是他关注的对象。正是从这则民谣中，他知道山西的应县有座名塔。究竟是怎样的形制，万一去了只是一座清代的建筑呢，聪明人自有聪明的办法，他给应县邮政局去了封信——哪个县会没有邮政局呢——让"试投山西应县最高等照相馆"，提出自己的要求，希望得到一张应县木塔的照片。当然他会付钱的。没多久，真的回信了，是山西应县宝华斋照相馆。信中附了一张清晰的木塔的照片。主人不要钱，只要些北平的信纸和信笺作为酬金。（大概就是去年，我在《太原晚报》上曾看到一篇文章，写的是应县这个照相馆主人的事，附着一张应县木塔的照片，旁边的题词上有照相馆的名字。）

这次考察，是以营造学社的名义进行的。主要目的是考察大同的华严寺和善化寺，工作进行得很顺利，也便节约下时间，林徽因顺便考察了云冈石窟，梁思成和莫宗江来到应县。

此时林徽因考察完云冈石窟已回到北平。见到应县木塔后,梁在给妻子的信中不无遗憾地说:

> 塔身之大,实在惊人。每面三开间,八面完全同样。我的第一个感触,便是可惜你不在此同我享此眼福,不然我真不知道你要几体投地的倾倒!
>
> 这塔真是个独一无二的伟大作品。不见此塔,不知木构的可能性到了什么程度。我佩服极了,佩服建造这塔的时代,和那时代里不知名的大建筑师,不知名的匠人。

之蔷们还要挟持着我去大同,说只有这样才算是真的追寻了建筑大师的足迹。我是再也不去了。华严寺和云冈,我去过三四次了。再好的地方,也架不住几次去。

文章怎么写呢?之蔷看重的是他的刊物,不管的是别人的辛劳。

那就不写了,让读者留下足够的空间去想象吧,山西的古建筑,就是写一本书也写不完的。我笑嘻嘻地说。既已打定主意不走了,我变得特别慈善也特别的诚恳。实则我知道,华严寺和云冈石窟,知道的人甚多,就是不写也没有什么。再说,有小关要照相,有小房要绘制建筑图,不难丰富刊物的版面。

还有一个原因,我不便明说,到了大同他们就要返回北京了,而我要一个人南下到太原。那时分别,我就凄惨了,不如趁大家都在中途，快活地分手，彼此感情上都承担点什么。

之蔷在应县最好的一家饭店为我饯行，然后老王用车送我到车站。

这趟追寻大师的古建筑之行，就这样结束了。之蔷、小关、小房，还有老王，再见！你们将回到繁华的首都，而我注定要永远待在这贫瘠的省份，还要熬几个通宵，写出近万字的长文。你们要得也忒急了。

2002 年 4 月 20 日

八宝箱之谜

托付给一个女人的重任

1925年3月,徐志摩去欧洲找泰戈尔前,来到凌叔华家,将一只小提箱托凌保管,半开玩笑地说:"若是我有意外,叔华,你得给我写一传记,这里面有你需要的证件。"

这个小箱子,徐志摩称之为八宝箱或文字因缘箱。凌叔华、陆小曼也都这么说。

四个月后,徐志摩平安归来,未将小提箱取走。

第二年十月,徐志摩与陆小曼在北京结婚,赴硖石故里省亲后,定居上海,亦未将小提箱取回。直到1931年11月徐志摩乘飞机遇难,这个小提箱一直在凌叔华处。

说"一直",是统指。实则,中间曾一度拿走。凌叔华致胡适的信上曾说:"后来我去武昌前交与(卞)之琳,才物归原主……今年夏天(沈)从文答应给他写小说,所以把他天堂地狱的'案件'带来与他看。"

凌叔华去武昌大学任教在1929年。"今年夏天"系指1931年夏天。也就是说，有两年的时间，八宝箱不在凌叔华处。此中又有蹊跷。凌说将小提箱交给了卞之琳，转交徐志摩，然而，卞不承认有这回事。在一封致友人的信上，卞说："凌叔华致胡适信，说曾把'文字因缘箱'交与我，是她记错了，我从未闻此事，不知道她究竟交给了谁。"

该信谁的呢？凌给胡适的信写于徐志摩遇难后不久，卞给友人的信写于五十多年后的1983年。不必争论谁是谁非，可以肯定的是，这个小提箱后来又回到了凌处。对此，凌叔华从不否认。这就行了。

至于内装何物，又为何不取走，凌叔华当年致胡适的信上说："因为箱内有东西不宜小曼看的。"具体说，除部分文稿外，主要是徐志摩的两三册英文日记，还有陆小曼的两册日记。陆的日记上，牵涉是非不少，尤以骂林徽因为多，自然不能交林保管。而徐的日记上，记的又是当年跟林徽因的恋情，自然不便让新婚夫人看到。

何不销毁？凌叔华的解释是，"这是志摩爱惜羽毛，恐防文字遭劫，且不愿世上添了憎恶嫉妒的苦衷吧"。

徐志摩是个自视甚高的人，他要留作写传的资料。赴欧前对凌叔华说的那句话，还可说半开玩笑，遇难的那年夏天，他真的行动了。沈从文答应给他写小说体的传记，他带沈来凌家看过这批资料，并将前因后果讲给沈听。

为何要交给凌叔华保管呢？这就牵涉到两人之间特殊的

关系了。

凌叔华,原名凌瑞棠,1900年出生于北京一个书画世家。1922年考入燕京大学外文系,在《现代评论》上发表作品,成为崭露头角的青年作家。以《现代评论》编辑、北大教授陈源之介,与徐志摩结识。

若仅仅是这种平淡的关系,徐志摩是不会将这样宝贵的东西托凌保存的。两人之间的关系,当时已有物议。从后来留存下来的一些文字记载中,也能寻出一些蛛丝马迹。比如徐志摩去世数年后,凌叔华在武汉编《武汉日报》现代文艺副刊时,刊出了几封徐志摩当初给她的信,内中就有这样的话——

> 准有好几天不和你神谈了,我那拉拉扯扯半疯半梦半夜里袅笔头的话,清醒时自己想起来都有点害臊,我真怕厌烦了你,同时又私冀你不至十分的厌烦,×,告诉我,究竟厌烦了没有?平常人听了疯话是要"半掩耳朵半关门"的,但我相信到是疯话里有"性情之真"。

文中的×,为凌叔华发表时所改,原文想来是凌名字中的一个字,可说是徐对凌的昵称。一对彼此可用昵称通信的青年男女,该是怎样一种亲密的关系,外人是不难想象的。再如,徐志摩遇难后十数日,凌叔华所写的那篇悼文《志摩真的不回来了吗?》,其情感之真挚,真可与四周年时林徽因写的那篇《纪念志摩四周年》比并。

对此事,凌叔华晚年在一篇文章中曾做过解释,"我对志摩向来没有动过感情,我的原因很简单,我已计划同陈西滢结婚,小曼又是我的知己朋友。况且当年我自视甚高,志摩等既已抬举我的文艺成就甚高。"至少后一个理由,是不能令人折服的,无论如何,总不能说陈西滢的文学造诣比徐志摩高吧。

说了这么多,只想强调一点,凌叔华是徐志摩可以信赖的一位女友,于是便将那个八宝箱托付给她了。

关系到一个女人的名声

徐志摩去世后,这个八宝箱成了许多人关注的焦点,尤其是里面的徐志摩日记。

最想得到的有两个人,一是徐的妻子陆小曼,一是他当年的恋人林徽因。相比之下,林的心情更迫切些。陆要得到,不过是为了搜罗丈夫的遗著,以便编辑徐志摩的日记集。而这些日记若公之于众,必然会影响到林的名声。

林徽因志在必得。

林徽因,原名徽音,后改为徽因,福建闽侯人,1904年出生。天生丽质,聪慧过人,有中国第一才女之誉。1919年随父赴英国,1920年徐志摩由美抵英后,两人相识遂相恋。陈从周在《徐志摩年谱》1922年志摩离婚条下特加按语说:"是年林徽因在英,与志摩有论婚嫁之意,林谓必先与夫人张幼仪离婚后始可，故志摩出是举，他对于徽因倾倒之极，即此可见。而宗孟曾说：'论中西文学及品貌，当世女子舍其女莫属。'后以小误会，两人暂告不欢，志摩就转舵追求陆小曼，非初衷也。"这是对徐林恋情关系的最早记载。

后来其父将女儿许配给梁启超之子梁思成。林梁相恋期间，徐志摩仍穷追不舍。当时梁启超任松坡图书馆馆长，该馆分两部，一部在北海公园内，二部在石虎胡同七号。星期天照例不开馆，梁思成因特殊关系，自备钥匙可自由出入，常邀林徽因去北海公园的一部里谈天。据梁思成后来对梁实秋说，徐志摩亦时常至图书馆找林徽因，梁思成不耐骚扰，遂于门上贴一纸条，大书：Lovers want to be left alone（情人不愿受干扰）。志摩只得怏怏而去。

林徽因也难忘旧情。1924年春，泰戈尔访华，徐志摩与林徽因都参与接待，时常见面，又引发了旧情。5月20日夜，当泰戈尔一行启程赴山西时，徐志摩陪同前往，胡适、林徽因等人送行。就在火车将要开动前，徐志摩仍在匆匆地给林徽因写信，未及完篇，火车已启动，他奔向车尾，要将这封信递给林，多亏了泰戈尔的秘书恩厚之机警，将徐的信夺下。信中有这样的话："这两日我的头脑总是昏沉沉的，开着眼闭着眼却只见大前晚模糊的凄清的月色，照着我们不愿意的车辆，迟迟的向荒野里退缩。"于此可知，林与徐在5月17日有一场互诉衷肠的谈话。

与梁思成结婚后，林徽因仍与徐志摩保持着一种亲密的朋友关系。

徐志摩活着，即便知道他的日记里有彼此恋情的记载，林徽因也不会有什么提防：爱她既深且切的徐志摩，不会做出对不起她的事。徐志摩去世了，这些日记又保存在另一位女人手里，林徽因不能不忧心如焚了。

林徽因何等聪明，她知道，由她本人出面向凌叔华索要这两册日记，对方是不会交出的。她搬来了一个大人物，这便是他们这些人的老大哥，也是盟主的胡适。

当时凌叔华正在北京度假，胡适让凌交出八宝箱的具体情节，如今已不可考。能看到的，仅是凌、胡间来往的信件，还有凌事后的追述。

交信的情形，凌叔华在1983年5月7日致陈从周的信中说：

> 至于志摩坠机后，由适之出面要我把志摩箱子交出，他说要为志摩整理出书纪念。我因想到箱内有小曼私人日记二本，也有志摩英文日记二三本，他既然说过不要随便给人看，他信托我，所以交我代存，并且重托过我为他写"传记"。为了这些原因，同时我知道如我交胡适，他那边天天有朋友去谈志摩事，这些日记，恐将滋事生非了。因为小曼日记内（二本）也常记一些事事非非，且对人名也不包含，想到这一点，我回信给胡适说，我只能把八宝箱交给他，要求他送给陆小曼。以后他真的拿走了……

从后来胡适的信中看出,凌叔华并不是这样一整箱都送过去的,她将徐志摩与林徽因相恋时的那部分日记,也即不便让陆小曼看,也不便让外人看的英文日记,单独给林徽因。然而,并未全送,仅送去半册。林徽因当然不依,将这一情况告诉胡适,于是便有了胡适1931年12月28日给凌叔华的信——

　　昨始知你送在徽音处的志摩日记只有半册,我想你一定是把那一册半留下作传记或小说的材料了。
　　但我细想,这个办法不很好。第一,材料分散,不便研究。第二,一人所藏成为私有的秘宝,则余人所藏也有各成为私有秘宝的危险。第三,朋友之中会因此发生意见,实为最大的不幸,决非死友所乐意。

在紧接其下的第四条里,胡适为凌叔华陈明利害,多少带点威胁口吻说:"你藏有此两册日记,一般朋友都知道。我是知道的,公超和孟和夫妇也皆知道,徽音是你亲自告诉她的。所以我上星期编的遗著略目,就注明你处存两册日记。"意思是我已给你记录在案了,你一日不将这两册日记交出,我一日不会给你销案的。毕竟是胡适,为他人着想,是他一贯的作风,接下来编了一个小情节,说,昨天有人就此事问他,意谓凌可将八宝箱里的东西全部交出,他对来人说:"叔华送来了一大包,大概小曼和志摩的日记都在里面,我还没有打开看。"

"昨天我已替你瞒过人了,往后不能再瞒了。所以我今写信给你,请你把那两册日记交给我,我把这几册英文日记全付打字人打成三个副本,将来我可以把一份全的留给你做传记的材料。如此则一切遗留材料都有副本,不怕失散,不怕藏秘,做传记的人就容易了。"胡适对凌叔华考虑得很仔细,很体贴。

末后说:"请你给我一个回信。倘能把日记交来人带回,那就更好了。"

事已至此,凌叔华只好将那两册英文日记交来人带去。

胡适自然将其转交给了林徽因。这一结果,可从赵家璧《徐志摩和〈志摩全集〉》一文得知,赵说:"据陈从周说,后由林徽因保管。"

不光是这两册徐志摩的英文日记,几乎八宝箱里的全部东西,都交给林徽因了,包括陆小曼的日记。至于让人全部打印,将一份最全的副本交凌叔华的话,不过是一句诳话。

不久,凌叔华就发觉上了当,当即给胡适写信,表示自己的失望与愧疚(对不起徐志摩)。信中说:"前天听说此箱已落入徽音处,很是着急,因为内有小曼初恋时日记二本,牵涉是非不少(骂徽音最多),这正如从前不宜给小曼看一样不妥。"然而,"木已成舟,也就不必说了"。(此信在《胡适来往书信选》中排在胡信之前,我以为有误,待考。)

伤透了一个女人的痴情

可怜的是陆小曼，一直到多少年后，都在苦苦地期待着，以为丈夫生前的男女朋友，都会把他们保存的书信或日记交给她，让她编成丈夫的文集，尽了这份未亡人的痴情。

陆小曼，名眉，江苏武进人，1903年出生于上海，少年时随父母到北京，研习书画，多才多艺，十几岁便成为北京交际场中的名媛。1920年与王赓结婚，王长陆七岁，美国西点军校毕业，与艾森豪威尔同班。王与徐志摩为好友，难以分身时，常让徐陪陆跳舞游玩，二人遂坠入爱河。1926年与王离异后，即与徐成婚。

徐志摩去世后，陆小曼立即着手搜集出版丈夫的遗文，第二年便编成诗集《云游》，由新月书店出版；1936年又编成日记书信集《爱眉小札》，由良友图书公司出版；抗战爆发前，与赵家璧编成《志摩全集》八卷，未及出版；1947年，又勉强出版了《志摩日记》。她一直都想得到的，不是自己的两册日记，而是先存在凌叔华处，后又转到林徽因手里的，徐志摩的两册英文日记。

凌叔华将八宝箱交给胡适后，就知道那两册英文日记难见天日了，不过，她以为陆小曼的两册日记，胡适还是会给陆的。孰料事出意外，她也无能为力。未能保存好八宝箱，又未能写出传记，她愧对徐志摩；来日方长，总得有所依恃，更不愿得罪胡大哥。跋前踬后，进退失据，真是难为了这个心里透亮的女才子。然而，毕竟是世俗中人，她还是义无反顾地屈服了胡适的"旨意"，后来甚至主动将徐志摩的一份遗稿交给胡适，而不是交给更为可靠的陆小曼。

晚年，凌叔华从海外致陈从周的信上说："但胡不听我的话！竟未交出全部。小曼只收回她的二部日记（她未同志摩结婚前的日记已印出来了！但许多人还以为另有日记）。"

在《徐志摩和〈志摩全集〉》一文中，赵家璧在引用了上面的话后，接下来说，根据这一线索，印在《爱眉小札》后面，由陆小曼亲手交他发表的日记（1925年3月11日至7月11日），应当就是凌叔华那里交给胡适，而又由胡适交给陆小曼的。但这也仅一部，而且据赵的记忆，小曼从未对他说过，这部日记是志摩死后由北平友人交来的。

确实不是由北平友人交来的。在《爱眉小札》序里，陆小曼说了这两本日记的来由："说也奇怪，这两本日记本来是随时随刻他都带在身旁的，每次出门，都是先把它们放在小提包里带了走，惟有这一次匆促间把它忘掉了。看起来不该消灭的东西，是永远不会消灭的，冥冥中也自有人在支配着。"

让人不解的是，徐志摩刚去世就着手编辑其遗文集，并草拟《遗著目略》的胡适，后来一反常态，对此事甚是冷淡。赵家璧在他的文章中，说过这样一件事——

1935年6月到北平，曾去米粮库胡同拜见他。当我提到接下去拟编印《志摩全集》时，他反应冷淡。10月中，我知道他到上海，就在北四川路味雅酒楼宴请他，并请陆小曼等作陪。席间，小曼就向胡适谈了她和我已把《志摩全集》初稿编定就绪，要求他把志摩给他的信以及给北方朋友的信由他收集后早日寄沪，也谈到留在别人手中的几本日记的事，最后还要求胡适为这套全集写一篇序。我看出胡适当时对小曼的请求不置可否，似乎毫无兴趣。

说穿了一点也不奇怪，原因就出在小曼那两本日记上。如果说，凌叔华起初提醒胡适，"内有小曼初恋时日记二本，牵涉是非不少"，胡适还不以为然的话，那么，当凌叔华将八宝箱里的文稿全部交出，胡适看了，就不会不以为然了。内中确有对胡适不恭的话。这一点，在后来凌叔华给陈从周的信上也能见出，"小曼日记内（二本）也常记些事事非非，且对人名也不包含"。

这也可以解释，为什么胡适在将徐志摩的英文日记交林徽因的同时，也将陆小曼的日记交林处置，他为林徽因帮了那么大的忙，林徽因不会不为他考虑。

可叹亦复可怜的是陆小曼。胡适这样对待徐志摩，这样对待她，让她伤透了心，却又不明就里。1947年2月，为纪念志摩五十岁生日，她搜罗家中的旧日记，勉强编起一本薄薄的《志摩日记》。在序中无奈地说："其他日记倒还有几本，可惜不在我处，别人不肯拿出来，我也没有办法。"

中华人民共和国成立后，林徽因任清华大学建筑系教授，

1955年因病去世。

1965年,陆小曼去世。

凌叔华1947年随陈西滢侨居海外,1990年病中回到北京,不久即去世。

八宝箱之谜,怕永远不会解开了。

1996年3月28日

此中果有文章
——再谈八宝箱之谜

1996年初，我写过一篇《八宝箱之谜》，说的是徐志摩生前存在凌叔华处的一个小箱子，及由此引发的一场纠纷。文中说，胡适让凌叔华交出八宝箱的具体情节，如今已不可考，能看到的，仅是凌、胡之间的来往信件，还有凌事后的追述。文末又说，八宝箱之谜，怕永远不会解开了。

我太悲观了。至少事情不像我想象的那么绝对。最近看到台湾出的《胡适的日记》手稿本（远流版），参照其他书籍，又钩索到一些有关八宝箱的情况，订正了我先前的一些误断。虽说离解谜仍遥遥无期，总算又朝前走了一步。

1931年11月19日，徐志摩遇难的当天，北京的朋友们还将信将疑，第二天胡适通过时任山东省教育厅长的何思源打听消息，得到证实。这一下子北京的朋友们乱了套。悲伤是主要的，却不能说没有别的牵挂。最为悲伤的是一些女士，有牵挂的也正是这些女士中的几位。比如11月21日下午，在凌叔华家里，方令孺、沈性仁、张奚若夫人，加上主人凌叔华，共

四位女士，都为徐志摩的去世倍感痛心，张奚若夫人甚至说："我们这一群人里怎么能缺少他呢！"（方令孺《志摩是人人的朋友》）

最为牵挂的是林徽因。存放在凌叔华家的八宝箱里，有徐志摩的英文日记，记着两人当年在英国时的恋情。

从后来的事实推断，林徽因是自己向凌叔华提出，将徐的英文日记给她保存。

其情可悯，凌同意，给了半册。

林认为凌打了埋伏。一个非要不可，一个再也不给，眼见得不能再在两人私下解决了，12月27日，林徽因向胡适求援，且告知徐志摩的日记共有两册。胡认为自己应当主持公道，第二天写信给凌说："昨始知你送在徽音处的志摩日记只有半册，我想你一定是把那一册半留下作传记或小说的材料了……请你给我一个回信。倘能把日记交来人带回，那就更好了。"

在《八宝箱之谜》中，我说，"事已至此，凌叔华只好将那两册英文日记交来人带去"。

错了，我过高地估计了胡适的威望，过低地估计了凌叔华的能耐。

凌没理这个茬儿。以实情推勘，应当是虚与委蛇，迟迟不愿交出。

这下子事情闹大了。直到第二年一月上旬，胡适去上海出席中华教育文化基金会第六次常会，远在千里之外，也受到了这场纠纷的冲击。据胡适日记载:"为了志摩的半册日记,北京闹的满城风雨,闹的我在南方也不能安宁。"

大概胡适一回到北京,林徽因便向胡哭诉。

胡适再次主持公道。经过十天左右的交涉,凌叔华屈服了。

1932年1月22日早上,八宝箱中的文件送到米粮库胡同四号胡适的家里。胡适当天的日记中记着:"今天日记到了我的手中……"

这期间凌叔华受了多大的压力、多大的屈辱,如今也知道了。胡适日记中粘贴了凌叔华送日记时的原信。兹将全文抄录如下:

适之:

外本璧还,包纸及绳仍旧样,望查收。此事以后希望能如一朵乌云飞过清溪,彼此不留影子才好。否则怎样对得住那个爱和谐的长眠人!

你说我记忆不好,我也承认,不过不是这一次。这一次明明是一个像平常毫不用准备的人,说出话,行出事,也如平常一样(即仍然说一二句前后不相呼应的话,也□见□于人□),却不知旁人是有心立意的观察指责。这有备与未备分别大得狠呢。算了,只当我今年流年不利罢了。我永远未想到北京的风是这样刺脸,土是这样迷眼。你不留神,就许害一场病。这样也好,省得总依恋北京。即问你们大家都好。

全信毛笔书写，竖行，括号中是行间添加的话，"□"为漫漶不清的字。

胡适得到这些文件，那个高兴劲儿，如今也知道了。当天日记中写道："今天日记到了我的手中，我匆匆读了，才知道此中果有文章。"

什么"文章"呢？胡未说。不过我们从后来凌叔华为了与胡适和解，写给胡的信中能推测出个大概，徐与林的恋情是不用说了，再就是"内有小曼初恋时日记二本，牵涉是非不少（骂徽音最多）……日记内牵涉歆海及你们的闲话（那当然是小曼写给志摩看的），你知道不？"也就是说，日记中有骂胡适的话。

此信落款为"12月10日"，在《胡适来往书信选》中，排在1931年12月28日胡适那封信之前，即是1931年12月10日所写。《八宝箱之谜》中说，"我以为有误，待考"。如今发现了凌叔华1932年1月22日的这封信，可以肯定地说，这个12月10日，该是1932年的日子。若是1931年的，其时日记尚未到胡适手中，凌不会说那些不打自招的话。歆海即张歆海，为韩湘眉的丈夫，关于韩湘眉与徐志摩的关系，我在《徐志摩家的猫》一文中有详细介绍，不赘述。

这也可以解释，后来胡适对出版徐志摩遗著，为什么一下子冷淡了。

胡适是个很自负又很精细的人,他知道自己的日记将来肯定要公之于众,因此写日记从来都讲究章法,讲究措辞。在得到八宝箱文件的这天(1932年2月22日),明明很生气(见下文),晚上写日记时,仍未失去理智。日记开头,先引用了徐志摩1921年《剑桥日记》中的一段(英文),然后说:

"这一条我最同意。可惜志摩不能回来和我重提这个我们不常常同意的话题了!"

这段英文,我请我大学时的先生看了,他随口翻译了一下,大意是——

七十年前,马考莱在他的日记里有这样一段话:一切使意思变得明朗的努力,最后的收效是多么微小啊。现在一般作家,除我自己之外,很少认识到这回事。许多人写作时,总是尽量晦涩,他们这样做,在某种意义上不是没有道理的。大多数读者往往把晦涩的东西认作高深,把他们能理解的东西视为浅薄。现在可以设想一下,到了二八五〇年后的情况该是什么样子。那时候,你们的爱默生会是什么景况。但是希罗多德却仍会为人喜闻乐见。所以我们要尽量让我们的作品将来能让人阅读下去。

希罗多德为古希腊的历史学家,其地位相当于我国的司马迁。这确实是段很重要的话,对理解徐志摩在散文写作中的艺术追求,有指点作用。再就是,这是迄今发现的,唯一一则徐志摩留英时的日记。

上文说胡适明明很生气,他生谁的气呢?

还是凌叔华。

凌给胡的信中说,"外本璧还,包纸及绳仍旧样",即是说,她将八宝箱里面所有该交出的文件都交出了,你胡适这下子该心满意足了吧,林徽因再不能说我什么了吧。甚至不排除,还有那么点报复情绪,你看看人家是怎样骂你的。精明的胡适,绝不能让一点把柄留在凌叔华的手中,很快就发现凌叔华这小女子,竟然又一次骗了他。日记中说:

"我查此半册日记的后幅仍有截去的四叶。我真有点生气了。勉强忍了下去,写信去讨这些脱叶,不知有效否……这位小姐到今天还不认错。"

《胡适的日记》中,此后再无记载。估计凌叔华不会那么好对付。再往后,就是凌叔华冬季放了假,从武汉回到北京,给胡适写的那封意在和解的信了。

八宝箱中的文件,历来的说法,都说是胡适给了林徽因,林在去世前全烧掉了。现在我不这么看了。以胡适平日对资料的重视,断不会全部给了林徽因,很可能是将有关林的给了林,与林无关的,自己留下了。他若要销毁,也只会销毁那些于自己不利的东西,而不会是全部。梁锡华在《徐志摩新传》(台湾联经版)中说:"胡适藏有不少这些文献,由于涉及之面太广,至今尚存保险箱内。当条件成熟能公开面世时,这些珍贵的资料一定会使我们更清楚他们两人的关系,也一定会有助后人更了解现代中国文艺界、学界以至政治界的错综局面。"

　　这里说的,虽不是八宝箱中的文件,但我想,总该有一部分是八宝箱中的。倘若真是这样,或许有一天,八宝箱之谜还是能揭开一部分的。

1998 年 1 月 3 日

林情徐爱有多深

　　你看了《人间四月天》,你知道徐志摩爱过三个女人,张幼仪、林徽因、陆小曼,但你真正感兴趣的不是张也不是陆,而是林。你知道这是为什么?你会说林最漂亮,学历最高,等等。都不对。告诉你吧,这是因为徐跟林没有结婚,若是结了婚,林徽因成了徐太太,你就没那么大的兴趣了。在这上头,成功往往意味着平庸。受了那么大的挫折也没有爱成,有情人难成眷属,你为他们感到惋惜,甚至愤愤不平,你想这想那,说不定还想到自己,为自己和自己的家庭庆幸,虽然什么但是什么,这样的句子顷刻间就能造出十个八个。

　　不必责怪《人间四月天》。它是一部电视剧,它是一个浪漫故事,它能撩起你这么大的兴趣,就是它最大的功德。你不能跟它再要什么。让你,还有和你一样的人感兴趣,也就行了。要是都按历史的真实来拍,别说编剧不一定知道,就是知道,他也不敢——谁能拍得了,拍下叫谁看?

　　徐志摩和林徽因之间究竟是怎样的一种关系,相爱到底有多深,你想知道的是这些。

且听我依据史料细说根由。

在伦敦,父女两人同时与徐志摩"恋爱"

林徽因的父亲是林长民,字宗孟,1917年张勋复辟失败后,入段祺瑞内阁任司法总长,三个月后辞职赴日本考察。1920年春携女儿林徽因赴英国,身份是中国国际联盟同志会驻欧代表。其时林长民四十四岁,林徽因十六岁。同年十月,徐志摩从美国来到伦敦,入伦敦大学政治经济学院读书。

徐志摩和林家父女的相识,是在国际联盟的一次讲演会上。"我在伦敦政治经济学院混了半年,正感到闷想换路走的时候,认识了狄更生先生……第一次见着他是在伦敦国际联盟协会席上,那天林宗孟先生演说,他做主席。第二次是宗孟寓里吃茶,有他。"这是徐志摩在《我所知道的康桥》中的说法。林徽因《忆志摩》文中说,她初次遇见徐,是在徐初次认识狄更生先生的那次会见中。

不久张幼仪来到伦敦,徐志摩通过狄更生的关系,取得剑桥大学国王学院特别生的资格,携妻搬到离剑桥六英里的沙士顿乡下住家。这期间志摩和徽因一直保持通信联系。张幼仪在《小脚与西服》一书中对她的侄孙女张邦梅说:

"几年以后,我才从郭君那儿得知徐志摩之所以每天早上赶忙出去,的确是因为要和住在伦敦的女朋友联络。他们用和理发店在同一条街上的杂货铺当他的地址，那时伦敦和沙士顿之间的邮件送得很快，所以徐志摩和他女朋友至少每天都可以鱼雁往返。他们信里写的是英文，目的就在预防我碰巧发现那些信件，不过我从没发现过就是了。"

对于张幼仪来说，她尽可以这样怀疑，也有几分是事实，但要说全是事实，即志摩每天等的都是林徽因的信，就不对了。

肯定有徽因的信。1927年林徽因在美国上学，正好胡适也去了美国，3月15日给胡的信中说："我昨天把他的旧信一一翻阅了。旧的志摩我现在真真透彻的明白了，但是过去，现在不必重提了，我只求永远纪念着。"这些话，不光说明他们当年确实通信，也说明了他们当时各自的状态。志摩热烈追求是不用说了，徽因这边兴奋或许是有的，没有很当真也是真的。否则不会几年之后才"真真透彻的明白了"。

再一个证据是，志摩一死，存在凌叔华那儿的"八宝箱"，也叫文字因缘箱，里面放的是志摩的日记和手稿，其中有《康桥日记》，立即成了林徽因务必得之的对象。她的理由是，"我只是要读读那日记，给我是种满足，好奇心满足，回味这古怪的世事，纪念老朋友而已"。这是她1932年农历正月初一给胡适信中的话。凌叔华退给她的日记中少了几页，为此还和凌怄了好一阵子的气。

同时还有林长民的信，两人也是谈恋爱。1925年12月24日林长民死于郭松龄之役，第二年2月6日，志摩在自己编的

《晨报副刊》上刊出林的《一封情书》，加了按语说：

"分明是写给他情人的，怎么会给我呢？我的答话是我就是他的情人。听我说这段逸话。四年前我在康桥时，宗孟在伦敦，有一次我们说着玩，商量彼此装假通情书，我们设想一个情节，我算是女的，一个有夫之妇，他装男的，也是有妇之夫，在这双方不自由的境遇下彼此虚设的讲恋爱。"

于此可知在沙士顿，志摩每天去杂货铺取的信，更多的该是林长民来的情书。

从林徽因给胡适的信中，也可以看出她的矜持，年龄小是一个因素，出身名门是一个因素，还有一个因素也不可忽略，那就是，她不是嫡出，而是庶出。林长民有两个小老婆，林徽因是第一个小老婆的长女。这种身世的女子，一般说来，更要自尊自重，否则闲话就多了。

在北京，情人不愿受干扰

1921年10月林徽因随父亲回国。下一年10月，徐志摩回国，在南方稍稍盘桓，就来到北京，急切要与林徽因相见。

行前该是给林徽因写了信的，此时林已与梁思成订婚，不便相见，其父代致一函，并约下时间，饭局相见晤谈。信中说：

长函敬悉，足下用情之烈，令人感悚，徽亦惶恐不知何以为答，并无丝毫 Mockery，想足下误解耳。星期日（十二月三日）午饭，盼君来谈，并约博生夫妇。友谊长葆，此意幸亮察之。

落款时间为12月1日，即志摩抵京的当天。信中说的博生姓陈，是志摩在伦敦认识的朋友。经过一番劝说，志摩也就知道，只能将徽因当朋友对待了。

林徽因回国后，在培华中学读书，自然是不好到学校去找。林家住在景山后街一处称作雪池的院子里。那儿是能去的，可是徽因常常不在。她与梁思成的恋爱关系已相当稳固了，余暇时间两个人常在一起谈情说爱。

有一个小故事，颇能说明志摩的执着与尴尬。

梁启超是松坡图书馆的馆长。松坡图书馆有两处院子，一处在西单附近的石虎胡同七号，一处在北海公园里的快雪堂。快雪堂是一处幽静高雅的院落，星期天不对外开放，梁思成因关系特殊备有钥匙可以自由出入，便约了林徽因来此相聚。徐志摩找林徽因也会找到这儿。梁启超的弟子，又是林长民的朋友，就是梁思成在，来找林徽因也不能说有什么不对。去的次数多了，自然引起梁思成的反感，梁便在门上贴一纸条，大书：

"Lovers want to be left alone."（情人不愿受干扰）

志摩见了，只得快快而去。（梁实秋《赛珍珠与徐志摩》）

就算一种恶作剧，怕也不是梁思成背着林徽因写的吧。

1924年四五月间，泰戈尔访华期间，给了徐林接触的机会，一起接待进出会场，又一起演出英文戏剧，又恢复了昔日的情感。5月20日，泰戈尔一行离开北京去太原，徐志摩陪同前往。车站上，送行的人很多，林徽因也在里面。车快开动了，徐志摩正在写一封给林徽因的信，尚未写完，车已蠕动，徐志摩要冲过去递给车下的林徽因，泰戈尔的秘书恩厚之见他太伤感，一把抢了过来替他藏起。后来志摩再没提起此事，恩厚之就把此信保存起来带回英国。直到二十世纪七十年代，中国香港学者梁锡华去访问，让梁看了原件。信里写的是：

我真不知道我要说的是什么话，我已经好几次提起笔来想写，但是每次总是写不成篇。这两日我的头脑总是昏沉沉的，开着眼闭着眼却只见大前晚模糊的凄清的月色，照着我们不愿意的车辆，迟迟的向荒野里退缩。离别！怎么的叫人相信？我想着了就要发疯。这么多的丝，谁能割得断？我的眼前又黑了。

从这封信上，可以看出，大前天晚上，两人是在一起的。就是这次会面，林徽因向志摩摊了牌，说她马上就要随梁思成去美国留学了，她不可能做他的妻子，他们必须"离别"。

就在20日这天——若火车是早上开的，那就是在火车上了，志摩写了那首几乎满篇都是"去罢"的诗《去罢》，其中两句是：

去罢,梦乡,去罢!
我把幻景的玉杯摔破。

　　林徽因到了美国后,才咀嚼出志摩对她的真情的滋味而倍加珍惜。1927年3月15日给胡适的一封信中说:"请你告诉志摩我这三年来寂寞受够了,失望也遇多了,现在倒能在寂寞和失望中得着自慰和满足。告诉他我绝对的不怪他,只有盼他原谅我从前的种种的不了解。但是路远隔膜误会是所不免的,他也该原谅我。"

　　这是当事人对过去几年间他们之间关系的最好的概括。

　　1928年8月林徽因回国,与梁思成一起受聘为东北大学教授。1931年初,徐志摩闻知林病重,曾专程去沈阳看望。这年春季开学后,志摩来到北平任北大教授,林徽因病重回到北京疗养,两人的接触又多了,加之志摩与小曼感情不睦,两人又时常地走动,颇有旧情复萌的趋势。对这一段的感情,林徽因和梁思成的儿子梁从诫的看法是:

　　我一直替徐想,他在1931年飞机坠毁中失事身亡,对他来说是件好事,若多活几年对他来说更是个悲剧,和陆小曼肯定过不下去。若同陆离婚,徐从感情上肯定要回到林这里,将来就搅不清楚,大家都将会很难办的。林也很心疼他,不忍心伤害他,徐又陷得很深。因而我一直觉得,徐的生命突然结束，也算是上天的安排。

当晚辈的说这样的话，实在太不应该了。为了自己的家声，竟说他人烧死是好事，不像个有文化的人说的话。这是《人间四月天》播出后，梁从诫先生回答《文艺报》记者时说的。登在今年5月6日该报第四版上。不看这些话，人们还不知道1931年在北平，徐林之间的感情已发展到这样危险的地步。

八宝箱事件发生后，对与徐志摩的情感，林徽因就一点也不隐讳了。1932年农历正月初一给胡适的信中说：

> 我永是"我"，被诗人恭维了也不会增美增能，有过一段不幸的曲折的旧历史也没有什么可羞惭……我觉得这桩事人事方面看来真不幸，精神方面看来这桩事或为造成志摩为诗人的原因，而也给我不少人格上知识上磨练修养的帮助。志摩 in a way（从某方面）不悔他有这一段苦痛历史，我觉得我的一生至少没有太堕入凡俗的满足也不算一桩坏事。志摩警醒了我，他变成一种 stimulant（激励）在我生命中，或恨，或怒，或 happy（幸运）或 sorry（遗憾），或难过，或苦痛，我也不悔的，我也不 proud（得意的）我自己的倔强，我也不惭愧。

有恋情吗？肯定有。"一段不幸的曲折的旧历史"，肯定不是单纯的友谊。感叹这桩事"人事方面看来真不幸",等于是感叹有情人没有成了眷属。

多深?够深的了。是造成志摩成为诗人的原因,也是给她人格上知识上磨炼修养的帮助。志摩已变成一种激励在她的生命中,使她倔强,但绝不因此而惭愧。对于一个有丈夫有孩子的女人来说,还能让她说什么,怎么说?

你仍得相信,山谷中留着那个回音

再看徐志摩去世后,林徽因的种种表现。

志摩死后,梁思成去了济南,从出事地点捡了一块飞机的残片带回北平,不算短的一个时间段里,林徽因都把它挂在卧室的墙上。这是她对志摩情感的真挚,也是她自己胸怀的坦荡,从某种意义上说,也是她对世俗社会的一种蔑视。

1934年11月19日,林徽因和梁思成去南方考察,返程路过志摩的故乡,浙江硖石镇,停车的几分钟里,她下了车,在昏沉的夜色里,独自站在车门外,"凝望着那幽暗的站台,默默地回忆许多不相连续的过往残片,直到生和死间居然幻成一片模糊,人生和火车似的蜿蜒一串疑问在苍茫间奔驰……如果那时候我的眼泪曾不自主地溢出睫外,我知道你定会原谅我的"。(林徽因《纪念志摩去世四周年》)

就是这次,回到上海之后,跟赵渊如(深)、陈直生(植)、陈从周见了面。竟日盘桓,她总是谈笑风生,滔滔不

绝,一次突然哑口无声,陈直生不解,问你怎么不讲啦,林徽因突兀地说:

"你以为我乃女人,总是说个不停吗?"

陈从周当时就感到,这是林刚刚经过志摩家乡与志摩埋骨地后,心情不好所致。(陈从周《记徐志摩》)

1935年志摩忌日,林徽因写了《纪念志摩去世四周年》一文,表达她的悼念之情。这样的文章,当然不可能写得多么明白。过了几个月,到了夏天,她发表的诗作《别丢掉》,才是她坦诚的心声。全诗为——

> 别丢掉
> 这一把过往的热情,
> 现在流水似的,
> 轻轻——
> 在幽冷的山泉底,
> 在黑夜,在松林,
> 叹息似的渺茫,
> 你仍要保存着那真!
> 一样是月明,
> 一样是隔山灯火,
> 满天的星,
> 只有人不见,
> 梦似的挂起,

你问黑夜要回
那一句话——你仍得相信
山谷中留着
有那回音!

诗中"在松林","满天的星,只有人不见","山谷中留着/有那回音",都不可能是别的意象。"回音"二字,直可说是"徽因"的谐音,她原本就叫徽音。附带说一下,诗中"只有人不见",在梁从诫编的《林徽因文集·文学卷》中为"只使人不见"。若是梁先生径改,那就说不过去了。

不管怎么说,都得承认,林徽因对徐志摩是有真情的,是深爱着诗人的。

顺便说说她和金岳霖的事

几乎都知道,哲学家金岳霖,因为爱恋林徽因而终身不娶,从青年到晚年,几乎是"逐林而居",梁家住在哪儿,他也前院后院的住在哪儿。

若金爱着林而不做任何表示,只是住在林家旁边,这也就奇了。若金向林有所表示而林无动于衷,这也就奇了。若梁思成知道金爱着林而不闻不问,这也就奇了。金、梁、林的学生,都把这种感情神圣化了,说是纤尘不染。这就有点匪夷所思了。可惜都不是。神仙也得享有人间烟火,才成其为神仙。

且看梁思成续弦妻子林洙的记载。

林洙曾问起金岳霖终身不娶的事,梁思成笑了笑说:

"我们住在总布胡同的时候,老金就住在我们家后院,但另有旁门出入。可能是在1931年,我从宝坻调查回来,徽因见到我哭丧着脸说,她苦恼极了,因为她同时爱上了两个人,不知怎么办才好。她和我谈话时一点不像妻子对丈夫谈话,却像个小妹妹在请哥哥拿主意。听到这事我半天说不出话,一种无法形容的痛苦紧紧地抓住了我,我感到血液也凝固了,连呼吸都困难。但我感谢徽因,她没有把我当一个傻丈夫,她对我是坦白和信任的。我想了一夜该怎么办。我问自己,徽因到底和我幸福还是和老金一起幸福?我把自己、老金和徽因三个人反复放在天平上衡量。我觉得尽管自己在文学艺术各方面有一定的修养,但我缺少老金那哲学家的头脑,我认为自己不如老金。于是第二天,我把想了一夜的结论告诉徽因。我说她是自由的,如果她选择了老金,祝愿他们永远幸福。我们都哭了。当徽因把我的话告诉老金时,老金的回答是:'看来思成是真正爱你的,我不能去伤害一个真正爱你的人。我应该退出。'从那次谈话以后,我再没有和徽因谈过这件事。因为我知道老金是个说到做到的人,徽因也是个诚实的人。后来,事实证明了这一点,我们三个人始终是好朋友。我自己在工作上遇到难题也常去请教老金,甚至连我和徽因吵架也常要老金来'仲裁',因为他总是那么理性,把我们因为情绪激动而搞胡涂的问题分析得一清二楚。"(刘培育主编《金岳霖的回忆和回

忆金岳霖》）

文中说他1931年从宝坻考察回来，有误。应是1932年从蓟县（今天津市蓟州区）考察回来。

说了这么多，一点都不损害林徽因完美动人的形象。相反，我倒觉得，正是天生丽质，气韵高雅，加上至情至性，才使林徽因成为二十世纪中国知识女性的杰出代表和光辉典范。

2000年5月13日

林徽因的一通遗札

今为实际生活所需,如不得已而接受此项实利,则最紧要之条件,是必需让我担负工作,不能由思成代劳顶替。

与思成细商之后决定,用我自己工作到一半的旧稿,用我驾轻就熟之题材,用半年可完之体裁,限制每日工作之时间,作图解及翻检笨重书籍时,由思成帮忙,则接受,不然,仍以卖物为较好之出路,少一良心问题。

这是林徽因给傅斯年的一通信,不全,无上下款。查梁从诫编的两卷本《林徽因文集》(百花文艺出版社),陈学勇编的三卷本《林徽因文存》(四川人民出版社),均未收入。时下出版的多种《林徽因传》亦未提及。说是一通遗札,当无大谬。

此信见于台湾"中央研究院"历史语言研究所,2011年印制发行的三卷本《傅斯年遗札》第1273页(第三卷)。系傅斯年给朱家骅、杭立武信中所引录。

抗战期间，傅斯年有一项义举，如今已广为人知，也广为人所称道。这便是，1942年4月18日致信朱家骅，希望朱能与陈布雷相商，由陈便中向蒋介石进言，特批一笔款项接济梁思成、梁思永兄弟。同日也写信给兼任中研院评议会秘书长，与陈布雷关系更深一层的翁文灏。后来还是翁文灏这边起了作用。同年9月底，蒋介石批下两万元款项，翁接到后即转傅斯年。《翁文灏日记》中有此记载。不久前央视播出的多集《梁思成林徽因》电视片中，有傅斯年领款的收据。

还要补充一笔的是，傅斯年这次请最高当局拨款救济，名义上是为梁思成、梁思永兄弟两人，实际上该说是为梁思成、梁思永两个家庭。两家的情况又有所不同，不同在于两家都是因病致贫，而病的主体有明显的差异。梁思永家，是丈夫梁思永病重，而梁思成家，是妻子林徽因病重。还有一个不同是，梁思永是史语所的专职研究员，梁思成只是个兼任研究员（每月有补助款）。说到这儿，不妨将话挑明，傅斯年这次请求最高当局开恩救济，名分上是为二梁，实际上侧重在梁思成，而梁思成这边，林徽因又占了更多的分量。此事我有专文论述，读者朋友权且相信。这并不是说他拿梁思永做了幌子，不是的，是他要接济梁思永自有办法。他自己就掌握着一大笔经费，不必费这么大的力气，担这么大的风险。

傅斯年这次给朱家骅、杭立武的信，可说是前一义举的后续行为，也可说是另一义举。宗旨是，本其既有之思路，为林徽因的经济状况，谋一彻底之解决。

前信写于1942年4月18日，此信写于5月5日，相距不过十几天。以此推测，或许是傅氏觉得，直接请最高当局拨款难度太大，不可凭恃，或者是觉得纵然最高当局答应了，也不妨再为林徽因谋一更为圆满的济贫办法。

这个办法，用现在的话说，就是为林徽因安排个工作，每月有固定薪饷。

当年中国有个中华教育文化基金董事会，管理着一大笔美国退回的庚子赔款的余额，还有个中英庚款董事会，管理着一大笔英国退回的庚子赔款的余额，杭立武就是这个董事会的总干事。前面说傅斯年呈请蒋介石拨专款救济二梁兄弟，分别致信朱家骅和翁文灏，后来是翁这边起了作用，言下之意，朱那边没有动静。显然不是这么回事，只能说两人办事风格不同，路径不同。极有可能，朱觉得让蒋介石拨专款的可能性不大，或者操作起来难度大些，还不如自己来想办法。他的办法便是，请杭立武在英国的庚款基金里设个名目，给二梁以切实的帮助。看这封信的开头部分，朱杭二人已有个办法，专门用来帮助梁思成家庭，傅斯年认为不尽妥善，提出他的一个办法。

这就要细说一下这封信内容了。分为两大部分。第一部分先立个前提与标准，第二部分说林徽因完全符合这个前提和标准。

第一部分说，贵基金会过去也办理"科学研究补助"的事，后来局势变动，遂成兼职，不免有许多弊病，他曾主张竭力整顿。五十年来，中国产生了一批重要的人文学者，总数不会超过一二百人，基金会的补助，应当重点放在他们身上。若能这样，就是旧办法有所改变，"转为得要，但看人选之如何耳"。像近期对陈寅恪的补助，就是最为恰当的，"故可佩也"。又怕给朱杭二人造成拿林徽因比陈寅恪的印象，赶紧补上一句："弟详言此意，不专为徽因嫂一人事而发，似可为贵会方针之一也。"

第二部分就"图穷匕见"了。大概中英庚款董事会的资助项目，是以著述为立项依凭，杭立武问过林是否有著作的意向，身体状况又如何，傅信一起首便说："事实上徽因嫂旧有《中国之建筑》一稿，将过半矣。彼在病中初未间断各事，如写文艺作品之类，如尽舍他事，专成此稿，事既可行，转于病有益。"接下来说，正好今天徽因嫂来一信，即上引之信，意在可看出林的心志与品格。且说，他将杭立武信上所开列的补助人员名单看过，觉得林徽因受补助一事，当在前列。

与此信同时，傅斯年将林徽因的研究计划、他与李济的推荐书，一并奉上。

他与李济的推荐书，也是一封给朱家骅与杭立武的信。信中说到对林徽因的具体安排。所在机构为营造学社，指导人为刘敦桢（士能），每月待遇："准以林女士以往之资历成绩，在国内实为美术史与建筑学之地位，拟请给以最高之待遇，即立武先生近示一般办法中三百八十元之数。"起薪时间："因弟等久劝其屏除其他工作，完成旧稿。彼自上月已开始，似可由四月份或五月份支给。"

这第二部分，有没有夸饰不实之词，就不必深究了。成全人不光须在行为上，也须在言辞上。几十年后，我们看到的只有一种纯正的感情、深厚的责任。再就是，此人有"傅大炮"的绰号，更让人感到亲切可敬。

从《傅斯年遗札》后来披露的信息看，此事没有办成。

2013 年 7 月 7 日

真实背后的真实

真实后面还有真实，是我近来读书时，不止一次的感慨。且举一例。

抗战中期，傅斯年分别致信朱家骅、翁文灏二人，希望他俩能与陈布雷相商，由陈出面，建言蒋介石特批一笔专款，接济因病致贫，困居李庄的梁思成、梁思永两家人。几个月后，蒋介石果真批下一笔两万元的巨款，由翁文灏转交傅斯年。近来央视播出的多集电视片《梁思成林徽因》中，有傅的领款收据（实物）。这一义举，在梁思成、林徽因、傅斯年的传记中，均有记载，一些相关的图书（比如《发现李庄》）也不忘提及。

这是历史的真实，谁也无法撼动其坚硬的根基。

再坚硬的根基，也挡不住有心人细细察看。

往细里看，二梁的情形并不相同。思永是史语所专任研究员，本人有病，傅斯年身为史语所所长，为之请款，乃职责所系，义不容辞。与思永相比，思成的情形大为不同。思成系营造学社代社长，营造学社并非史语所的下属单位。思成家庭，因病致贫，非是思成本人患病，而是其夫人林徽因身染沉疴。思成本人与史语所的关系，仅是前一年被聘为史语所的兼任研究员，每月有 100 元的薪饷补助。

这样一来，说是为梁思成请款，莫如说成是为林徽因请款。往深里说，傅斯年情感上侧重林徽因，甚于梁思成。这是一个近乎刁钻的命题，端看能否给出周全的论证。

给朱家骅、翁文灏两人的信，是 1942 年 4 月 18 日写的，蒋介石特批的两万元款项，是 9 月 28 日派人送到翁文灏办公室的。也就是说，蒋那边，五个月未见动静。且来看看，这五个月里，傅斯年还做了些什么努力。

翁文灏那边后来是见了效，并不是说朱家骅这边没有尽自己的努力。可能是朱觉得，这样的事惊动最高当局，未见得会有效果，还不如在自己力所能及的范围内设法解决。他的办法是，说动中英庚款董事会总干事杭立武，给林徽因设个学术著作项目，给予"科学研究补助"。为此，傅斯年与林徽因相商，让林报上她旧有的《中国之建筑》未完成稿。傅还拉上李济，给林写了推荐书，提出更进一步的要求，"拟请给以最高之待遇，即立武先生近示一般办法中三百八十元之数"，且建议"似可由四月份或五月份起支给"。这是傅的一个举措。时间是 5 月 13 日。可说全是为了林徽因，连借梁思成之名都免了。

再一个是，等了许久，陈布雷那边没有动静，傅斯年决定亲自向蒋介石进言。他让李济拟稿，李济不知傅的心思，只有实实在在地拟稿，分两部分，第一部分题为"梁思永对于中国上古史之贡献"，第二部分题为"梁思成、林徽因对于建筑学之贡献"。从分量上说，前者重些，后者轻些。这个拟稿到了傅斯年手里，大加删改，将梁思成及其夫人林徽因对于建筑学之贡献放在前面，将梁思永对于中国上古史之贡献放在后面。且加大了对林徽因的颂扬，有这样的话："思成之夫人林徽因女士，当代之才女也。亦留美学建筑，与思成同志，于营造学社之工作贡献甚多。"特别强调"徽因女士虽工作亦如其他营造学社社员，但并无独立之收入……卧病之人尤不能缺少医药营养，故思成所需之救济，与思永等"。时为6月16日。（台湾史语所《傅斯年遗札》第三卷第1281页）

抗战胜利后，梁思成一家要返回北平，在清华大学设立建筑系，于重庆等待航班期间，住上清寺聚兴村中研院招待所（后来搬到沙坪坝何廉的房子）。此处也是傅斯年在重庆的办公处。傅曾去看望过梁林夫妇。1945年11月30日，傅斯年给其妻俞大綵的信里说："梁思成夫妇这次来，竟是颇疏远的样子！"（同上书第1627页）

那只是梁思成夫妇在一起时，给傅斯年留下的印象，或是傅斯年自己的感觉。这一段时间，傅斯年很是忙碌，刚出任北京大学代理校长，又奉最高当局之命去昆明处理学潮，还要参加政治协商会议。1946年1月7日给俞大綵信里，又一次提到了梁思成夫妇："现在托徐轶游兄带去此信，另带啤酒一小罐（林徽音送我，梁二反对之）。"（同上书第1666页）梁思成排行为二。信中梁二，该是傅俞夫妻间平日对梁思成的指称语，不会是此番专为蔑视而另铸新词。

重庆居住期间，林徽因曾去医院检查身体，病情恶化，活不长久，朋友圈内已广为人知。3月5日傅斯年给俞大綵的信里说："林徽音的病，实在没法了。他近月在此，似乎觉得我对他事不太热心，实因他一家事又卷入营造学社，太复杂，无从为力。他走以前，似乎透露这意思，言下甚为怆然，我只有力辩其无而已。他觉得是他们一家得罪了我。他的处境甚凄惨，明知一切无望了，加上他的办法，我看，不过一二年而已。"从信中可知，这期间傅曾去看望过林，且有较深入的交谈。写至此处，傅斯年特加一注："你可写信给他。昆明北门街七十一号金岳霖转。"指称女性仍用他字，该是傅氏的一个习惯。据此信可以看出，俞大綵与林徽因的感情亦不薄。傅斯年知道，光复之后，分手在即，他已不可能给林徽因切实的帮助，仍希望妻子写信劝慰病困中的老朋友。（同上书第1674页）

不知道说了这么多，于这个近乎刁钻的命题，算不算给出一个也还周全的论证。

以上所言，皆确凿有据。这后一种真实，对前一种真实，绝不是什么消解，而是更高层面上的认定，让干瘪的历史真实，放射出人性的光辉。

2013年7月8日

这笔钱给了没有

这个热,那个热,最想不到的是会有个"林徽因热"。誉为文学家而生前没出过一本作品集,号称建筑师(墓碑上的刻字)而没有知名的建筑物存世。可是,再一想,那么一个绝代佳人,遗落在中国文化的旷野里,谁都会心疼。没有多少著述,没有多少业绩,恰是"林徽因热"的最大的热点——最没有想象力的人,也会产生奇妙的想象。

这想象力用于文本的解读,谁曰不然,若用于文本的制造,下愚如我,亦期期以为不可。试举一例。

许多书都写到,1942年4月18日,傅斯年(孟真)曾上书朱家骅,请他设法,必要时与陈布雷一商,让介公(蒋介石)赠给梁思成、梁思永兄弟两人二三万元。原因是,兄弟两人皆困在李庄,思永之困,是患了严重的肺病。思成之困,是其夫人林徽因也患了严重的肺病,卧床二年矣。且说,林氏"今之女学士,才学至少在谢冰心之上"。附笔说为了办成此事,写了同样的信给咏霓(翁文灏),因咏霓与任公(梁启超）有旧也。翁除了政府的职务外，还是中研院评议会的秘书长。

这样的史实，当然该重重写上一笔。

此信最早是杨念群先生，1998年赴台湾开学术会议，邀请他的恰是台湾"中央研究院"历史语言研究所，遂将这一信件的复印件赠送给他。梁思成兄弟，是他母亲的亲舅舅。第二年他母亲吴荔明在其所著的《梁启超和他的儿女们》（上海人民出版社）一书中予以公布。只是吴女士没弄清楚，傅斯年写信的当时，朱家骅不是教育部部长，而是中央研究院的代院长。此外在国民党中央还有更高的职务。

傅斯年给朱家骅的这封信，是以私人身份写的，故称朱为吾兄。十天后，4月28日，同样的内容，又写了封公函性质的信，称朱为院长，并加上总干事叶企孙与总务主任王毅侯的名字。

这笔钱给了没有？这两封信只是启动此事，不能证明过后就给了。

可资佐证的，是此后林徽因写给傅斯年的一封信。信中说，接到要件一大束，大吃一惊，开函拜读，则感与惭并。且言，"又以成永兄弟危苦之情上闻介公，丛细之事累及咏霓先生"。最后说，"希望咏霓先生会将经过略告知之，俾将来引见时不至于茫然"。细细揣摩此信文意，当是事情有了眉目之后，傅斯年将他与朱家骅、翁文灏往还的信件，抄了一份给梁思成夫妇。用意在于，待钱拨下来了，对办事之人应有礼节上的表示。此事当在同年5月间。

虽已做好了"引见"的准备,钱仍未拨下则是真的。

吴荔明在《梁启超与他的儿女们》一书中,谈及此事,说傅斯年究竟为二梁"讨"到多少钱,因为当事人都已谢世,无法妄测。"但是,林洙舅妈记得二舅曾告诉过她:收条是傅孟真代写的。"再就是,梁思成给费正清的信上说,"我们的家境已经大大改善"云云。

有了这样的说辞,这笔钱该是给了的。只是证据不是多么的确凿。

严谨的作者,说到此事,多持慎重态度,比如陈学勇的《林徽因的一生》(人民文学出版社)中,说"可能是朱家骅生病的原因未见到动静,傅斯年又设法禀报了蒋介石,后来还是政府经济部长翁文灏过问了此事"。(该书第200—201页)实情是,傅在禀报朱家骅的同时,也禀报了翁文灏。最后是翁这条线起了作用,则是对的,看下文即明。

想象力丰富的作者,可就不这么看了。他们最不愿意承认的是,以蒋介石之尊,会循傅斯年之请,如数给二梁下拨二三万元巨款。窦忠如《梁思成传》(百花文艺出版社)是这么说的:"因为傅斯年的那封求助信,中央研究院虽然没有完全按照他的要求资助两三万元,但还是在艰难的境况中为梁家筹措了一万元的医药费,这无疑是雪中送炭。"(该书第117页)这就连当初是向谁要钱都弄混了。岳南《1937—1984:梁思成、林徽因和他们那一代文化名人》(海南出版社)中则说:

"可以肯定的是，即使梁家兄弟得到了实惠，其数目也绝没有傅斯年在信中请求的那样多。"（该书251页）证据是此后一个时期，梁家的生活并没有转机。

言人人殊，莫衷一是。我的看法是，这笔钱，既然傅斯年说得那么恳切，且出于"公忠体国"之心，蒋介石是会给的，要给会如数拨付，不会打什么折扣。这个证据，还真让我找见了。在2010年出版的《翁文灏日记》（中华书局）中，1942年9月28日条下有这样的记载："接见周象贤、Fitzroy（菲茨罗伊）、周茂柏、李允成、黄人杰、张克忠、胡祖同、周国剑（送来蒋赠梁思成、思永贰万元正，余即转李庄傅孟真，托其转交）。"

这样一来，前面所有的茬儿都对上了。4月末上书，9月末才拨下来，在这期间，梁家的生活不会有转机。翁文灏这条线，起了作用。让傅斯年转交，才会有傅打收条的事。申请二三万元，拨下两万元，可说是照数拨付，不能说打了折扣。

两万元，两家分，一家一万。

现在要说的是，此时已到抗战中期，谁都知道抗战期间，物价飞涨，一家这一万元，抵多大的事呢。这个，不妨做个对比性计算。呈请最高当局拨款的同时，傅斯年也想过另一个办法。杭立武主持的中英庚款董事会，有"科学研究补助"项目，选定对象，按月补助，等同薪资。傅写信给杭，推荐林徽因为补助对象，且明确提出，每月按最高补助额付给。当时陈寅恪先生就享受着这个待遇，多少呢，每月380元。也就是说，这样的待遇，足可让一个学者安心治学。

1000÷380≈26（月）

一次拿到二十六个月的薪资，可见是一笔巨款。这样就知道，梁思成在给费正清的信上说"我们的家境已经大大改善"云云，不是什么客套话了。

2012 年 11 月 28 日

林徽因的感情世界
——在山西省图书馆报告厅的演讲

谢谢主持人的介绍。

今天是 10 月 1 日，是国庆节，省图安排这个时间我不知道出于什么考虑，让这么好的休息的时间来听一个人谈什么林徽因。来了这么多人，我很高兴。我觉得我们都是有幸的，我有幸在这里做一次关于林徽因的演讲，朋友们有幸在这个时间里听一听我对林徽因的看法。林徽因这个人可以这样说，是一个非常复杂的，也是一个非常有魅力的，同时也是一个让人无法理解的人。为什么呢？作为一个建筑学家，她没有留下什么著名的建筑遗迹，比如北京的十大建筑之一，或者说哪一个有名的大厦是她设计的，没有，一个也没有。现在保存下来的，可以说林徽因参与的建筑物，就是 1929 年她的公公梁启超去世以后，她和丈夫梁思成一起设计的梁启超的陵墓，在北京西郊，有墓碑，还有一个亭子，那是她留下来的我们现在能够看到的建筑遗迹。可是这样一个人，我们仍要说她是一个优秀的建筑学家。再就是，作为一个诗人、一个小说作家，从二十世纪三十年代开始写诗写小说,一直到1955年去世,没出过一本诗集,也没出过一本小说集,但是人们仍然承认她是一位优秀的诗人,一位优秀的小说家。还有,作为一个教授,建筑学的教授,我仔细排列了一下,她一生工作的时间也就是1928年秋天到1930年的冬天,在沈阳的东北大学当过两年的教授,此后在昆明曾经在西南联大还是一个别的什么大学代过一个学期的英文。也就是说她所有的教授经历,所有的职业经历不会超过三年,可是人们却说她是一位了不起的教授。尤其是在设计国徽的时候,设计人民英雄纪念碑下面的那些浮雕的时候,在清华大学向国务院打的报告里边,都写的是林徽因教授。前些年有人在清华建筑学系的档案里边查来查去,教授名单里没有她的名字,真的没有。那么你说她不是教授吗,她不是一个建筑学教授吗,肯定是的。过去人们对教授身份的认定,跟我们现在有不一样的地方,现在你必须是个教授,我们才说你是个教授,过去你只要当过教授,往后你就是教授,就好像这是一种称呼,或者说是一个职称而不是一个职务。这样说起来当教授不过三年,写小说写诗一本书都没有出过,作为建筑学家只设计过一些简单的东西,而且还是和梁思成一起设计的。就是这样一个人,我们怎么想着她都不应该是一个优秀的、卓越的、让人们敬仰的人物。但是恰恰相反,可以这样说,如果要在现代文化史上,要在中国现代社会发展史上,找一个真正能代表那个时代,真正能够代表那个时代的风气和它的思想情感的最高境界的人物,挑来挑去还就是她。为什么这么一个人物，没有多大的成就，也没有做过什么惊天动地的事情，却能够几十年来，我相信往后的历史时期还会是这样的，得到人们的一致的赞扬呢？一个很重要的原因，就是她是一个真正接受了西方教育的知识分子，她是一个优秀的女性，无论她的学识，她的感情世界，甚至她的做派，给人的吸引力和震慑力，都能够达到敬仰的层面，让你由衷地钦佩，由衷地认同。今天我们不去讲她的文学成就，也不去讲她在建筑学上有哪些功绩，我们今天专门来讲一下林徽因的感情世界。

实际上好多人认识林徽因，是从她的感情世界方面来认识的。当然了，也可以这样说，人们对林徽因感情世界的理解，还是分层次的。有人认为她不过就是和徐志摩有过一段恋爱的历史，后来又跟金岳霖有很深的恋情，总之和她相恋相爱的，都是些了不起的人，所以她才了不起。我不这样看，我认为首先是因为她了不起，才有那么多了不起的人紧紧地追随着她，就好像现在，你必须自己是优秀的、高尚的、强大的，你才能够有敬仰者。

关于林徽因的感情世界，我做过一些研究。先要谈一下她的出身。我们现在不太讲究一个人的出身，讲究起来，又常常强调到不可思议的地步。比如"文革"中，凡是富裕家庭出身的，都是革命的对象，越穷越革命。对知识分子也是一样，文化越高深的越反动。现在不管怎么样，都扭转过来了。公允地说，一个人的家庭出身和教养，对他的一生是有相当大的影响的，只是没有到那么绝对的地步。林徽因的家庭，是个官僚家庭，也是个知识分子家庭。她的父亲林长民，当过北洋政府的司法总长，后来不当官了，也还是一位文化名人。在这样的家庭里，放心地当小姐就是了，事实上不是这么回事。在这个家里，林徽因处境是很微妙的。为什么呢，就是因为她母亲是她父亲的妾，她只能说是庶出了。林长民娶过妻，早早死了没有再娶，而是娶了个妾，生下林徽因和她的妹妹，没有男孩子，就又娶了一房妾，这个妾很会生孩子，一连生了三四个男孩子。生下男孩子，这个妾的地位就高了，这样一来，林徽因母亲的地位就更低了。林徽因又漂亮又聪明，很得父亲疼爱，纵然这样，庶出的滋味，她还是能尝得到的。可以说，庶出，是她半生难以排遣的心理纠结。有人会说，英雄不问出处，庶出又怎么了。这样说，还是对中国过去的社会不了解。过去，妾的身份是明确的，不用避人。可以住在别处，也可以住在一个院子里。林长民的两个妾，在北京时，就一个住前院一个住后院。妻妾共处，是中国婚姻文化里，一个奇特的现象。过去的中学语文课本上，有篇文章叫《齐人有一妻一妾》，是从《孟子》里选的。说齐国有个很落魄的人，居然也有一妻一妾。后世就把有妻又有妾的人，称为"齐人之福"。

　　中国过去，一方面是妻妾共处，相安无事，一方面又严格区分妻和妾的职责，不得混淆。最有名的是，公元前651年，有个葵丘会盟，就是齐桓公约了鲁国、宋国、卫国、郑国等国，在一个叫葵丘的地方（现在的河南民权县）相会结盟，规定了好几条，要各国都执行。其中一条就是不得以妾为妻，不得立庶子取代嫡子。这一条，可以说，在整个封建社会，都是执行的。地位再高的人，也不敢明确违反。举个例子吧，袁世凯这个人就是庶出，就是小老婆生的。他母亲死的时候，他当时已经是直隶总督、北洋大臣，说是一人之下，万人之上，也不为过。但是他想把他妈埋在祖坟里头，就是办不到。埋到坟里，说明他妈是他父亲正式的妻子，多少可以洗去一点庶出的耻辱。他知道这是很难办的，央人跟他哥哥说，他哥哥是嫡长子，不同意，他亲自跪在他哥哥面前，反复央求，还是不同意。袁世凯没办法，只好在别的地方给他的母亲找了一块坟地埋掉。这就可见庶出是怎样的受歧视了。

再举一个例子，钱锺书的《围城》，好多人都看过。里边有个女人叫苏文纨，起初还挺好的，有学问，也还高雅。后来变得世俗了，乘飞机在香港和重庆之间搞商品走私。早些年跟主人公方鸿渐有过恋爱关系，只是不太明确。后来方鸿渐和孙柔嘉结婚后，两人离开三闾大学绕道香港回上海，在香港遇到了苏文纨。见面后，方鸿渐说这个苏文纨当年怎么样高雅，怎样有才，没想到孙柔嘉一点也不买这个账，说这个女人太轻浮，像是小老婆生的。这话是很恶毒的。为什么呢？小老婆一般都是年轻、漂亮、风骚，说一个女人像是小老婆生的，这就等于说是个下贱的女人。

庶出的事，就讲这些，讲了这些，我们就可以理解，为什么说庶出是林徽因的心理纠结了。现在市面上卖的任何关于林徽因的书里头，都没有谈到这个问题。众多的研究者，光注意她如何漂亮，如何能干，性格如何倔强，品质如何高尚，但是都避开了这个问题，或者说没有顾及这个问题。庶出，对男人来说也许还稍微好一点，事业成功了，很少有人再说这个。对一个女人来说，就不一样了，人气越旺，事业越成功，说道的人会越多，她心灵受到的创伤，感情受到的伤害就更为严重。可以这样说，林徽因大半生都没有摆脱庶出的阴影，无论是与朋友的交往中，还是后来在一些事件中，都可以看出她心理上受到的伤害。挑明了她的庶出，给她伤害最深的，是一个她同时代的著名女作家，就是冰心。我曾经在一篇文章里说，冰心和林徽因之间的这种矛盾，不要简单地理解为两个女人，或者两个漂亮的女人，两个有才情的女人之间的忌妒，我认为应该在更高的层面上来理解，它实际上就是中西文化的冲突。按说如果不是梁思成腿部受了伤，推迟一年留学，这两个人在去美国的船上就会认识。梁思成本该1923年就赴美留学的，腿叫撞断了，耽搁了一年，到1924年才去，这样就比冰心迟了一年。冰心是跟她后来的丈夫吴文藻一起去美国的。梁思成和吴文藻是清华同一年级的同学，还是好朋友，住同一个宿舍。在美国，这两对恋人之间，还是有交往的。现在还留下冰心和林徽因两个人一起野炊时的照片。这一切都不能消泯冰心对林徽因的嫉妒与歧视。到1933年9月，冰心写了篇小说，在大公报上分几期连载发表，这个小说叫什么呢？就叫《我们太太的客厅》。这成为中国现代文学史上一个非常有名的事件。小说里说，"我们太太"是众多追随者给某家女主人的称呼。这是一个曾经留过学的女人，又漂亮又风骚，丈夫是个老实人，管不住她，她整天跟一些诗人、学者来来往往，打情骂俏，毫不避讳。其中最热络的，是一位诗人，说白了就是徐志摩。这里说的，基本上都是实情。当时林徽因住在东城北总布胡同三号，家里确实客人很多，都是些名流学者。林徽因在英国待过，有喝下午茶的习惯，到时候会有朋友来凑热闹。太太客厅，就是来来往往的朋友给叫出去的。都在一个城市里生活，这些情况，冰心当然有所听闻。那些年，她的创作情绪挺高，常有小说发表，终于忍不住心头的忌恨与鄙视，写成小说发表出来。谁都看得出是挖苦林徽因的，但是直到晚年，冰心都不承认，说她写的是陆小曼，实际上跟陆小曼一点也不沾边。这件事情引起什么样的后果呢？也很好笑。文章发表前，林徽因正好和梁思成来山西考察，去了大同一带。从山西回去的时候带了几坛山西的老陈醋。林徽因看到冰心这篇文章后，马上打发人把一坛山西老陈醋送到冰心家里，意思是说冰心对她心怀忌妒，打翻了醋坛子。现在想想，两个这么文明的女人闹起事来，跟两个农村妇女的方式也差不了多少。冰心的这篇小说，有人曾写过文章，将小说中人物与生活中人物，一一对照，小说里写的是个什么样的人，实际是谁，都找了出来。我也曾写过文章，提供一些证据。比如小说里说有个诗人长脸长鼻子，都说写的是徐志摩，现在的人，没有几个见过徐志摩的，怎么说这就是徐志摩呢。我就引用梁实秋文章里的话，说徐志摩的脸多么长，鼻子多么大，这就证明确实是徐志摩。小说里头,还写了胡适,写了金岳霖,写了沈从文,等于把当年经常出入梁家的这些学者名流,几乎一个不落的全写了。这都不算,最过分的是她指出了林徽因是小老婆生的,用了曲笔,很隐晦,明眼人还是能看得出来。具体是这么说的,太太正在跟客人说话的时候,女仆进来说:"电话打通了,老姨太请您说话。"请注意"老姨太"三个字。太太听了皱着眉头说:"叫彬彬去接,我没有工夫。"彬彬是她的女儿,听过电话,笑嘻嘻地走到太太面前,说:"妈妈,老姨太说包厢定好了,那边还有人等你吃晚饭。今儿晚上又是杨小楼扮猴子。妈妈,我也去,可以吗?"说着便爬登到我们太太的膝上,抱住臂儿,笑着央求。我们太太也笑着,一面推开彬彬:"你松手,那用得着这样儿!你好好的,妈妈就带你去。"彬彬松手下来要走,又站住笑道:"我忘记了,老姨太还说叫我告诉妈妈,说长春有电报来,说外公在那里很……"我们的太太忽然脸上一红,站起推着彬彬说:"你该预备预备去了,你还是在家里用过晚饭再走,酒席上的东西你都是吃不得的。"这一段话是非常狠的,我们一起来分析一下,前边说了"老姨太",后面又说到外公。一加上外公,这个老姨太实际就是姥姥,把姥姥叫成老姨太,那就说明我们太太的母亲是姨太太,是妾,那么我们太太就是庶出了。小说里这样说,真是够过分的了。我们先把这个问题提出来,下边再来说林徽因的感情世界,许多事情就可以对上茬口了。通过一个人的感情世界来认识一个人,最便捷也最深刻。

林徽因的一生和三个男人有感情纠葛，这样说是把梁思成也包括进来了，就是说连上她的丈夫，一个是徐志摩，再加上金岳霖。我个人认为，梁思成、徐志摩和金岳霖，她爱过的和被爱过的这三个男人，都是中国现代文化史上非常优秀的人物。尤其是梁思成，我们过去对这个人的理解，可能有不够的地方，认为他只是一个建筑学家，实际上这个人无论学业还是品质，都是很了不起的，不能说梁思成因为有林徽因而增加了什么，应当说是林徽因，因为有梁思成而增加了许多。你想想，如果不是这样一个优秀的丈夫，林徽因很有可能做出一般女人在这种情况下都能做出的事情，她的感情世界甚至她的生活都会改变，不会像现在这样，留下这么多美好的东西，这么让人们充满着敬意。可以这样说，林徽因和梁思成结为夫妇，从建筑学上说，是一种最好的构架，基础最牢靠，最符合建筑学的原理。

　　这是什么意思呢？首先因为梁思成的父亲是梁启超。梁启超可以说是中国近代史上最有名的文化人，是个政治家，也是个思想家。作为梁思成的夫人，梁启超的儿媳妇，绝对是占分的。这显赫的身世，从他们抗战开始以后，往南方逃难一路上受到的礼遇就能看得出来。先到湖南，又到了昆明，一到了某个大地方，地方军政长官一听说是梁启超的公子来了，马上就设宴招待，林徽因给外国朋友的信上就说，她们一路上风光极了，处处受到礼遇。到了昆明以后，云南省主席把他的别墅腾出来让他们住。这是身世。从梁思成的学业与成就上说，也是一流的。他的中国古代建筑的研究，为中国人争了光。说这些的意思是，千万不要认为梁思成是个平庸之辈。过去知道林徽因和徐志摩好，后来又和金岳霖好，总认为梁思成是个窝囊废，怎么能眼睁睁地看着自己的老婆和这个好了和那个好呢？我们都是用现在人的眼光来看这个问题的，应该学会用一种高境界的眼光来看，下边还会谈到的。

关于她和徐志摩的关系，我的看法是，1920年冬天在英国认识的时候，两个人不会有多么深的感情。徐志摩头一次去看望林徽因的父亲林长民的时候，是和张奚若一起去的，张奚若跟梁从诫说："你妈妈在伦敦第一次见了我跟徐志摩，差点给我们叫叔叔呢。"这个很好理解。林徽因当时只有十六岁，徐志摩已经二十四岁，比林徽因大了八岁，张奚若跟徐志摩差不了多少，一个十六七岁的女孩子见了两个父亲的朋友，二十多岁的小伙子，叫个叔叔是很正常的。说差点叫叔叔，看情形是马上就要叫叔叔，叫他们给挡住了。后来徐志摩跟林徽因之间确有通信来往，即便徐志摩对林徽因表示了一点爱慕之心，林徽因也是诚惶诚恐，不知该如何处理。现在留下一封信，是林长民代替女儿回答徐志摩的。以时间而论，已是1922年徐志摩回国以后了，信上说，"足下用情之烈，令人感悚，徽亦惶恐不知何以为答"。并约好时间，请徐志摩来家里吃饭。最后说徽徽附笔问候。由此可以推知两年前，他们没有那种恋爱关系。

前些年演过一个电视剧叫《人间四月天》，影响很大，里

面的事实却不是很可靠的，说徐志摩和林徽因在剑桥如何划
船，在街头如何骑在一辆自行车上，都是编剧自个儿想象出来
的，不可能有的事情。它用的底本，是一本叫《小脚与西服》
的书。这本书是张邦梅写的，张邦梅是徐志摩的前妻张幼仪的
侄孙女。张邦梅在张幼仪晚年采访了张幼仪，用英文写了这么
一本书，叫《小脚与西服》，意思就是徐志摩是西服，张幼仪
是小脚，小脚和西服不搭配。实际上张幼仪是天足，她只是打
个比方。这本书里，有些是气话，不一定全是那么回事。张邦
梅是张幼仪八弟张禹九的孙女，在哈佛大学上学的时候，突然
发现原来她的姑太，就是她的姑奶，是中国最著名的诗人徐志
摩的前妻，于是她就开始采访，张幼仪就把自己经历的各种各
样的事情告诉了她。她爷爷张禹九，听说他这个孙女要写徐志
摩，知道她会同情她的姑奶，特意跟她说，你要写徐志摩，我
不反对，但一定要笔下留情，绝对不能够伤害徐志摩。可见，
张家的人，对徐志摩还是尊敬的、理解的。就是张幼仪，说了
些气话，整体来说，对徐志摩还是很有感情的。就在这本书
里，她说，她不会跟徐志摩说"我爱你"这样的话，但是在爱
过徐志摩的女人里，说不定她是最爱志摩的。要说做的事情，
也确实是这样的。离了婚以后，徐志摩的孩子是张幼仪抚养大
的，徐志摩的父亲死后，是张幼仪安葬的。徐志摩死了以后多
少年，坟前一直没有碑，也是张幼仪出钱，把碑立起来的。一
直到晚年，她知道徐志摩一直没有出全集，去台湾跟梁实秋
说，你们在台湾收集资料，给志摩出套全集吧。她提供了许多

资料，估计财力也是张幼仪提供的。

那么徐志摩和林徽因的关系，就没有发展到爱情的层面上吗？也不是。真正进入爱情这个层面是1931年的事。这个时候林徽因早就从国外留学回来了，在东北大学工作了一段时间，得了肺病，回到北平，在西山养病。徐志摩呢，对陆小曼完全失望了，受胡适之邀，从上海来到北平，去北大教书，没事的时候经常去看望林。这个时候，两个人的心情都不太好，一来二去，感情就起了变化，说是旧情复萌也好，说是新情骤生也好，总之是不对劲了，陷入了相恋之中，达到了爱情的层面。这么说的依据是什么呢，是梁从诫的一句话。《人间四月天》播出后，梁从诫写过一篇文章，其中说："我一直在替徐想，他在1931年飞机坠毁中失事身亡，对他来说是件好事，若多活几年对他来说更是个悲剧，和陆小曼肯定过不下去。若同陆离婚，徐从感情上肯定要回到林这里，将来就搅不清楚，大家都将会很难办的。林也很心疼，不忍心伤害他，徐又陷得很深。因而我一直觉得，徐的生命突然结束，也算是上天的安排。"

梁从诫真不该这么说。一方是你的母亲，一方也是你的长辈，你不能说哎呀多亏那家伙死了，要不我们家里就要出事了，就难办了。这不是当儿女应该说的话，你妈和一个男人好，那是你妈的事，与你没有关系，那是老人的事，他们究竟怎么一回事，你可以采取一个不闻不问，就是说老人的事我们做小的没有权力去问，你不能说多亏徐志摩死了，要不我们家可就麻烦了。恰恰是这几句话，表明1931年的时候，徐志摩和林徽因之间已经到了有可能论婚嫁的程度。

在这一点上,梁思成跟林徽因的女儿梁再冰,就比较聪明,没有说过这一类的话。梁再冰毕竟是女人,能理解她母亲的这种感情。她知道这种事情是没法说清的,最好是什么都不要说。

下来该着说金岳霖了。徐志摩突然死了,林徽因确实没有因为徐志摩而动摇了自己的感情防线,也就没有对林徽因的形象造成伤害。这是世俗的说法,我们权且认了。事情还没有完。接着梁从诫的意思往下说,如果再有一个男人继承着徐志摩的遗志,仍然顽强地向你母亲发动进攻,会是什么结果呢?如果这个男人照样碰壁了,我们可以说梁从诫的判断是对的,你的妈妈确实是金刚不败身,确实是刀枪不入,确实是一代烈女,任何男人的任何诱惑,都一概嗤之以鼻。可惜不是这样,当金岳霖先生继承徐志摩先生的遗志,向林徽因女士发动顽强进攻的时候,林徽因这座钢铁长城就轰然倒塌了。我们再看看具体的事情。

就是 1932 年 6 月的一天,梁思成去河北蓟县(今天津市蓟州区)考察古建筑回到北平,到了晚上,林徽因哭丧着脸对他说,我苦恼极了,因为我同时爱上了两个人,不知该怎么办才好。听了这话,梁思成当下就明白发生了什么事。这段时间,金岳霖就住在梁家的后院,是两个不相连的院子,但是有门可以相通。梁思成当下就明白发生了什么事,半天说不出话来,血液凝固了,呼吸都困难了,他自然知道妻子说的另外一

林徽因的感情世界　089

个男人是谁，但是他仍然很理智，感谢妻子没有把他当成傻瓜，对他是坦白的、信任的。他想了一夜，把自己、金岳霖和妻子放在天平上，反复比较，最后的结论是，自己在文学艺术各方面有一定的修养，但是缺少金岳霖的哲学家的头脑，认为自己不如老金。第二天，他把想了一夜的结果告诉妻子，说："你是自由的，如果你选择了老金，祝愿你们永远幸福。"说完，他哭了，林徽因也哭了。可是这件事情的结果是什么呢？就是第二天，或者就不一定是第二天了而是当天，林徽因把这个消息告诉金岳霖的时候，老金的回答是："看来思成是真正爱你的，我不能伤害一个真正爱你的人。我应当退出。"我认为后边这几句话不完全可信。我们来想一想这个情理，拿普通人的感情来分析一下。什么事情如果理解不了的话，还是把它还原成普通人的事情，就好理解了。事实的真相是，梁思成搞古建筑调查，经常外出，一走就是十天半月，家里头是个什么境况呢，前院住着一个漂亮的、寂寞的女人，后院住着一个身材高大、相貌堂堂的独身男人。从个头上说，金岳霖如果一米八的话，梁思成顶多一米六几的样子，林徽因穿高跟鞋和梁思成一样高，也就是一米六，说不定她是在台子上站着，也就是一米五几的个子。林徽因属于娇小玲珑的那种女人，不会很高。这样我们把这个故事还原成一个普通的境况。如果一个女人决定和一个男人结合，而且要和她的丈夫离婚，一般来说，不会仅仅是两个人在理论上探讨了一番，噢，咱俩挺合适的，咱俩结婚吧。他们的探讨，极有可能是实际的，只有通过实际的探讨，才会知道这个男人是一个真正的男人，才会决定再也不能和那个男人在一起生活了。而梁思成，我们刚才反复说过，梁思成是一个优秀的男人，那是品质与事业上的优秀，并不是说身体上优秀。事实上，梁思成是一个残疾人，残疾到什么程度呢？梁思成出生在梁启超逃亡日本期间，时间是1901年。刚生下来两只脚是对着的，脚尖对着脚尖，实际就是畸形。后来他的父亲请日本医生医治，做了个盒子，把脚固定住，才矫正过来。后来倒是没有什么影响，在清华上学时，体育什么都很好。但是在1923年，他和他弟弟骑上摩托车，在北京从一个胡同里头穿出来的时候，正好北洋政府一个军政高官的小轿车过来，一下子把摩托车撞翻，他和弟弟都受了伤，弟弟轻些，很快好了，他的重些，腰椎叫撞坏了，在协和医院打上铁架子，直到1946年去美国讲学，才换成一种不锈钢的架子。我们可以想象，这样一个人年轻的时候也许还可以，多年以后，身体能力肯定会受到相当的影响。还有一个因素，也要考虑到。就是林徽因和梁思成的结合，起初多少还是受到梁启超的权威的影响。林徽因在美国留学的时候，她父亲就去世了，死于战乱，一下子家庭的接济就断了，是梁启超供应她上的学，这样的话后来也就只有和梁思成结婚。对于一个要强的女人来说，心里还是会有所不甘的。这方面我也没有什么有力的证据，只是一种猜想。不管怎么说，她还是提出了离婚的要求，仅此一点，也就可以证明林梁两人的婚姻是有缝隙的，不是那么牢固的。

为什么说金岳霖这个话不可信呢？他说看来思成是真正爱你的，我不能伤害一个真正爱你的人，我应当退出。难道你和林徽因商量着要结婚的时候，你就不知道林徽因是有丈夫的吗，你就不知道林徽因的丈夫是爱着林徽因的吗？我认为，所以会有这样一个结果，所以杜撰了老金这样一个回答，是为了掩盖一个什么事实。这个事实是什么呢？就是三人之间，达成了某种默契，具体怎么说，我们不知道，意思明白的，就是从此以后，林徽因可以爱金岳霖，金岳霖可以爱林徽因，当然这样的爱，也会受某种约束的。必然有这样一个默契，要不后来的许多事，就解释不了。比如说，从此以后，金岳霖就变成了一个游牧民族了，游牧民族是逐水草而栖，哪儿有水草就去哪儿，金岳霖是逐林木而栖，林徽因在哪儿就去哪儿。在北京的时候，住在梁家的后院，到了昆明的时候，金岳霖在西南联大当教授，梁思成仍然在营造学社，当时营造学社附属于中央研究院史语所，又在一起了。还有个事，也顺便说一下。书上经常说，金岳霖因为林徽因终身未娶，这话是不准确的。因为1926年金岳霖回国的时候，是带了一个美国女人的，只是到了1931年，清华放假的时候，又把这个女人送回美国。清华教授教够五年，有一年的带薪假。1932年回来，经徐志摩介绍认识了林徽因。只能说他没有正式结婚，不能说他没有过婚姻。那个年代，同居也是一种婚姻形式。

接着往下说，到了昆明，大约1940年春天，生活安定下来，梁家准备在昆明近郊龙泉村盖一所房子，金岳霖又自己掏

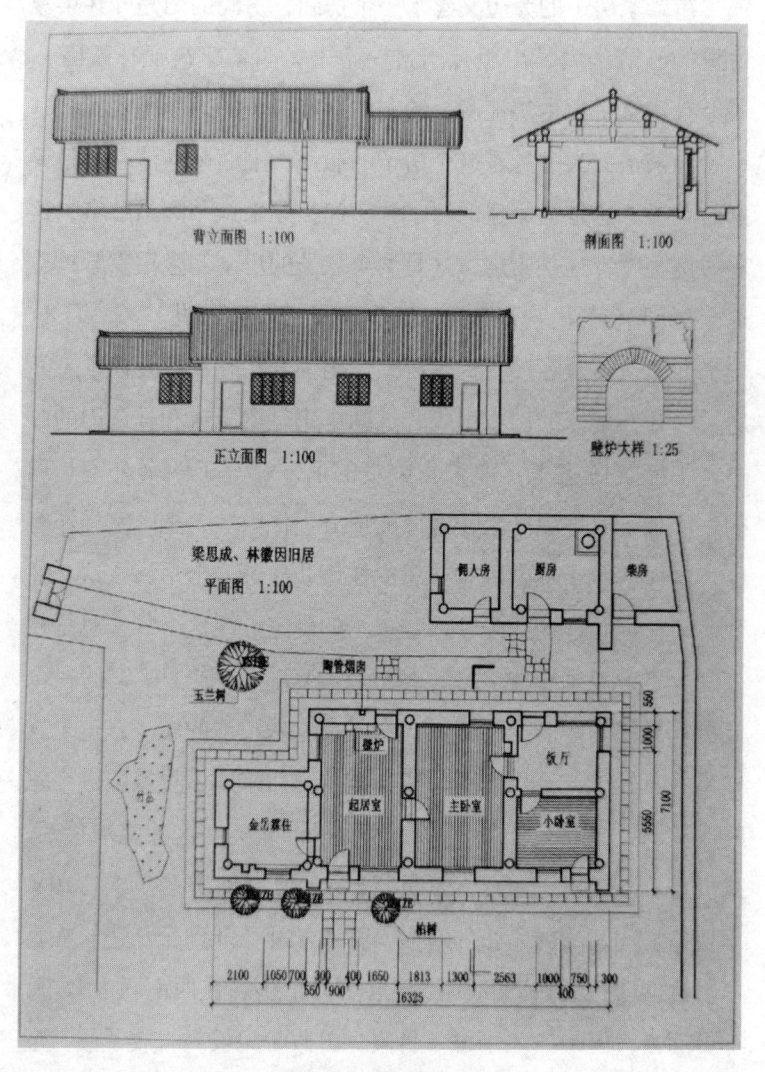

梁、林旧居测绘图

钱，在梁家房子的旁边又建了一个房间，房间的门是开在梁家房里的。清华大学出版社出过一本书，叫《建筑师林徽因》，书上有建筑系学生实地测量绘制的这所房子的平面图，我把这个图弄来了，大家看看这个房子的照片，上面是立体图，是梁家的院子。这是梁家建的房子，三间，原来这一间是卧室，这一间是客厅，这是厨房，这是两个孩子的房子。金岳霖紧挨着这个房间又盖了一个房间，这个房子的门在哪儿？看一下这个平面图，这是客厅，这是卧室，因为金岳霖在这儿建了一间房，门开在梁家的房子里头，这间本来是梁思成和林徽因的卧室，不能当卧室了，如果当卧室的话，就等于两个卧室是通的，于是梁家把原来当作客厅的地方当作卧室，把卧室当作客厅，这样就等于林徽因和梁思成在这儿住着，金岳霖在这儿住着，门在这儿，这儿是饭厅和孩子的卧室。说这个的意思是什么呢？我认为，这样一来，金岳霖事实上，成了梁家的一个成员。他们的好朋友，美国人费慰梅，费正清的夫人，也是这样说的。她说，经徐志摩介绍，金岳霖后来成了梁家的一个家庭成员。这，就是当年三人达成的一个默契。这种感情关系，我们现在没有合适的词语可以说明，但它确实是事实。1940年秋冬之间，战局紧张的时候，营造学社又迁到长江边，在宜宾附近的李庄，一直待到抗战胜利。金岳霖在西南联大教书，不可能去，但是，几乎每年暑假，暑假时间长，一放了假，金岳霖就从昆明辗转千里到李庄，度过一个假期。到了李庄，就住在梁家，当时林徽因的肺病已经非常严重，每天白天给林徽因念念书报，要么坐在林徽因的身边聊聊天。到了1945年，抗战胜利以后，林徽因做的第一件事情就是，身体状况稍微见好，就坐上飞机去昆明，去昆明看谁呢？看金岳霖，跟金岳霖住在一所大房子里，待了好长时间，才回到重庆，然后才回到北京，去清华创办建筑系。金岳霖回到北京，回到清华，又住在了梁家的旁边。我在想，这个问题摆出来以后，会不会影响林徽因的声誉，或者会不会影响林徽因的品质，我个人认为，不会的，因为这里面，有许多高尚的东西，纯洁的东西，不是一般人能够理解的。当然，如果让冰心知道了这些事以后，会不会再说小老婆生的？我想会的。因为冰心是一个非常传统的女人，我最近刚看了一个掌故，看了觉得很好笑。冰心从美国回来，已经当了燕京大学的教授，但是她从来没有看过《金瓶梅》，她就想看这个《金瓶梅》。冰心是大家闺秀，年轻时候绝对不会看这样的书，怎么办呢，她把一个笔名叫川岛，本名叫章廷谦的年轻作家叫来，让川岛去图书馆把《金瓶梅》借出来让她看。这事情如果给了林徽因的话，根本就不当个事，想看就看吧。当然，梁启超的书房里，不会没有《金瓶梅》这样的书，取来看就是了。所以我想冰心要知道这些的话，估计会说闲话的。

最后我要强调的是，我说这些，一点都不影响我对林徽因这个人的崇敬。可以这样说，林徽因是一个非常优秀的女人，在她身上体现的中国文化的深层的东西，不是三言两语能说得清的。可以这么说，这个人，越研究，越觉得高不可攀，越觉得是一个浑身放射光华的人，是一个文艺复兴式的人物。很早以前，就有出版社让我写《林徽因传》，到现在十年过去了，还没有动手，不是材料搜集不全，是我觉得，对林徽因这个人还没有理解到位，还有许多东西，必须慢慢地品味，才能达到真正理解的程度。写一本普通的传记对我来说不是难事，但是要写好林徽因，确实不是那么简单的。看的材料越多，思考的问题也越多，越觉得这个人物了不起。今天有幸和大家一起来谈谈林徽因，我是非常高兴的。

2010 年 10 月 1 日

庶出：林徽因的心病

何为庶出

先说个故事，《围城》里的。

方鸿渐与孙柔嘉订婚后，离开三闾大学，取道香港回上海省亲。在港完婚后，去看望好友赵辛楣和他的母亲，曾与鸿渐同学且有过恋情的苏文纨亦在座。文纨自恃出身高贵，又发财致富，对从内地来的鸿渐夫妇甚是不屑，言语间多有怠慢。比如明知柔嘉为鸿渐的新妇，偏要轻声问辛楣而又让鸿渐听见："这位方太太是不是还是那家什么银行？钱庄？唉！我记性真坏——经理的小姐？"待赵辛楣说，孙是他一位同事的小姐后，反而自惊自叹："原来又是一位方太太！"继而问孙："你一直在香港的，还是这次从国外回来经过香港？"待孙说明系从内地出来，苏的兴趣顿时消失，转脸与赵老太太继续她们的谈话，不再搭理孙柔嘉了。这类话还有两三句，有的是针对孙，有的是针对方，每次鸿渐听了，都紧握住椅子的扶手，防备自己气急了，跳起来破口大骂。

道别时更甚。书中说，苏文纨站起来，提了大草帽的带子，仿佛希腊的打猎女神提着盾牌，一面叮嘱赵老太太不要送，一面对赵辛楣亲热地说："我要罚你，罚你替我拿那两个纸盒子，送我到门口。"看都不看已站起来，准备与她道别的鸿渐夫妇，还是赵辛楣提醒她说，"方先生方太太也在招呼你呢"，这才对鸿渐点点头，伸手让柔嘉拉一拉，姿态就仿佛手指头伸到热水里去试试烫不烫，脸上的神情仿佛一个比孙高出一个头的人在跟孙拉手，眼光超越孙的头上看过去。然后亲热地跟赵老太太道了再见，又对赵辛楣似喜似嗔地望一眼，赵辛楣忙抱了盒子跟了出去。

这是在赵家的情景，要说的是方鸿渐夫妇回到旅馆怎样气愤，怎样评价苏文纨的。

受了老情人的气，又连累了新夫人，方鸿渐很是郁闷，知道柔嘉心里不愉快，多方譬解，劝说柔嘉不要跟苏文纨这样的人一般见识。柔嘉哪里肯听。原本兴冲冲地去看望赵家母子，却受了丈夫的老情人一通奚落，不管鸿渐说什么，总是讽刺挖苦，不依不饶。说着说着，两个吵了起来，和好后，方鸿渐请孙柔嘉出去吃冰淇淋。为了讨好新妇，鸿渐说苏文纨，三十岁的太太了，衣服愈来愈花哨，谁都要暗笑的，我看她远不如你可爱。又说苏现在变得多么俗，从前的风雅不知哪里去了，想不到这么快会变得唯利是图，全不像个大家闺秀。孙柔嘉接下来说道：

"也许她并没有变,她父亲知道是什么贪官,女儿当然有遗传的。一向她的本性潜伏在里面,现在她嫁了人,心理发展完全,就本相毕现了。俗没有关系,我觉得她太贱。自己有了丈夫,还要跟辛楣勾搭,什么大家闺秀!我猜是小老婆的女儿罢。"

小老婆的女儿,就是说苏文纨是庶出。

现在来分析一下孙柔嘉的这几句话。

一、苏文纨确是大家闺秀,不能否认。二、纵是大家闺秀,小老婆生的又有所不同。三、小老婆生的女儿,一个特点是贱。四、平日还看不出什么,待到嫁了人,心理发展完全,就本相毕现了。

孙柔嘉道出的,可说是旧时代,人们对世族大家,或有钱人家,庶出子女的一个带普遍性的看法。

庶出,《现代汉语词典》有这个词条,谓:旧时指妾所生的(区别于"嫡出""正出")。

《围城》是小说,所述世情,或许有人以为乃小说家言,不足凭信。那就再说个故事,是关于袁世凯的,好几本袁的传记里都写了。这里引述的,是王忠和的《袁世凯全传》里写的。

袁世凯的生母刘氏,系其父之妾。1901年袁世凯在山东巡抚任上,刘氏死于济南,袁上奏朝廷,请求回乡葬母,慈禧太后因山东政局不稳,赏假百日,在署治丧,并封刘氏为一品夫人,建坊题褒。袁氏无奈,只好让他的一个哥哥扶柩回籍,再择日下葬。第二年,袁升任直隶总督,这才回到项城老家,筹划葬母事宜。他想把母亲葬在袁氏祖坟的正穴,不料他的哥哥袁世敦坚决不同意,理由是,刘氏非正室,不能埋入祖坟正穴,只能附葬在旁边。有的书上还说,为此,袁曾给兄长跪下求情,兄长仍是不允。附葬旁边太屈辱了,无奈之下,袁世凯只好另外择地,安葬母亲了事。

这个故事,最能说明妾的地位,也最能说明庶出——妾的孩子,在家族中的地位。几乎位极人臣的袁世凯,就因为是庶出,在安葬母亲这件事上,也只能败给嫡出的兄长。

研读有关林徽因的资料,我发现,林徽因的母亲是她父亲林长民的妾,庶出对林徽因的人生有着重要的影响。

最初接触到这个问题,很是震惊,甚至有残忍的感觉。旧时代真是太可怕了,对一个做妾的女人,怎么能这样冷漠,对一个庶出的孩子,怎么能这样歧视?

然而,没有办法,林徽因确系庶出。

关于庶出,还要再说几句。

千万别以为这只是旧时代的陋习,真要如此,小说中的人物会怎么样不得而知,现世中的人物,比如袁世凯,以其行事的魄力,不予理会就是了。派上一队兵丁,把守陵园,下葬生母,十个兄长也拿他没有办法。不是这么回事。关乎纲常名教,关乎伦理道德,凿凿之言,载诸典籍,知书明理之人,断断不敢违拗。别说普通人了,哪怕是朝廷重臣也不敢一意孤行。

《礼记·内则》有言:"適子庶子只事宗子宗妇,虽贵富,不敢以贵富入宗子之家……不敢以贵富加于父兄宗族。"注云:適通嫡。"適子庶子",谓嫡子之母弟也,盖虽嫡妻所生,既非长嫡,则亦为庶子也。

《孟子·告子下》有言:"五霸,桓公为盛。葵丘之会诸侯,束牲载书而不歃血。初命曰:诛不孝,无易树子,无以妾为妻……"朱熹注云:树,立也。已立世子,不得擅易。初命三事,所以修身正家之要也。

初命之下,还有三命,古人谓之桓公四命。这四命,历朝历代,都尊之若神明。按"无易树子"推演,袁世凯官再大,只是庶子,撼动不了兄长嫡子的地位。按"无以妾为妻"推演,刘氏非正室,当然不能与袁父同入祖坟的正穴。

严酷的礼教,只是事物的一个方面。若细察中国的正庶之道,也有一种微妙的道理深藏其中。妻乃明媒正娶,所出子女,为一家之正宗,必须保证她与子女的合法权利。妾多年轻美貌,所生子女,年龄偏小,且多聪慧,若没有这样严格的限制,很难保证家庭伦理的合法、家庭秩序的稳固。再就是,庶出的子女,有这样委屈的名分与待遇,反而让他们更加努力向上,事实上处于一种"后备"的地位。许多庶出者,大有成就,不是没有原因的。一旦嫡长子出缺(病故或犯事),迅疾递补并重振家声。

庶出及庶出子女的境况,是一个极为复杂的家族伦理命题,不是三言两语能说得清楚的。这里只是点到为止。

对林徽因而言，庶出可说是大半生的痛楚。一定程度上，影响了她的性格，甚至影响了她的品质。

下面具体谈谈林徽因的身世。

林徽因的身世

祖父林孝恂，福建闽侯县人，字伯颖，前清翰林，历官浙江金华、孝丰、仁和、石门诸州县。仁和系杭州的旧称。晚年长期定居杭州。重视子女教育。在杭州时，设立家塾，分国学新学二斋，教其子侄。国学延林纾为主讲，新学延林万里（白水）为主讲。

父亲林长民，生于1876年，字宗孟，自称苣冬子。1899年考上秀才。1906年后，接连两次赴日本留学，研习法政，毕业于早稻田大学预科及大学部。1909年回国后，创办福建私立法政学堂。1912年以后，积极从事宪政运动。袁世凯时代，曾任众议院秘书长。1917年段祺瑞执政时，任司法总长，三个月后辞职。1918年第一次世界大战告终，徐世昌在总统府设外交委员会，汪大燮为委员长，林是委员。巴黎和会通过国际联盟组织章程后，北京名流组织国联同志会，汪大燮为理事长，林是理事。1920年5月，林以中国国联同志会代表名义，赴欧洲考察，长住伦敦。1921年10月回国。1925年11月24日，参与奉军将领郭松龄反叛张作霖之役，死于乱军之中。享年四十九岁。

如此家世，说是出于名门，该是无疑义的。

还得看在家庭中的处境。

林长民考上秀才前，已娶妻叶氏，数年后叶氏亡故，未续娶，纳嘉兴女子何雪媛为妾，徽因即为何氏所出。此后何氏又育有一子一女，子早夭，女名麟趾，乳名芷（该是趾的谐音），十几岁夭亡。

或许是因为何氏仅有二女，1912年林长民在上海申报馆做事时，又纳上海女子程桂林为妾。

对这两个妾，林长民都不能说多么满意。应当说初纳之时，也还满意，只是作为妾的一种满意，后来都不怎么满意了。曾任他的属员，又为他办过文案，后来成为有名的历史学家的梁敬錞在其所写《林长民先生传》中说："婚姻至不得意，尝有'万种风情无处着'之恨。"注中引用陈登皞给他的信说："林妻叶氏系旧时代指腹为婚之结合，所纳之妾，亦未谙诗词，故林常有'风情无着'之恨。"

这里的"所纳之妾"，不会单指何氏，应该也包括程氏。

同是不满意，对待又有不同。

林长民到北京任职后，接何氏程氏二妾到北京，一度住家天津，更长的时间还是住在北京。在北京，住过两三个地方，起初在前王恭厂，后来在南府口河织女桥，最后定居在景山北街雪池胡同七号，直到亡故。搬到雪池胡同的时间，约当1917年任司法总长时。段祺瑞这年7月掌权，组阁当在8月，11月内阁即解体，恰合林长民"三月司寇"之说。也就是说，

庶出：林徽因的心病

在 8 月到 11 月这中间，林家迁入雪池胡同。

住在雪池胡同的情形，最能说明林徽因母女的境况。

林宅的位置与格局，据曾在林家住过的林长民的侄儿林宣晚年回忆，是这样的："我小时候在北京的时候，林家住北海后门斜对面，是个大院，很窄很深。我和林徽因他们住西院，是后宅。"北海后门外面的大街是东西向的。这就知道，雪池胡同南北走向，七号在路西，大门朝东。这样的方位，才会西院是后院。也就是，大门进去是前院，住二姨太程氏及其子女，也是林长民的住处。再进去是后院即西院，住林徽因母女，起初还有二女儿麟趾，麟趾去世后，就只住何氏与徽因了。当然还会有仆人。

居住的格局，已说明了亲疏，还不是主要的，如果丈夫能公平对待，也不至于弄到两妾之间视若寇仇的地步。

林长民显然不是一个善于调停两妾纠纷的丈夫。

两妾中，明显地偏向程氏。前院有他的书房，名之为"桂林一枝室"，他有一方印，印文为"桂林一枝室主"。《林长民先生传》中，梁敬錞引陈登皞的信说："林第二妾名为桂枝，自称桂林一枝室主，置有此六字小印，题扇题联尝用之。"风雅是够风雅的了，偏向之心也暴露无遗了。

程氏的名字，陈学勇的《林徽因寻真》书里附有《林徽因年谱》，说是"程桂林"。陈先生后来出的《莲灯微光里的梦——林徽因的一生》也附有《年谱》，说是"程桂龄"。陈是林徽因研究专家，我们只能听他的。以此推断，"桂林一枝室"这斋号，就不能理解为，在桂林这个妾这儿暂栖一枝，而应当理解为在桂（龄）与林（长民）这个地方，一枝暂栖。我以为，后一种理解更接近林长民的本意，要不就太下贱太露骨了。这样的名号，也多少有自怜自弃的意思。自怜自弃不假，但对两个妾来说，意味大不相同，对程氏是亲热，对何氏则是冷落与慢侮。

林长民这样偏向程氏，也不能说一点道理也没有。当然是那个时代的道理。

纳妾的作用，一是享用，二是生育。

林徽因生于1904年，纳何氏为妾，当在此前一两年，以两年计，林长民二十六岁。若何氏当年十八岁，小林八岁。十年后即1912年纳程氏，若程氏与何氏初纳时年岁相若，则小林十八岁。二妾比较，此时何将近中年，程则正当青春年少。

生育方面，前面已说，纳程氏时，何氏只有二女。而程氏过门后，接连生育一女四男，可谓瓜瓞绵绵，最合纳妾的本意。看看这几个子女的生年，就知道程氏的生育能力是如何的高强，林长民该是如何的喜欢了。女燕玉，约1914年生；长子林桓，1915年生；次子林恒，1916年生；三子林暄，1918年生；四子林垣1925年生，为遗腹子。

还要看各人的性情。何氏为嘉兴乡下一小作坊主的女儿，文盲，也不是多么能干，还有任性的毛病。程氏则不然，上海人，也没有什么文化，但乖巧而能干，主持家务，对林长民服侍周到细微。

居住格局说了，亲疏有别说了，如果林长民能仁慈点、宽厚点，给何氏以应有的关照，两妾之间，也还不至于弄成怎样的势不两立，怎样的你仇我恨。就是说，也还能维持一个大体平和的局面。可惜不是这样。这样一来，林徽因母女的处境就惨了。

据林宣回忆："何雪媛和林徽因，还有一个保姆周妈，三个人住在旁边一个院子，很冷落。全家由程桂林理财。程桂林的儿子林暄就有两个保姆，与林徽因的一个不一样……程桂林很精明，有钱就捞，没钱就贴。她对二房（林徽因生母）比较欺，二房有寄人篱下的感觉。林徽因看到林暄（程桂林的儿子）的眼睛就有点怕，因为林暄的眼睛很像她母亲程桂林的。"（《林宣访谈录》，收入《林徽因寻真》）

这里说的，只会是林徽因少女时期的感觉。林暄1918年生，徽因1924年即留美，对这个异母弟的眼睛如此畏惧，当在这六年间。其时徽因是十四到二十岁。以这样的年龄，对一个尚是一到六岁的孩子，会有这样的感觉，可见程氏对林徽因精神上感情上的伤害，到了何等严重的程度。

慈爱又多才的父亲

心灵受到几乎是永久的创伤，只是事情的一面。成年后，林徽因曾说，"我知道自己其实是个幸福而走运的人"，也是实话。

不喜欢母亲，不等于不喜欢女儿。林长民对徽因的钟爱，可说是无以复加。

这首先是因为，徽因是个漂亮而又聪慧的孩子。小时候是喜爱，长大后是欣赏。早年间叹息的"万种风情无处着"，总算在女儿身上，得到某种程度的补偿。

知女莫若父。女儿的聪慧，父亲早早就知道。

1912年春天，在杭州时，林长民曾携徽因与麟趾，还邀了妹妹的孩子，一起出游并在照相馆里照了一张相。欣喜之余，在相片衬纸的空白处，上边与左右两边，写了一段说明文字。我看到的是2004年出版的《建筑师林徽因》上的图版。字迹还清晰，现释出，看不清的字以方框代之。标点是我加的。其文曰：

壬子三月，携诸女甥、诸女出游，令合照一图。麟趾最小。握其手，衣服端整身亭亭者王孟瑜，衣袖□积貌圆□□□□瑜妹次亮也。曲发覆额最低者语儿曾氏，徽音白衫黑裤，左手邀语儿，意若甚昵，实则两儿俱黠，往往相争，果饵调停，时时费我唇舌也。瑜、亮，大姊出；语儿，四妹出；徽、趾，吾女。趾五岁，徽九岁，语十一岁，亮十二岁，瑜十四岁，读书皆慧。长民识。

文中所说，均为虚岁。

除了"读书皆慧"，从这段文字中还能看出，林长民的大妹嫁王家。据林宣说,林家与王家是双重亲戚,也即是,林长民大妹与丈夫,是表亲。孟瑜、次亮这两个名字,一个可释为堪比周瑜,一个可释为次于孔明。麟趾虚龄五岁,周岁四岁,当生于1908年。

林宣1991年接受陈学勇采访时说,他在北京上学时,曾见过徽因的妹妹麟趾,"长得比林徽因还要漂亮,可惜很早死了"。

林宣接受采访时,已八十二岁,当生于1909年,仅小堂姐徽因五岁。采访中说:"我十二岁到伯父家的。直到民国十三年以前我们都在一起。"也就是说,1921年到1924年住在林家。林宣说他见过麟趾,最早以1921年论,麟趾已十三岁。夭亡若在此后一两年,十四五岁的少女亡故,是至可痛心的事。

徽因不光漂亮聪慧,而且懂事能干。

1912年之后,林长民多在北京活动。起初林徽因随母亲与祖父同住,先在杭州,后在上海。与北方通信联络,多赖徽因执笔写信。如今已见不到徽因的信函了,所幸父亲的回信,还留下几封,不难看出一些端倪。

1910年徽因六岁,在杭州。父亲回信中说:"得汝两信,我心甚喜。儿读书进益,又驯良,知道理,我尤爱汝。"

1913年徽因九岁。是年春,林长民接何氏与麟趾到北京,徽因未去,随祖父留上海,在爱国小学上学。5月间,父亲在给女儿的信中说:"两书具悉。娘与趾妹来京都好。汝留沪读书，留侍祖父，大是好儿子，我极爱汝。祖父若来京，汝亦同来。京中亦有好学堂，我并当延汉文先生教汝。现我新居左近有一教会女学堂，当可附学。"

同年6月，林长民有信给仍在上海的女儿，嘱好好服侍病中的祖父。7月又有信谈迎祖父去北京等家务事。大概此后不久，徽因便随祖父一起去了北京。

1916年徽因十二岁，林家一度迁居天津，林长民仍多在北京，此时徽因辍学在家。父亲给女儿的信中说："妹妹弟弟汝亦相帮照应。汝要笔墨纸张，我来时当带与汝。"

由此信可知，林长民的大小二妾在天津，是住在一处的。同时可推知，何氏程氏都是没文化的女人，连简单的家信也不会写。

1917年，仍在天津。父亲的信中说："汝姊妹兄弟如此亲爱，我心甚喜，我星期六到津时当厚厚赏汝。"林徽因日后在原信上批注："二娘病不居医院，爹爹在京不放心，嘱吾日以快信报病情。时天苦热，恒病新愈，燕玉及恒则啼哭无常，曾至夜阑不睡。一夜月明，恒哭久，吾不忍听，起抱之徘徊廊外，一时许恒始熟睡。乳媪粗心，任病孩久哭，思之可恨。"

隔数日，父亲又有信来，告以不能按前信所说的日子回天津。日后徽因在原信上批注："燕玉哭闹几日，至是病矣。恒恒满头暑疮，多赖娘娘料理。"

此信中，以语气推断，"恒新愈"，当为"桓病新愈"，由下文"燕玉及恒则啼哭无常"可推知。不知是徽因当年的笔误,还是后人抄录的误植。

如此精心照料妹妹弟弟的,是一个年仅十三岁的小女孩。

从上面的信中可知,徽因给自己的母亲叫娘娘,给程氏叫二娘,都不叫妈。妈是专称正妻的。娘娘或几娘,是旧时代庶出子女,给自己的母亲和父亲另外的姜的叫法。另据《梁启超先生年谱》中梁启超的信,说到何氏,也称之为"徽因的娘娘"。

1918年,徽因十四岁,在北京,上培华中学。父亲在日本写回的信上说:"我不在家,汝能为我照应一切,我甚喜也。"日后徽因在信上批注:"民国七年,爹爹赴日,家人仍寓南府口织女桥。徽自信能担任编字画目录,及爹爹归取阅,以为不适用,颇暗惭。"

编字画目录,原不是一个少女能胜任的,有此心志,亦难能可贵。

林长民对女儿的钟爱,还表现在让女儿上最好的学校。北京的培华中学,是一所教会中学。许多达官贵人的孩子,都在这所学校读书。林徽因与表姊王孟瑜、王次亮、曾语儿,一度是培华中学的同学。林徽因有一张照片,与三个女同学合影,均穿校服。注文说在培华中学与同学合影。我以为另外三人,即三个表姊。徽因的年龄,与三个表姊相比,比曾语儿小两岁,比王次亮小三岁,比王孟瑜小五岁。当时中学学制是四年,只要徽因正常年龄上学,而孟瑜晚一年上学,在校同学一年,是完全可能的。

四人都很漂亮，外出逛街，逛公园，有时会惹来闲人观看。林宣在访谈中说："她们，林徽因与王孟瑜、王次亮、曾语儿四个人，不仅长得好看，而且出门穿一样的衣服，所以引人注目了，常有闲人跟梢，还有人偷拍他们照片的。我有时跟她们一起出门，当保镖。因为我长得高大，又喜欢体育。我不让社会上闲人靠近她们。"（《林宣访谈录》）

林宣1921年来林家。这里所说的情形，该是徽因从英国回来，重回培华中学读书时的事。穿同样的衣服，当是指常服，不是指校服。即以1922年而论，四姊妹中，最小的徽因十八岁，最大的孟瑜二十三岁，只有这样年龄的大姑娘或是少妇，才会这样招人跟梢盯看，也才会让十四五岁，长得高大的堂弟保驾护航。《胡适日记》里，1921年4月21日条下有王孟瑜将婚的记载："王熙农先生（永昕）来谈。他的女儿孟瑜近与张福运君有婚姻的希望，他的夫人是林宗孟先生的姐姐，很愿意我做介绍人，张君也是如此。大概这个媒是做成了。"

也就是说，很快就结婚了。

林长民出任中国国联同志会驻伦敦代表，而带上徽因同行，最能说明对女儿的钟爱。行前给女儿的信中说："我此次远游携汝同行。第一要汝多观察诸国事物增长见识。第二要汝近我身边能领悟我的胸次怀抱……第三要汝暂时离去家庭烦琐生活，俾得扩大眼光，养成将来改良社会的见解与能力。"

应当说，父亲的这些热切的期望，全都实现了。甚至可以说，女儿后来的表现，超出了父亲当年的估量。这对父女的关系，林长民暴亡后，徐志摩在悼念文章中，有不无夸张，也还近乎实情的评述："最可怜是远在海外的徽徽，她，你曾经对我说，是你唯一的知己；你，她也曾对我说，是她唯一的知己。你们这父女不是寻常的父女。""徽，不用说，一生崇拜的就只你，她一生理想的计划中，那件事离得了聪明不让她自己的老父？"(《伤双栝老人》)

说它近乎实情，并不等于说就是实情。一种夸张了的实情。不必苛责。悼亡文字，是说给死人听的，难免有哄鬼的意味，又是写给活人看的，注定有讨好的嫌疑。钟爱，关照，夸赞，欣赏，多少可填补情感的空缺，怕难以抚平心灵的创伤，何况还有两人之间代际的沟壑？

即以初赴英伦的年龄而论，一个风流潇洒的四十多岁的父亲，再慈爱，再照拂，对一个十六岁的女儿来说，总有一种无法言说的隔膜。父亲去世十多年后，人已将近中年的林徽因，在给沈从文的一信中，谈到对这位"聪明不让她自己的老父"的真实情感："方才念到你的第二信，说起爸爸的演讲，当时他说的顶热闹，根本没有想到注意近在自己身边的女儿的日常一点点小小苦痛，比那种演讲更能表示他真的懂得那些问题的重要。现在我自己已做了嬷嬷，我不愿意在任何情形下把我的任何一角酸辛的经验来换他当时的一篇漂亮话，不管它有多少风趣！这也许是我比他诚实，也许是我比他缺一点幽默！"

沈从文是1923年由湘西来到北京谋生，很快就加入北京的文化人圈子里。他说的林长民的演讲，只能是林长民由英国回到北京后的情形。其时林徽因已十九岁,当然能体会到人生的烦恼了。跟父亲"说的顶热闹"的风光比起来,只会更加寂寞。

林长民口才好,能言善辩,在当时是有名气的。胡适有一则日记,记载了林的谈锋。1922年5月27日的日记里说:"宗孟邀吃午饭,同坐有子民、亮畴、汪伯唐、任公、钧仁、唐天如、张公权等。宗孟极力劝我们出来组织一个政党,他尤注意我,他的谈锋尖利得很,正劝反说,句句逼人,不容易答复。"

不管是怎样的难以沟通,父亲,毕竟是她最亲的亲人,给过她最多的慈爱、最好的培育。她的清秀的容颜,更多的是得自父亲的遗传,她的伶牙俐齿,能言善辩,也更多的是得自父亲的熏染。甚至她的自负,都有父亲的影响在里头。

可怜复可恨的母亲

父亲的钟爱,深厚且热烈,只是太短暂了,女儿能感受到,且造成相当影响的,也就三四年的时间。大体说来,当是1920年随父亲赴英伦,到1924年她自己赴美国之前。不等女儿学成归来,父亲已在枪弹爆响的战场上,僵卧于辽河岸边冰冷的土地上了。

林长民两妾共处的家庭,二妾程氏的飞扬跋扈,以势压人,给林徽因母女造成的伤害,是长久的,也是牢固的。徽因久久难以释怀,多少还能以理性制约,母亲则是创剧痛深,绝难宽恕。

约当1935年，十七岁的林恒从老家福州来到北平，要投考清华大学，暂住在北总布胡同徽因家。母女两人，看到程氏的根苗，顿时坠入当年的梦魇之中。徽因毕竟是个有学识有理智的人，不管内心如何的纠结，行事总还大方得体。何氏就不同了，对这个年轻人，一点好脸色也不给。徽因在给美国好友费慰梅的信中说："三天来我自己的母亲简直把我逼进了人间地狱。这话一点也不过分。头一天我发现母亲有点体力不支，家里有种不祥的气氛。我只好和我的异母弟弟深谈过去，以建立一种相互了解并使目前这种密切来往能够维持下去。这搞得我精疲力尽并深受伤害，到我临上床时真恨不得去死或从来没有出生在这么个家庭……我知道自己其实是个幸福而走运的人，但是早年的家庭战争已使我受到了永久的创伤，以致如果其中任何一点残痕重现，就会让我陷入过去的厄运之中。"（《林徽因文存》）

家庭战争，永久的创伤，过去的厄运，这些简单的词语背后，二妾争宠是怎样的你死我活、阴险狠毒，对女儿又是怎样的创痛巨深、难以消泯，也就可想而知了。

没有说出的话是，何氏对林恒是怎样的一点也不假辞色，又给了这个十七岁的年轻人怎样的欺侮难堪。

面对此情此景，徽因可说五内俱焚。如果说当年她为母亲受欺负而愤懑不平，如今又不得不为母亲的颠顶而羞愧难当。

林徽因学成归国，在北京生儿养女，抗战中颠沛流离，何氏一直随着女儿一家生活。且看日常生活中，女儿对母亲是个什么感觉:"我所能做的最糟糕的事情莫过于让自己陷入仇恨。我生来就是个女人,而这又是战时。我自己的母亲碰巧是个极其无能而又爱管闲事的女人,而且她还是天下最没有耐性的人。刚才这又是为了女佣人。真正的问题在于我妈妈在不该和女佣人生气的时候生气,在不该惯着她的时候惯着她。还有就是过于没有耐性,让女佣人像钟表一样地做好日常工作但又必须告诫她改变我的吩咐,如此等等——直到任何人都不能做任何事情。我经常和妈妈争吵,但这完全是傻帽和自找苦吃。"

这封信是写给费慰梅的丈夫费正清的,写于抗战中的 1943 年。与上面所引的给费慰梅的那封信对比一下,可以看出,过了八年,经历了战时的逃难与困窘,林对母亲的感受,一点也没有变,一种无奈的仇恨,一种说不出的厌恶。如果说前一信中,主要是对旧家庭的痛苦的回忆,对母亲还有稍许的同情的话,这里,同情没有了,剩下的全是对母亲的怨恨。

其时林徽因一家住在离重庆不远的李庄。费正清接到此信,对徽因母女间的这种怨恨,甚为不解,写信给远在昆明的金岳霖,问这是为什么,他能帮上什么忙。当然,信中还谈到别的事,比如住房问题。

旁观者清。

深谙徽因母女关系的金博士,给费正清的回信里,一开头就劝他"别为梁家的事烦心"。接下来说了他对徽因母女关系的看法:"我认为,相对于调整人际关系的困难来说,住房问题就是小事一桩。最难适应的是妈妈。她属于完全不同的一代人,却又生活在一个比较现代的家庭中,她在这个家庭中主意很多,也有些能量,可是完全没有正经事可做,她做的只是偶尔落到她手中的事。她本人因为非常非常寂寞,迫切需要与人交流,她唯一能够与之交流的人就是徽因,但徽因由于全然不了解她的一般观念和感受,几乎不能和她交流。其结果是她和自己的女儿之间除了争吵以外别无接触。她们彼此相爱,但又相互不喜欢。我曾多次建议她们分开,但从未被接受,现在要分开已不大可能。"

彼此相爱,是因了亲情,谁也离不开谁;实际的情形却是,谁也不喜欢谁,难以融洽相处。何氏难以适应这个比较现代的家庭,没正经事可做,非常非常寂寞,又无法与女儿交流,只能经常惹是生非,与女儿吵闹不休。

总括两封信,可以看出,何氏是个要强、急躁、没有耐心的母亲。

在这些上头,女儿一点也不亚于母亲。是遗传,还是境遇使然,就不好说了。

最能看出这种性格特征的该是这么一件事。

1934年10月,林徽因随梁思成去浙江的杭州和宣平(旧县名,1958年已撤销)等地做古建筑考察,11月19日即徐志摩忌日这一天,乘火车路过志摩的家乡浙江海宁,到站停车时,林徽因下车站了一会儿。在她后来所写的一篇回忆志摩的文章里,曾说到这件事,说她"凝望着那幽暗的站台,默默地回忆许多不相连续的过往片断",心情相当悲伤,"眼泪曾不自主地溢出睫外"。

海宁离上海不远，当天夜里或是第二天早上就到了上海。在上海期间，据陈从周后来回忆说，"夫妇俩和赵渊如（深）、陈直生（植）与我见了面，竟日盘桓，她总是谈笑风生，滔滔不绝，一次突然哑口无言"。陈直生有些奇怪，问："你怎么不讲啦？"林徽因答道："你以为我乃女人，总是说个不停吗？……"

上面的省略号，是原文中就有的。可知，说的不止是这么一句，后面还有更难听的。

陈从周将林徽因这次突然爆发，归因于可能她经过志摩家乡与志摩埋骨地，心情不好所致。

这样的解释，有些勉强。与赵渊如等人相见，是在到上海的当天，有"竟日盘桓"一语，可知该是一大早就到了。且此前"总是谈笑风生，滔滔不绝"，怎么突然会因为前一晚路过海宁心情不好而突然爆发？再说，问她话的陈植，乃是她夫妇留美时的同学，在东北大学的同事，而陈的性格，据各种文献记载，也绝不是个讨嫌的人。所以有这样的爆发，这样不客气的回应，只能说林徽因的性格中，有要强、急躁、没耐心的成分。再就是，还有爱挑剔的毛病。

综上所述，要强、急躁、没耐心、爱挑剔，是林徽因性格的弱点。

这一性格上的弱点，随着她声誉的日隆，与身体的每况愈下，也愈演愈烈，甚至可以说，成了她品质里的一个缺陷。

庶出的创伤,在林徽因的身上、心上,如同一个痈疽,红肿化脓却难以破裂,啃啮着她的心灵,也侵蚀着她的身体。直到有一天,一位与她同样出身名门,却系正出的女作家冰心,写了一篇《我们太太的客厅》,点明她的庶出身份,这痈疽才真正破裂,这心头的创伤,也才真正痊愈了。

这里有点时间上的差异,前面举的例子是1934年10月的事,冰心小说的发表是1933年9月的事。这个没什么,恰说明她不再矜持,敢于声色外露了。

冰心的这篇小说,让林徽因反感且结仇甚深,好些研究者都说是这样,因为冰心在小说里,把影射林徽因的那位"我们的太太",写成了一个嗲声嗲气,装模作样,以勾引男人为乐事的风骚女人,对林徽因做了无情的嘲讽和丑化。我不这样看。如果只是这样,那就太看重了冰心的艺术才华,而小看了冰心的别有用心。这篇小说最重要,也最刻毒的是,点明了林徽因出身的低贱,就是庶出,小老婆生的。

小说里有个没出场人物,"我们太太"的生母——老姨太。提到地方有三处。

第一处,跟前没有人,太太正声正气地要丫鬟打电话给老姨太。

第二处,丫鬟将电话打通了,报告太太,跟前有人,太太不愿丢份,就让女儿去接。至此我们并不知道这个老姨太是何人。

第三处,女儿打过电话回来,向太太报告:"老姨太说包厢定好了，那边还有人等你吃晚饭。"至此，太太仍是和颜悦色。但是不料童言无忌，冲口说出："老姨太还说叫我告诉妈妈，说长春有电报来，说外公在那里很……"女儿的外公必是母亲的父亲，则老姨太者，绝非他人的老姨太，必是太太的生母无疑。生母是姨太太，则此人必为庶出无疑。至此一切都大白于天下。跟前还有朋友，这样一说，让爱面子的太太脸上挂不住了，于是"我们的太太忽然脸上一红"。

现在的人，没有姨太太这个概念，看到这儿，以为不过是说我们的太太，不光周旋于众多男人之间，还有爱看戏的癖好，要么说是为了情节的推进，在客厅里的这场戏要完了。

我相信，当时的人，是会看出这一层的。至少林徽因是看出这一层的。

平日或许讳莫如深，多方遮掩，对手都这样说了，还讳个什么，掩个什么，认了就是了。

认了就能坦然面对了，认了就不当一回事了，认了也就是卸下了这个精神重负了，认了也就走出这个人生的阴影了。

走出了庶出的阴影，一代才女，才真正显出了她的才华，她的人格魅力。

当然，此后她还要走过几个坎儿，才完成了人生的大蜕变、大长进，最终成为中国现代文化史上一个光彩照人、顶天立地的女性。这就是后话了。

2010 年 4 月 28 日初稿，2012 年 3 月 1 日重写

碧海蓝天林徽因

1. 一个文艺复兴式的人物

在厦门这个地方谈林徽因,别有感怀。她是福建人,这儿又面临大海,想来想去,想了这么个题目,有意境也有气派。这样的题目,不是谁都配得上的,林徽因肯定配得上。

是厦门大学教授谢泳先生,介绍我给你们的。他对我很了解,知道我这个人做事很谨慎,不会出言不逊,你们只操心你们的机器有没有失误,不必操心我的话语有没有失误。这个安排很好,旁边坐一个女编导,静坐着不说话,让我有种倾诉的感觉。也不要只是静坐着,也可以眨眨眼、笑一笑,这样的讲座,就应当是这样的气氛嘛。

谈林徽因,应当抱着一种敬仰的心情。不能光想着她多么的美丽,还应当想到她多么的高大,虽然她的身材并不高大,只可说是娇小玲珑,她的名头并不显赫,只不过是个普通教授,时间也不是很长,但是这个人物,绝对是值得我们敬仰的，可望而不可即，神圣的那种敬仰。

假设这样一种情景：一个中国的杰出的知识女性，在碧海蓝天间，款款地向我们走来，我们感到亲近、感到震惊，也迎着她走过去。然而，不管她怎样不停地走着，也不管我们怎样不停地迎着她走着，我们永远也走不到她跟前。这不光是因为我们和她之间隔着时间的距离，还因为，我们和她之间隔着时代的文化的距离。

可以说，只有她那样的时代，她那样的文化环境，才能产生她那样的人物。那样的时代过去了，那样的文化环境过去了，再要产生那样的人物，几乎是不可能的。这或许就是她的无穷魅力的所在。

在杰出人物产生这个问题上，我们过去，现在也是，总是过分强调个人的奋斗。认为只要努力奋斗，没有达不到的目的。一般地改善生存状况，可以这样说，若说产生一个杰出的人物，怕不是简单的个人奋斗就能解决问题的。像林徽因，出身于福州的名门望族，她的父亲林长民，民国初期是一位呼风唤雨的人物，也是一位功在国家的人物，连"五四运动"的发起，都有此人的一份功劳。她的公公梁启超更是声名显赫，早年参与戊戌变法，晚年倡导中国的文艺复兴运动，功垂史册，彪炳千秋。她少女时期，就随父亲去过伦敦，漫游欧洲大陆，年轻时留学美国，上的是一流的大学。她自己曾说，她是双重文化教育下长大的。回国后，又恰逢中国新文化运动的初始时期，一元刚刚复始，万象即将更新。这些，都不是后来的时代所可比拟的。历史上的好时期没有几个,谁赶上了是谁的运气。

但是也别泄气。我们不可能成为她,但我们可以了解她、学习她,学习她的精神,学习她的品格,借以开阔我们的胸怀,高尚我们的品质。

很早以前,我就注意到这个人物了。1995年夏天,知道林徽因夫妇曾来过山西汾阳县(今汾阳市),且在峪道河的磨坊别墅住过一段时间,我和几个朋友一起去那儿看过,回来写了篇文章叫《寻访林徽因》。后来出一本集子,收录了我那几年写的关于现代文学史上的人物和事件的文章,书名就叫《寻访林徽因》,好些人以为我写过林徽因的传记,大概是这个书名引起的错觉。前些年,确实有家出版社想让我写本《林徽因传》,合同都签了没写成,我觉得,我对林徽因的了解还不深刻,写不出什么新意来。这次,厦门电视台让我谈谈林徽因,是谢泳先生提议的,盛情难却,只好来谈谈。

接受了这个任务之后,用了一个多月的时间,又一次认真地看了许多资料,觉得还是可以谈谈的。这也与这些年林徽因的资料整理,比以前丰富多了有关。文集出版了,年谱出版了,回忆文章也结集出版了,且不止一种,让我们能更全面地看清林徽因是个什么样的人。

知道要做这个演讲,我想找一句话,或是一段话,来概括一下林徽因究竟是个什么样的人。有三个人的话,引起了我的注意,一个是她的丈夫梁思成先生的,一个是她的儿子梁从诚的，一个是和她相知二十多年的美国朋友费慰梅的，都是跟她最亲近，对她了解最深的人。这三个人也代表了三个层面，丈夫，晚辈，朋友。

林徽因是 1955 年 4 月 1 日去世的，只活了五十一岁。生前夫妻两人有个约定，就是，谁先死了，另一个要给他设计墓碑。两个人身体都不好，要说年轻时的身体状况，梁思成更差，二十出头遭遇车祸，从三十二三岁起，上半身就箍着钢架子。谁先死，谁后死，真还说不定。

现在林徽因死了，梁思成得兑现承诺，给妻子设计墓碑。当时梁思成是清华大学建筑系的主任，有个学生叫杨鸿勋的，一天下午去了梁先生家，见梁正伏案工作。在一块图版上，用丁字尺、三角板，聚精会神地画一幅图。看到这种情景，杨鸿勋急忙说："梁先生，画什么呢？让我来画吧。"梁思成停下来，回答说："我在为林先生作墓碑设计，在她生前我们俩曾有约定：谁先死，活着的要为他设计墓碑，连图都要亲自画，不能找别人代替。"大概是见学生有点尴尬，又说，"你来得正好，请你提提意见"。说着指指图上的字说，"我正考虑碑上的字，上面并列四个头衔：文学家、诗人、舞台美术家、建筑家；下面是：林徽因先生之墓。你看怎么样？是不是头衔太多了？只要一个？两个？"（杨永生编《记忆中的林徽因》）

后来立的墓碑上，只保留了一个头衔，写的是"建筑师林徽因墓"，连那个"家"字也不要了，换成"师"字。这个墓在北京八宝山革命公墓。"文革"中，墓上的字叫清华的红卫兵砸掉了，前几年又重修了。你们到了北京，有兴趣的不妨去看看。看的时候细心点，会发现墓碑上的纹饰跟天安门前人民英雄纪念碑上的雕饰差不了多少，这个一点都不奇怪，确实就是纪念碑雕饰的刻样。林先生参与了雕饰的设计，她死了要立碑，纪念碑建筑委员会就把这个刻样送给梁先生，做了林徽因墓碑的纹饰。再就是，这块纹饰左上角的边上，少了一块，就是叫清华红卫兵砸的。

是碑上的地方太小了，也有谦虚的因素，要是地方足够大，梁先生又坚持一下，那四个头衔会全刻上去的。也就是说，在丈夫的眼里，妻子在这四个方面都有杰出的贡献，说她是文学家、诗人、舞台美术家、建筑家，是当之无愧的。后面两个好理解，前面两个连在一起，不好理解，说了是诗人，为什么还要说是文学家且放在前面？按我的理解，梁先生该是这样考虑的，光说诗人，说明不了林徽因在文学上的全部成就，她写过诗，还写过小说、散文、剧本、评论文章，应当说是个文学家，而诗歌的成就最突出，这样，就将文学家和诗人并列了。

再看看她的儿子梁从诫是怎样说的。在一篇文章中，梁从诫说：

> 在现代中国的文化界里，母亲也许可以算得上是一位多少带有一些"文艺复兴色彩"的人，即把多方面的知识才能——文艺的和科学的、人文学科和工程技术的、东方和西

方的、古代和现代的——汇集于一身,并且不限于通常人们说的"修养",而是在许多领域都达到一般专业者难以企及的高度。同时,所有这些在她那里都已自然地融会贯通,被她娴熟自如地运用于解决各式各样的问题,得心应手而绝无矫揉的痕迹。(清华大学建筑学院编《建筑师林徽因》)

请注意,说一个人带有"文艺复兴色彩",这是极高的评价。文艺复兴,指的是十四到十七世纪欧洲,主要是意大利的一个文化思想发展的新潮流,代表人物是达·芬奇、米开朗琪罗等人。这些人的最大特点是,一个人同时在文学艺术、雕塑绘画、数学、医学诸方面都有开创性的贡献。中国五四运动和新文化运动,也正是一场文艺复兴运动,外国就是这样翻译的,胡适就说自己是"二十世纪中国文艺复兴之父"。中国的新文化运动,也可以说是人才辈出,但还没有听说哪个是带有文艺复兴色彩的。胡适和鲁迅,该说是名气最大的了,也只能说是在人文科学方面有大成就,不能说是带有文艺复兴色彩的人物。

梁从诫这样说,也有他谦虚的地方,不说他的母亲就是个文艺复兴式的人物,而是说多少带有一些文艺复兴色彩。如果不考虑做儿子的谦虚,那么,可以说,在梁从诫的眼里,他母亲就是个文艺复兴式的人物。

再看看费慰梅是怎样评价的。费慰梅是费正清的夫人,费正清这个人很了不起,是美国著名的中国学专家,长期担任哈佛大学东亚研究中心主任。二十世纪三十年代初,两人还没有结婚,一起来中国学习中国文化,一到北京就跟梁思成林徽因夫妇成了好朋友;费慰梅这个中国名字,就是林徽因给起的,此后十多年,一直跟梁林二人保持着亲密的友谊。抗战前回国,抗战中间还来过中国,并且到李庄看望过梁林夫妇。晚年,曾为梁林二人写过一本传记。在为一本《林徽因文集》写的序言里,她说:

> 当我回顾那些久已消失的往事时,她那种广博而深邃的敏锐性仍然使我惊叹不已。她的神经犹如一架大钢琴的复杂的琴弦。对于琴键的每一触,不论高音还是低音,重击还是轻弹,它都会做出反应。或者是继承自她那诗人的父亲,在她身上有着艺术家的气质。她能够以其精致的洞察力为任何一个艺术留下自己的痕迹。(陈钟英、陈宇编《林徽因》)

说林徽因像一架大钢琴,只要轻轻地碰一下,都会发出不同凡响的声音,这个比喻是新颖的,中国也有类似的说法,叫"小叩而大鸣"。该注意的是后一句,"她能够以其精致的洞察力为任何一个艺术留下自己的痕迹"。也就是说,只要她染指的事业,就能留下自己的痕迹,留下骄人的成绩。世上有这个本事的人,绝对不会很多。

把以上三人的评价综合起来,就是:她有着过人的才华(费慰梅),在几个方面都有杰出的贡献(梁思成),可说是一个文艺复兴式的人物（梁从诫）。

但我以为，这样的评价，还是不完全的，就是没有把她惊人的美丽、高雅的气质包括进去。如果将这两点包括进去，再加上前面的评价，就完整了。这样，我们是不是可以这样说，这是一个完美的天才，是中国二十世纪文艺复兴运动的女神。全面地认识这个人，包括象征意义，不光是对过去的中国新文化运动价值的肯定，就是对中国往后的文学艺术，甚至社会的和谐进步，也是有启示作用的。

这样说，并不是说这个人就没有缺点。她的缺点，跟她的优点一样的突出，一样的鲜明，可说是优点的另一面。比如她的自负，"缺乏妇女的幽娴的品德"（李健吾语），都是很明显的。但是，这些缺点，并不影响她的气质与品质。大致说来，仍是个完美的人。

但是，令人痛心的是，就是这样一个近乎完美的天才，这样一个不世出的杰出人物，她的整体的命运却是悲惨的，并没有完成她该完成的事业，至少也是没有完满地完成她该完成的事业。以她的才华和学养，她应当完成更伟大的事业，在前面提到的四个方面，做出更大的贡献。

2. 一生有名分的工作时间，只有三年

在看林徽因的资料的过程中，有一个小故事，我觉得非常有意味。

1940年抗战期间，林徽因一家住在昆明附近一个叫龙头村的村子里，离龙头村不远有个叫瓦窑村的村子，村里有不少陶器作坊。林徽因对工艺美术有兴趣，就带着她八岁的儿子梁从诫去了瓦窑村，看老师傅在转盘上用窑泥，捋制各种陶盆陶罐。她站在一旁，看得很专注，只见老师傅手下的转盘转着，泥坯也不断地转着，一瞬间，突然出现了一个美妙的造型，她大呼小叫地要老师傅："快停！快停！"老师傅呢，根本不理睬这个疯疯癫癫的外省女人，仍不动声色地照样捋他的，直到最后完工，将那泥坯捋成了一个他要捋成的器皿，什么呢？痰盂！

我不是说林徽因最后成了一个痰盂，我是说，跟那个制陶的过程一样，她的人生的"最美的造型"只是一瞬间，只有短短的几年。也就是从1928年回国，到1937年抗战爆发这不到十年的时间，主要还是1931年到1937年这六七年的时间。短暂，坎坷，成就巨大，几乎是古今中外所有天才人物的共同命运。"天妒英才"，这话如果剔除其迷信的意义，那是一点都不假的。天都妒，人怎么会不妒，天和人一起都妒，怎么能长时期地安享人生，怎么能不风风雨雨、坎坎坷坷？然而，毕竟是天才，只要给他一个短暂的时期，他就会做出常人难以做出的丰功伟绩，让生命之火，像彗星一样闪亮地划过历史的长空。

林徽因早年的文章中有一句话，可以借用来说她，说是："让我们共同酸甜的笑纹，有力地，坚韧地，横过历史。"这话稍做改动就成了，伟大人物都有一个共同的特点，就是，能让自己的笑纹，有力地，坚韧地，横过历史。简略点说，就是，他们嘴边的笑纹，会横过历史。看林徽因的照片，你会发现她的嘴边经常浅浅地流溢着动人的笑纹，往后再见了，你不能光是欣赏她的笑纹，腮边的浅浅的小酒窝，要想着我的这句话，她的笑纹，有力地，坚韧地，横过了历史。

看看下面这个基本事实，就知道这个人的身世，是怎样的悲惨，怎样让人感慨万千了。

她的母亲，是父亲的第一个妾，就是小老婆，没几年父亲又娶了第二房妾，很是宠爱，她母亲呢，备受冷落。母亲备受冷落，她倒是深得父亲欢喜。不幸的是，在她二十一岁的时候，父亲就去世了，且是死于非命，可说是身世凄凉吧。

在她二十六岁的时候，患了肺病，休养好了。到她三十四岁的时候，由长沙去昆明的路上，旧病复发，越来越严重，直到五十一岁去世，后半生多半时间是在病床上度过的。去世的前几年，体重只有五十多斤，形销骨立，只剩下一把骨头了。真可说是半生磨难，与鬼为邻。

这都不算什么，少年时的苦楚，晚年的病痛，谁也会有的。有种说法，"工作着是美丽的"，现在的大学毕业生，最向往的，就是找到一份好工作，或是毕业后有正式工作，这可说是现代人的一种最为正常的心理。一个知识分子，没有工作，不一定就是衣食无着，而是一种人生的遗憾，有时甚至可说是一种人生的耻辱。如果说这个道理成立的话，我们应当对林徽因先生，表一番同情。

我算了一下，她一生真正意义上的工作，也就是我们说的有名分的工作，挣工资的工作，时间不过三年。就是刚回国，在东北大学建筑系任教授三个多学期，1928年秋天到1930年冬天学期没结束的时候，不到两年的时间。再就是1935年，应北平女子文理学院之聘，教过一学期的"英国文学"课。再加上抗战时期在昆明，曾在云南大学教英语补习课，不会超过两个月，合在一起，顶多也就是三年的样子。

好多人都知道，她和丈夫梁思成一起去河北、山西、河南、江南考察古建筑，那她的身份是什么？是梁思成的夫人，梁思成的助手。

1930年冬天，林徽因得了病，辞去东北大学的教职，第二年春天在协和医院查出肺结核之后，就再也没有去沈阳，住在北平养病。梁思成呢，太太回到北平，加上"九一八"事变前，东北的局势一直不稳定，1931年春夏间，也辞职回到关内。正好前一年，有个社会贤达叫朱启钤（桂莘）的，在北平成立了个中国营造学社。这个人民国初年曾任交通总长，代国务总理，喜好研究古建筑，退出政界后兴办实业，很有钱。梁思成就参加了这个学社，当研究员。有的传记上说，林徽因也在营造学社任职，我想不会的，因为这个机构是个纯民间机构，是朱启钤一个人独力支撑的，不会聘一个病人当研究员。就是朱启钤不说什么，以梁思成和林徽因的品格，也不会想到在这么一个民间机构里支一份干薪。

抗战期间，朱启钤已经破产，负担不起营造学社的开支了，梁思成还要支撑这个摊子，就当了学社的社长。过去好长时间，都是朱启钤挂名的。这样，筹措资金的责任，就落到梁思成的肩上了。这个机构，是个民间机构，顶多可说是个准官方的机构，也就是说，教育部会补贴些钱，或是给个项目，但绝没有常年的经费。整个学社，不过五六个人，在这样的一个机构里，梁思成绝不会再给林徽因一个职位。再说这些年，林徽因一直卧病在床，绝不可能胜任正常的工作。

有人会说，抗战胜利后，梁思成去清华大学创办建筑系，后来林徽因参加国徽设计，人民英雄纪念碑的设计，能没有名分吗？能不是清华大学的教授吗？

这个问题有点复杂，但也不是弄不清楚。

确实有资料可以证明，在设计国徽期间，林徽因是清华大学的教授。1949年中华人民共和国成立前夕，全国政协将设计国徽的任务交给了清华大学营建系，当时不叫建筑系而叫营建系。营建系给全国政协提交的《拟制定国徽图案说明》的落款中，在"集体设计"的名目下开列了两个人，分别是林徽因、莫宗江。又以"参加技术意见者"的名目，开列了四个人，分别是邓以蛰、王逊、高庄、梁思成。这个名单的排列很有意思，只有老派文化人，才会这样排列，就是真正主其事者，排在最后。梁思成是营建系的主任，将他的名字排在最后，肯定是他的主张。每个人的名字后面，都注明身份，有的还有专业名目。林徽因和莫宗江的名字后面写的都是：雕饰学教授，做中国建筑研究。那么，林徽因该是清华大学的教授了？

我仍然认为不是。这是为了给全国政协一个交代，说明我们的设计阵容多么强大。林曾有过教授的头衔，现在要设计国徽，国徽属于一种雕饰艺术作品，林有这个专长，挂个雕饰学教授的头衔就是了。实际上，她当时肯定不是清华大学的教授。这种情况，搁到现在，是要出事的，保准会有人告状，说轻点是以权谋私，见利忘义，说重点是巧立名目，欺骗中央。梁思成加上林徽因，借给他们个胆子也不敢这么做。

但是，知道了清华大学建筑系是怎么成立的，知道了老派知识分子的品格，这样做就是顺理成章，理所当然的了。

抗战期间，中国营造学社可说是艰难支撑，到抗战胜利，已无法维持，只剩下两三个人了。梁思成给清华大学校长梅贻琦建议，将中国营造学社并入清华大学，设立建筑系，将来扩展成建筑学院。正好清华大学没有建筑系，也想成立建筑系，梅贻琦听了很高兴，同意了梁的建议，并上报教育部批准。这样，中国营造学社北上的时候，就由清华大学安排，乘飞机回到了北京。可以说，1946年清华设立的建筑系，就是营造学社的班底，梁思成既是营造学社的社长，又是清华大学建筑系的主任。两块招牌，一套人马。这样设立的建筑系，梁思成怎能把自己长期卧病在床的夫人，聘为建筑系的教授？

可是到了北平解放（尚未建国），中央给了这么个任务，总要组织一个班子，林徽因又有这个特长，当然要参加了。要参加总得有个名分，给个就是了。只要把握一个原则，就是不支清华的薪水。这就是老派知识分子做事的方式，也是老派知识分子的优秀品质。

世上还真有较真的人。

林徽因的儿子梁从诫先生，写过好些怀念母亲的文章。在《倏忽人间四月天——回忆我的母亲林徽因》一文中说，中华人民共和国成立后他母亲"被正式聘为清华大学建筑系的教授"。有人就给清华大学人事处写信，要求从档案里查清林徽因的正式身份。清华大学人事处的人，真还叫档案室的人查了，没有林的档案。又让建筑系人事科的人，在系里的档案里查，也没有。回复说，"后经建筑系人事科查证，林徽因确不是清华大学的正式工作人员。有一段时间曾为我校客座教授，故而没有她的档案材料"。（《林徽因寻真》第277页，陈学勇著，中华书局2004年出版）

但是在林徽因去世的讣告中，又确实写着"清华大学兼任教授"。

客座教授是按钟点支薪的，兼职教授得有本职，林徽因只有一个本职，就是梁思成太太。总不能说以太太之本职兼清华教授之兼职吧？所以，我认为，不管是给全国政协报告上说的雕饰学教授也好，清华人事处说的客座教授也好，讣告上说的兼职教授也好，都只是一个名分。不管她参与创办建筑系也好，给建筑系上过课（讲座），指导过研究生也好，做这些事的时候，她都是没有薪金的。最能说明她在建筑系的地位的，该是这样一件事。

二十世纪五十年代初期，清华建筑系开系务会议，常在梁思成家的客厅里开，林徽因病不太重的时候，常参加这样的会议，"她思维敏捷，说话节奏又快，她的激情亢奋很有感染力"。后来病重了，只能躺在床上。客厅在西边，她的房间在东边，西边开会时，她听到什么，想发表意见，就隔着过道喊："思成！"梁思成听到后，马上赶过去，过一会儿回来传达林的意见或建议。开一次会，梁先生要来回跑好几次。林先生的思想太活跃了，主意太多，大家有点吃不消了，就做了个决议，以后开会就在系办公室，不在梁家开了。当有人将这个决定告诉林徽因时，她马上就意识到大家是嫌她烦，很是委屈。也就是说，她在建筑系的地位，只是梁思成的夫人。如果她是教授，建筑系只有一个主任没有副主任，以她的资历，就是二把手了，开会不让她参加那还了得。

也就是说，林徽因一生真正有名分的工作时间，只有三年。虽说正式的教授身份只有三年，一点也不影响她一生中，对中国的文化建设事业，做出了重大的贡献，一点也不影响她作为一个文艺复兴式人物，在中国文化史上的地位。

再看看她一生的成绩。我们只说数量，不说质量。

作为一个文学家，不说诗歌，只说其他文学门类的著作。在梁从诫编的，收录最全的《林徽因文集·文学卷》里，有散文十篇，小说六篇，剧本一部（未完，缺第四幕），译文一篇。其余全是书信。

作为诗人，在上书中，收有各类诗作六十六首。

在她生前，没有出过一本著作集子。直到二十世纪八十年代，才出了一本不太厚的文学作品集。以这样的数量，别说参加中国作家协会了，就是参加福建省作家协会，怕也不够资格，当个厦门市作家协会会员还差不多。

再看作为舞台美术家的成绩。林徽因确实是美国宾夕法尼亚大学美术学院美术系毕业的，毕业后，又到耶鲁大学戏剧学院著名的帕克教授工作室学习了一个学期，成为我国第一个在国外学习舞台美术专业的留学生。梁思成所以想在墓碑上写上"舞台美术家"，主要是从林的学历上着眼的，毕竟这才是她的专业。但说起成绩，也十分可怜。一是1931年8月写过一篇《设计和幕后困难问题》，是一篇剧评，批评一出戏剧舞美上的不足。二是1935年，为天津南开学校演出的戏剧《财狂》，做过舞台美术设计，这是她一生中唯一的一次舞台美术设计。此外，就是为《学文》杂志设计过封面，为陈梦家的书《铁马集》设计过封面，还为中国在英国的一次展览设计过广告画。这些都很难说是舞台美术设计了。

再看作为建筑家的成绩。《林徽因文集·建筑卷》倒是厚厚的一本子，但真正作为林个人的有分量的著作，并不多，最有分量的几篇，几乎全是与梁思成联合署名，有的干脆就是梁思成的著作，比如《中国建筑史》第六章宋辽金部分，只是因为梁思成说这一章是林徽因写的，才算到林的名下。全书到现在，还是只署梁思成一个人的名。这是著作，实际参与的建筑设计，虽有多件，但都是与梁思成一起完成的。当然，林是参与了国徽和人民英雄纪念碑底座纹饰的设计，但这些设计，严格来说，不能说是某一个人的功绩，只能说她是参与了，有的还是主要设计者，比如人民英雄纪念碑底座的纹饰。

就是这样在常人看来微薄的成就，我仍要说，一点也不影响她作为一个杰出人物的形象，就像她后半生的形销骨立、卧病在床，一点也不影响她的天生丽质、超凡绝俗一样。甚至不妨说，正是这许多的缺憾，这许多的未完成的美丽，使她具有一种更为巨大的魅力。如果她真的在某一方面，有了世俗的成就，比如就是一个完全的建筑师，也不过是一个伟大的建筑师而已。绝不会有这么大的魅力，也不会对后世有这么大的启示作用了。能让人想象的业绩，是最大的业绩，再没有比想象更大的东西了。

这是一个文艺复兴式的人物，不是我们平常的人生理念可以规范的，也不是我们现在的一些社会理念可以理解的。要真正理解这样一个人物，必须深入她的社会环境，她的情感世界中，就这，还不能完全理解。虽说长期收集她的资料，研究她人生中的一些事件，我也不敢说我对这个人物有了透彻的理解。只能说隐隐约约地，也是大致清晰地，有了自己的看法。

基于以上事实和理念，我对林徽因其人的总体的看法是，她的一生，是一个美丽的形象毁灭的过程，也是一个更为美丽的形象的重塑的过程。摧残这个美丽形象的，是疾病、战乱、不健全的体制，还有无法厘清的情感纠葛、难以抚平的心灵创伤。同样，重塑这个更为美丽的形象的，也是疾病、战乱、不健全的体制，还有无法厘清的情感纠葛、难以抚平的心灵创伤。

说得再简单点，是繁华孕育了她，是苦难造就了她。

3. 跟徐志摩的关系

说林徽因，跟徐志摩的关系，是一个绕不过去的话题。

也好，通过一个人的感情世界认识一个人，是最便捷的。

林徽因的一生，和三个男人有感情纠葛。这样说，是把梁思成也包括进来了。梁思成是她的丈夫，如果两人只是平平静静的夫妻关系，当然不能包括进来，后面会说到，他们曾一度陷入感情危机，几乎有离婚的可能，就不能说没有感情的纠葛了。

另外两个男人，一个是诗人徐志摩，一个是哲学家金岳霖。以时间的前后来说，先是徐志摩，后是金岳霖。金岳霖认识梁林二人，还是徐志摩引见的。住在梁家的后院，说不定也是徐志摩给牵的线。可惜的是，徐志摩做完这些事，很快就死了，剩下的空间，还有时间，只能任由哲学教授来占用。

以世俗的眼光，就是成与不成来说，则是：与徐志摩，深深相爱；与梁思成，结为夫妻；与金岳霖，深切相望。若以三个人的职业而论，也是很有意思的。徐志摩是诗人，两人的感情最热烈，最浪漫，最具文学色彩。金岳霖是哲学家，两人的感情最深沉，最理智，最具哲学意味，可说是达到了"柏拉图的境界"。梁思成是建筑学家，结为夫妻，两人的感情最平实，基础最牢靠，构架也最好，最符合建筑学的原理。

好了，还是说跟徐志摩的关系吧。

好多人都看过《人间四月天》这部电视连续剧，黄磊饰徐志摩，周迅饰林徽因。里面有个镜头，在伦敦的街道上还是公园里，徐志摩骑着自行车，前梁上坐着林徽因，一边骑着一边调情，不说调情了，也是说说笑笑吧。骑的还是山地车。这哪是二十年代初期徐志摩和林徽因初次相识时的情景，分明是二十世纪八九十年代，上海、台北这样的大城市里，小流氓小阿飞的做派嘛！

林徽因与徐志摩的关系，是很复杂，也是很微妙的。以林徽因的人生轨迹说，大致可分为三个阶段，一是随父亲在英国读书时期，二是回国后的一个时期，主要是1924年出国前的一段时间，三是从东北大学回到北平养病时期，时间在1931年，这年11月徐志摩就飞机失事去世了。

不可能详细地说，每个时期，拣一两件重要的事说说就行了。

先说第一阶段。林徽因去英国，是随她父亲林长民去的，时间是1920年2月，当时只有十六岁。同年10月，徐志摩在美国哥伦比亚大学完成硕士功课，还没有写成论文，来到伦敦不久，便与林长民相识，也就与林徽因相识了。徐志摩1918年去美国留学前，拜在梁启超门下，林长民和梁启超是好朋友,那时就会认识林长民的,与林徽因则是初识。从张奚若的话里,也可证明两人是初次相识。

张奚若是陕西朝邑人,现在说起来是大荔人,当时也在英国留学,林长民来到英国后,徐志摩约上张奚若一起去林的住处看望。鼎革以后,梁从诫大了,有一次见了面谈起往事,张奚若跟他说,你妈妈在伦敦第一次见了我跟徐志摩,差点给我们叫叔叔呢。张奚若1889年生人,徐志摩1897年生人,都比徽因大好多岁,且是父亲的朋友,叫叔叔没什么奇怪的。"差点给我们叫叔叔",就是说要叫没叫成,谁制止了呢,以情理论,不会是作为父亲的林长民,要制止他就得说:这两个比我小一辈,不要叫他们叔叔。这话在一个有教养的家庭里,是说不出口的。看林长民那时给徐志摩的信,也是以兄弟相称的,信上称兄道弟,见了面还要纠正,这不合乎人情。只能是徐志摩和张奚若这两个人中的一个阻止了,这上头徐志摩的可能性要大些。他是梁启超的门生,林长民是梁启超的朋友,年龄又相近,林的女儿要叫他们叔叔时,他只要说,不敢当,我是任公的学生,林徽因就知道两人是平辈了。这是社交场合的规矩,不能说徐志摩一见林徽因,就操下了坏心,先在辈分上拉平接下来再谈恋爱。要是那样,人心就太险恶了。

两人后来发展到相恋的关系没有?

直接的证据,是张幼仪的说法。大约1920年底或是1921年初,徐志摩把夫人张幼仪接到英国,在伦敦住了一段时间,他要到剑桥大学读书了,张幼仪也跟着去了,住在学校附近一个叫沙士顿的小镇上。张幼仪晚年,她的侄孙女根据她的口述写了本书叫《小脚与西服》。里头说,这期间徐志摩跟林徽因相恋了,频繁通信,徐志摩在沙士顿的收信地点是一个理发店。徐志摩头发并不长,隔上几天就要去一次理发店,实际上是去收看林徽因的来信。他们的信是英文写的,欺负张幼仪不懂英文,见了也不认识,事实上张幼仪一次也没见过。是不是这么回事呢,后来发现的史料,证明不全是这么回事,至少不全是收林徽因一个人的信。

还会有谁的呢?还有林徽因父亲林长民的。原来,林长民也是很新潮的人,跟徐志摩玩起了近乎"同性恋"的一种通信游戏。两人说好,徐志摩假装是个有夫之妇,林长民假装是个有妇之夫,两人有了婚外情,你给我来封信,我给你回封信,来往不断。林长民的信,徐志摩保存下来了。1925年冬林长民去世后,徐志摩当时正在主编《晨报副刊》,曾将林长民的一封信发表,还加了按语说明是怎么回事。或许也是想用这个办法,解脱外界的传言,说他在伦敦时与林徽因怎样的相恋相爱。

再后来,徐志摩就跟张幼仪闹起了离婚,一走了之,张幼仪没办法,只好去德国投奔她的一个哥哥。对丈夫跟自己离婚,张幼仪认为就是因为林徽因的插足引发的,张幼仪说,徐志摩连看一场电影自己都定不下来,不是林在中间挑唆,离婚这么大的事他怎么会决定呢?

顺便说一下张幼仪后来对徐志摩和林徽因的态度,她一点也不怨恨徐志摩，还像以前那样爱着自己的离了婚的丈夫。在与徐志摩有感情的几个女人中，她最恨的是林徽因，一辈子都恨，什么时候说起来都恨。原因却不是我们能想象到的，她恨的原因竟是，你林徽因既然跟我的志摩相爱，志摩都跟我离婚了，你为什么不嫁给他呢？这不等于是欺骗了她的志摩吗？让志摩身心受这么大的伤害，这是她最不能原谅林徽因的。直到死她都爱着她曾经的丈夫，她的志摩。她说过这样的话，说她跟徐志摩在一起的时候，从没有说过"我爱你"这样的话，但是，"在他一生当中遇到的几个女人里面，说不定我最爱他"。记得当年读《小脚与西服》这本书的时候，读到这句话，我一下子理解了什么叫女人，什么叫贤妻良母，同时也一下子理解了徐志摩这个人的个人魅力。

扯开点，也顺便说说徐志摩的个人魅力吧。

前面不是说过张幼仪跟徐志摩在英国闹起离婚后，就去德国找她的一个哥哥吗？他的这个哥哥叫张君劢，是民国史上的一个重要人物，是个哲学家，也是个宪法学家，中华民国的第一部宪法，他是主要起草人。当时在德国留学，还没什么名声，妹妹找他之前，先给他写了封信，接到妹妹的信，知道徐志摩要跟妹妹离婚，回信中第一句话就是："张家失徐志摩之痛，如丧考妣！"可见他多么看重这门亲事。当时他还没有结婚，知道妹妹已怀上徐志摩的孩子，要打胎，他说不能打，要是妹妹不愿抚养徐家的孩子，他愿意代为抚养。张幼仪还有个弟弟叫张禹九，跟徐志摩留美时相识，排行为八，这个八弟更绝。徐志摩跟他姐姐离了婚，1926年跟陆小曼结婚时，他已回国正好在北京，盛装参加了徐志摩和陆小曼的婚礼，一点也不顾及姐姐的感受，当然他知道，他姐姐绝不会反对的。这个人很早就去了美国，大概二十世纪六十年代，在美国死的。死之前跟家人说，追悼会上不要放哀乐，念几首徐志摩的诗就行了。他的孙女叫张邦梅，是在美国长大的，在哈佛念书时，无意间知道她的姑奶是中国著名诗人徐志摩的前妻，用了几年的时间采访张幼仪，写了《小脚与西服》这本书，记述了她姑奶与徐志摩的种种往事，为人们留下了一本极为珍贵的徐志摩与张幼仪的生活史料，也可说是一本独特的徐志摩的传记。她写书的时候，她的祖父张禹九年事已很高了，没有阻挡，但很诚恳地告诉他的这个孙女，要她笔下留情，不要把徐志摩写得太坏了。因为他知道，徐志摩就是跟自己的姐姐离了婚，也不能说徐志摩就是个坏人，品质上有什么问题。徐志摩的人品成就，都将彪炳史册，若有过甚的说辞，将来受连累的，只会是他们张家。

　　回过头再说，在英国时，徐志摩和林徽因的关系，到底到了什么程度。张幼仪的说法，虽然言之凿凿，可惜没有真凭实据。比如说，她当时看到林徽因的一封信，或是发现了林的一件小手帕什么的，没有，什么都没有，只说肯定是跟林徽因在谈恋爱。这不行，说话得有证据。通信肯定是有的，不是张幼仪说有，而是林徽因就承认了有。1924年林徽因和梁思成一起到美国留学的时候，带了许多徐志摩给她的信，这些信，不可能全是她1921年从伦敦回国后，徐志摩给她的。1927年，胡适有事到美国，跟林徽因见过面，过后林给胡写了几封信。一封信中这样说："我昨天把他的旧信一一翻阅了。旧的志摩我现在真真透彻的明白了，但是过去，现在不必重提了，我只求永远纪念着。"这些信，或许有徐志摩1922年回国到她1924年出国期间给她的，但绝不会很多，她已跟梁思成定亲，不便通信；就是通信，两人在一个城市，也用不着通那么多的信。那么，那些可以一一翻阅的旧信，只能大多是在英国时候写给她的。

再一个证据是，1931年11月徐志摩去世后，林徽因知道徐志摩有一个"八宝箱"放在凌叔华家，听说里面全是志摩过去的日记和笔记，很可能有徐志摩留学英国时的日记，她的表现就有些失常。为了得到里面的两册英文日记，几乎跟凌叔华翻了脸，最后还是恳求胡适帮忙，才得到了这个"八宝箱"里面的东西。如果两人早年没有私情，怎么会对一个男性朋友"八宝箱"里面的东西，那么在意？

总括起来可以这样说，两人在英国期间，徐向林表示了爱恋之心，林也曾做出回应，只是因为年纪小，有些害羞也有些矜持，不是那么的明确。但是，她对徐志摩的好感，已深深地植入了心中。毕竟这是她的初恋嘛。

第二个阶段，是1922年，徐志摩也回到国内，到1924年6月林徽因随梁思成出国前。先看一个材料，一封信。

志摩足下：长函敬悉。足下用情之烈，令人感悚，徽亦惶恐不知何以为答，并无丝毫 Mockery，想足下误解耳。星期日（十二月三日）午饭，盼君来谈，并约博生夫妇。友谊长葆，此意幸亮察之。敬颂文安。弟长民顿首。十二月一日。徽音附候。

　　Mockery，嘲笑的意思。

　　此信最早面世，是在《胡适遗稿及秘藏书信》里，1994年黄山书社出版。这是一套大书，十六开，厚厚的四十二册，所收信稿，全部影印。信上落款，只有月日，没有年份，当然也没有地方。哪年在哪儿写的呢，有几种说法，最早做出判定的是陈学勇先生，1999年第二期的《新文学史料》上有陈的一篇文章叫《〈林徽因年表〉补》，说此信是1920年在英国写的。虞坤林先生2004年出版的《志摩的信》中又给了个说法，地方还是英国，时间推后了一年，说是1921年。2000年我写《徐志摩传》的时候，采用的是陈学勇的说法。现在看来，我们几个人都错了。

　　最近有个台湾学者叫秦贤次的，在《新文学史料》（2008年第2期）上发表文章，说是1922年在北京。他是从"星期日（十二月三日）"看出破绽的，说他查了历书，从林长民初识徐志摩到1925年去世，这几年中，只有1922年12月3日是个星期日，1920年的不是，1921年的也不是。当然还有其他证据。应当说，秦先生的说法是站得住脚的。秦先生是中国台湾著名学者，擅长史料考证，他的史料考证的功夫又一次起了重要的作用。

这封信的时间地点一确定，一幅清晰的历史画面，一下子就呈现在我们的面前。画面上，一个个人物的神情动作，音容笑貌，全都活了起来。可惜秦先生手边没有《胡适遗稿及秘藏书信》这套大书，若有，他的发现会更大。这样说绝不是贬低秦先生，他确实没有看过这部书，在《新文学史料》的文章中，他说"其手迹影印见于虞坤林编辑的《志摩的信》"多少页。有这部书，或是见过这部书的人，不会这么说。事到如今，这样的工作只能由我效劳了。

我们先把这个画面说清楚，这样就能看出：一、时间多么的急迫；二、事情多么的危急。只看信，不过是一封普通的约吃饭的信，那时候电话没有现在这样普通，约朋友吃饭，通常都是写封信叫仆役送过去。可是，一加上时间和事情两个因素，这就不是一封普通的信件了。

先说时间。这就要说到徐志摩回国的时间，到北京的时间。回国的时间不必质疑，这年的10月15日船到上海。来北京的时间，可推知。这年12月15日，徐志摩给他的英国朋友傅来义的信上说，"我回到中国已经整整两个月了，到北京也已有两周了"。10月15日抵达上海，到写信的这天，确实是整整两个月。到北京两周，那就是说，从12月15日往前推十四天。这就看怎么推了，实推十四天是一种推法，减去十四天也是一种推法，实推十四天是12月2日，减去十四天是12

碧海蓝天林徽因　　145

月1日。2000年夏天我写《徐志摩传》时，对这两种推法拿不准，只好说，徐志摩"离开上海，便匆匆赶往林徽因正在上中学的北京。12月1日或2日到京"。有了这封信，就可以准确地说是1日到京了。

当天到北京，当天就得到林长民差人送来的请吃饭的信。时间多么急迫！

再说事情。10月15日到上海，祖母和父母都在上海等着，先陪祖母游了北普陀。听说梁启超正在南京讲学，便去南京看望了梁先生。匆匆告别梁先生，便来到了北京。徐志摩去北京要做什么，梁是知道的，这一时期，梁的一个大弟子张君劢，一直守在梁的身边。这个张君劢，就是徐志摩的妻子张幼仪的二哥。徐与张、与林的事，他一清二楚。他一清二楚，梁也就一清二楚了。后来梁给徐写信，也说"君劢临行前两日语及弟事"，可知君劢全告诉了他的老师。

徐志摩放弃学业，提前回国，且为何回国，林家和梁家都是知道的。徐志摩是个做什么事，都要带响动的人。回国不用说了，从法国马赛到上海，船行需三十多天，有这一个多月，国内的亲友全知道了。金岳霖是徐志摩的好朋友，当时在法国，徐志摩回国前那些日子，两人常在一起吃喝玩乐，到了晚年，脑子都糊涂了，还记得徐志摩当年要回国时爱唱的一句戏文，有人采访时，他说：林徽因被她父亲带回国后，徐志摩又追到北京。临离伦敦时他说了两句话，前面那句忘了，后面一句是"销魂今日进燕京"。（陈宇《金岳霖忆林徽因》）实际上，这是旧戏上常用的戏文，前面一句是很好补的，两句连起来极有可能是："快马加鞭往前行，销魂今日进燕京！"他回国这件事，响动之大，真像他挥舞马鞭子在台子上转圈儿，要干什么，台下的人全都看见了。

北京可说是严阵以待。

如果说林梁两家是世交，常来常往，于是林长民与梁启超便有了结为亲家的意愿，其起始只会在1921年10月林徽因随父亲回国之后而不会在此之前。毕竟1920年林徽因出国时，只有十六岁，而林长民对这个女儿非常器重，不会轻易许人。再就是，梁家也不会轻易为自己的长子，定这样一门亲事，毕竟林徽因是庶出。这在那个年代，是很忌讳的。就是林徽因和梁思成二人结了婚，梁启超的正夫人，对这门亲事一直都有看法，也是因了这个缘故。只有林徽因回国后，出落得仙女一般，有学识又落落大方，梁启超才摒弃了世俗的看法，愿意缔结这门亲事。林长民这边，当然是满心喜欢，毕竟梁任公的门楣，不是谁都能攀得上的。有意归有意，并未付诸实行，只能说梁家这边还犹豫不定。当得知徐志摩正在"快马加鞭往前行"，要"销魂今日进燕京"时，一切都来不及了。

梁启超这时在南京讲学，更不巧的是，又因酒醉而患病，转到上海沧洲旅馆休养，想赶在徐志摩之前到北京，给两个孩子举行个简单的仪式堵了徐志摩嘴，都来不及了。只能眼睁睁地看着徐志摩这个疯子，心急火燎地去了北京，北京会怎样处置，那就全看林长民的本事了。想来这几天，北京上海之间，定然是函电交驰，心急如焚。

林长民毕竟是老政客，对付这样的突发事件，还是有一手的。他知道，这样的事，只能智取，不可力敌，只能消气，不能加温，总之是只能化干戈为玉帛，稍有不慎，火上添油，那就不可收拾，说不定会折了女儿又赔了兵。于是在志摩到京的当天，便差仆役送去了请吃饭的信件。

送到哪儿呢，送到东板桥妞妞房胡同，瞿菊农的住处。徐志摩死后，瞿有悼念文章，其中说："从上海同到北京来，沿途谈的是罗素，是高士华绥，是康桥，是志摩朗读《康桥再会吧》，是爱恩斯坦，是梁任公，胡适之，泰戈尔；到北京之后，志摩就先在我那局促的小屋里——那时我住在东板桥妞妞房——住了好几天"。（瞿菊农《"去吧！"志摩》）

从信上看，志摩还在南京的时候，就给林徽因去了一封长信，内容是什么，现在当然不知道了。但从林长民这封既是邀请信也是回信的信上看，表示的感情是真挚的，也是激烈的，甚至是让人害怕的，要不林长民就不会说"足下用情之烈，令人感悚，徽亦惶恐不知何以为答"。想来志摩信中还说了别的话，意思是，他这种做法林徽因一定要Mockery，林长民赶忙说，没有的事，女儿看了信，一点也没有Mockery的意思，足下你误解了。只是她年龄小，没经过这样的事，一时惶恐，不知该怎么办，才由我来代为作答。什么都不说啦，后天来我家吃顿饭，好好谈一谈，保证让咱们的友谊永远像刚开放的花儿那么新鲜。

还要注意一下，信的左下角，有"徽音附候"四个字，不像是林长民的手迹，林是书法家，字迹苍劲老练，这四个字，规矩而稚嫩，一看就是林徽因这样的女中学生写的。会是怎么写上去的？不妨做个推断。一是林长民写信，让女儿看看合适不合适，毕竟他是代女儿作答的，女儿看了表示满意，父亲总觉得从情理上说，有些对不起志摩，便让女儿写上"徽音附候"四个字，算是给志摩一些温馨。二是林徽因看了，觉得两个年轻人之间通信，况且在伦敦时曾通过且不止一封，怎么一回到国内连通信的自由也没有了，还要让父亲代为作答，实在太对不起志摩，便主动要求写上这么几个字，多少也算是表示了她的态度，几分缠绵，几分无奈。

林长民的安排是很周到的，怕吃饭商榷中谈崩了，特意请来陈博生夫妇作陪。陈与林长民是好朋友，跟志摩的关系也不错。志摩在英国的时候，陈也在英国，有交情，陈比志摩早些从英国回来，其时是《晨报》的总编辑，这面子不能说小。

他们这样如临大敌的安排，志摩自然也感受到了。只是他们小看了志摩，你们这样仁义，我徐志摩能任性而为吗？毕竟这是感情上的事，要理智地面对，毕竟林长民是亲爱的徽因的父亲，岂能鲁莽对待？当天傍晚，志摩就回了信。说不定是林长民知道志摩到京就傍晚了，赶紧派仆役将信送到东板桥妞妞房瞿家，志摩看了当即回的信。证据是，在《胡适遗稿及秘藏书信》第二十九册里，还有林长民一封十二月二日的信，也是手迹影印，只是排在前一封的前面了。信上说——

得昨夕手书，循诵再三，感佩无已，感公精诚，佩公莹洁也。明日午餐所约戚好，皆是可人，咸遇佳宾，一沾文采，务乞惠临，从此友谊，当益加厚。虽云小聚，亦人生一大福分，尚希珍重察之。敬致志摩足下。长民顿首。十二月二日。

他们先前安排的宴席，志摩肯不肯赏脸还在两说，现在收到志摩的复信，不仅肯定光临，且语气温和，态度谦恭，林长民的兴奋可想而知。第二天又修书一封派人送去，就是这封信。"循诵再三，感佩无已，感公精诚，佩公莹洁"，给人一种喜不自胜，磕头如捣蒜的感觉。从"所约戚好，皆是可人"上看出，作陪的不光是陈博生夫妇，还有林家的亲戚。陈博生只能算是好友，不能说是亲戚。

聚餐第二天如期举行。效果呢，不管志摩多大的气，多烈的情，只要林小姐在跟前一站，就化作了满面春风，满脸笑容了。大家都是朋友，哈哈哈，往后常来常往，哈哈哈。想来从景山后街雪池林家出来，徐志摩心里不定怎样的高兴呢。只要能是朋友，只要能常来常往，天长日久，凭着自己的好身手，还愁徽因不是他徐志摩的小娇娘吗？

这次聚餐唯一办的一件实事是，陈博生听说徐志摩住在瞿菊农家，知道地方很是逼仄，要志摩搬到他家去住，志摩也就痛快地答应了。前面提到的瞿菊农的文章中，在说完上面引用的那句话后，接下来的是，"后来他搬到博生那里去"。在瞿家住了好几天，就算五六天吧，正是在聚餐后的一两天。我相信这个推论是正确的。

林长民这头的任务，只是打个阻击战，削弱徐志摩的锋头，腾出时间来让林梁两家从容布置。这时，梁启超仍在上海养病，事情都在信函交驰中进行。直到1923年1月5日梁启超从上海回到北京，才一锤定音：林长民的长女林徽因，许配给梁任公的长子梁思成。

真就这么玄吗？

真就这么玄。

有梁启超的信为证。1923年1月7日，梁启超在给大女儿思顺的信上说："思成和徽音已有成言（我告思成和徽音须彼此学成后乃定婚约，婚约定后不久便结婚）。林家欲即行订婚，朋友中也多说该如此，你的意见呢？"看过《梁启超年谱长编》的都该知道，梁启超视这个女儿为宝贝，家中大小事，均要征求思顺的意见，平日可说书信不断。其时思顺正随夫君在澳大利亚公使任上。也就是说，林梁许婚（就用这个词吧）的事，就在1922年12月3日到1923年1月7日这三十几天中进行的。从平日梁启超一有事便写信的习惯上推测，确定下来，只会在1月5日到7日这两三天。只有刚许了婚，才会马上写信征求女儿的意见，不会是早就许了婚，再给女儿当新闻去说。

我们还要知道，梁启超是很爱徐志摩这个弟子的。知道林梁两家暗里做的这些事，迟早瞒不过志摩，而志摩知道了，感情上会受不了，说不定还会生出什么枝节，这就不好了。与其这样，还不如将一些隐患都消弭于无形。再就是，梁启超是个很自信的人，相信自己说上一番话，志摩还是会听的。还在上海的时候，就给徐志摩写了封长信。主要的两点，一是不可以他人之痛苦换取自己的快乐，这是替张幼仪说话的。二是男女相恋是神圣的事，可遇而不可求，强扭的瓜儿不甜，不要徒增一辈子的烦恼。这是暗指，与林家的事到如今，该见好就收，别弄得大家都不愉快。最后感慨万千地说："呜呼志摩，天下岂有圆满之宇宙若尔尔者？"

这封信连同信封，都以影印的形式收在台湾传记文学出版社出版的《徐志摩全集》第一辑里。信封上写的是"北京丞相胡同晨报社陈博生先生收下转致徐志摩先生启"，左上角特意标了个"快"字。因为他5日就要到北京，怎么也要这封信在他到北京的时候，转到志摩手里。真也难为了他老人家，那封信的落款是"一月二日夜三时"，也就是说已是三日凌晨了。四日他就要动身赴京，极有可能这封信是他带到北京，派人送到陈府的。那时候上海到北京，不像现在这样朝发夕至，至少要两天的时间。

梁启超为徐志摩办的一件实事是，让生活与工作都还没有着落的徐志摩，来他主其事的松坡图书馆当个英文秘书，吃住都在馆里。

一个徐志摩，哪里是梁启超、林长民两个老政客的对手。

软硬兼施，连骗带哄，一天到晚还乐呵呵的，还以为胜利在望呢。很快，也就尝到了苦头，品出林长民头一封信说的"友谊长葆"，第二封信说的"从此友谊当益加厚"是什么滋味了。松坡图书馆两处馆舍，一处在西单附近的石虎胡同，一处在北海里头的快雪堂。徐志摩住在石虎胡同，梁启超办公的地点在快雪堂，闲暇时节，梁思成常约了林徽因去快雪堂玩，有时志摩去了，也不回避。志摩呢，觉得大家在一起玩玩也挺好的。有次听说徽因去了快雪堂，他也去了，只见大门闭着，门上贴着一张白纸，上面用英文写着：

Lovers want to be left alone.

汉语意思是：情人不愿受干扰。

志摩见了，只得怏怏离去。

这一段说得太长了。这一段，实在是太有意思了，由不得就多说了几句。我想说的是，一件史料的订正，对一个史实的呈现，有着多么巨大的意义。再就是，爱情之火，是压抑不住的，只要有机会，还是要爆发的。

转眼到了1924年的春天。

这年春天泰戈尔来华访问，两个人都参加了接待，接触多了，旧情复萌。这时，林徽因与梁思成正式许婚已一年多些，夏天就要一起出国留学了。

为什么说是旧情复萌呢，证据是，1924年5月20日这天，在北京火车站，是西车站，不是现在的北京西站，徐志摩要陪泰戈尔到山西太原参观，车下是送行的人，有梁启超，也有林徽因。列车马上就要开动了,徐志摩还在车厢里写信,车开动了,信还没写完,不写了,抓起还没写完的信要冲过去,递给车下的林徽因。泰戈尔的英文秘书恩厚之,知道徐林之间的恋情,知道这一来要出事,冲上去夺过信,将徐志摩推回车厢。事情过后,徐也没有再要这封信,恩厚之就收藏起来。再后来,恩厚之回了英国。当时谁也不知道有这么回事。这封信,二十世纪七十年代,有个华人学者去英国,见到恩厚之的家人,拿了回来。信上有这样的话:"这两日我的头脑总是昏沉沉的,开着眼闭着眼却只见大前晚模糊的凄清的月色,照着我们不愿意的车辆,迟迟的向荒野里退缩。离别!怎么的叫人相信?我想着了就要发疯,这么多的丝,谁能割得断?"有了这封信,至少可以说,林徽因在决定与梁思成一起出国之前不到一个月的时间(6月初出国),还与徐志摩有过一次幽会。时间是大前天晚上,即1924年5月17日。而这天晚上,两人可以说的话,只会是"佳人从此别矣,郎君多多保重"吧!

从跟徐志摩通信,还要父亲代笔,到深夜里两人坐在马车上缓缓而行,便是这一时期林徐二人情感的轨迹,也可说是牵手之后又无奈地分手。不管怎么说,这总要算是一种男女之间的恋情吧?

事情还没有完,还要往前发展,这就到了第三个阶段,也就是1930年冬天林徽因得了肺病,从东北大学回到北京,直到1931年11月徐志摩坐飞机失事这一段时间。

这一阶段,林徽因和徐志摩的感情发展,有了实质性的进展。为什么用实质性这个词呢？就是说，他们不仅是相爱相恋，而且有可能结为夫妻。证据之一是，梁从诫说过这样一段话："我一直替徐想，他在1931年飞机坠毁中失事身亡，对他来说是件好事，若多几年对他来说是个悲剧，和陆小曼肯定过不下去。若同陆离婚，徐从感情上肯定要回到林这里，将来就搅不清楚，大家都将会很难办的。"

这话是《人间四月天》播出后，梁从诫写的一篇文章中说的。当时我就写了文章，批评梁从诫的这种说法，说，作为一个晚辈，说这样的话太不应该了。为了自己的家庭声誉，竟说另一个长辈叫烧死了是好事。这话不是一个有文化的人应该说的。要知道，在他母亲和徐志摩的关系上，梁从诫一直认为他母亲只是喜欢徐志摩，而绝不会跟徐结合，就连在英国时相恋相爱，也不会有，说他母亲后来跟他说过，"像她这么一个在旧伦理教育熏陶下长大的姑娘，竟会像有人传说的那样去同一个比自己大八九岁的已婚男子谈恋爱，简直是不可思议的事"。到了1931年，就更不会了，"这时的母亲当然早已不是伦敦时代那个梳着小辫子的女孩，她在各方面都已成熟"。

既然说林徽因不会爱上徐志摩，而徐志摩又不是土匪会绑票，为什么要说若徐志摩不叫烧死，将来就会"搅不清楚"，"将会很难办"呢？这话背后的意思，还不是说，徐志摩不死，就有可能跟林徽因结合吗？

在自己的母亲跟徐志摩的关系问题上，梁从诫就不如他姐姐梁再冰聪明。梁再冰1929年生，梁从诫1932年生，前些年,姐弟两人都写过关于母亲的长文。姐姐的文章中根本就没有涉及母亲跟别的男人的事,而弟弟的文章中,处处都在为母亲辩护,什么事都要辩一下。这是为什么呢?总不能说弟弟跟母亲感情深,姐姐跟母亲感情不深吧?不会的,两人跟母亲的感情都很深。那是为什么呢?我以为,这是因为梁从诫是个男的,而梁再冰是个女的,比弟弟更理解女人,更理解自己的作为一个女人的母亲。比如,梁从诫说他母亲在伦敦时,年龄小,又是旧伦理熏陶出来的,不会嫁给一个大自己八九岁而且有了家室的男人,这还说得过去,但是接下来说,到了1931年,更不会这样,就没有道理了。年龄小的时候不会做的事,未必年龄大了不会做。哪个女人当姑娘的时候,都会想着自己将来的丈夫跟自己一样,是个第一次结婚的人,可是这世上,大姑娘嫁给第二次甚至第三次结婚的男人的,还少吗?哪个女人还是姑娘的时候,都想着自己大了只嫁一回,可这世上再嫁三嫁的女人何止千千万万?

既然这么相信自己的母亲,为什么还要担心徐志摩不死,事情就难办了呢。可见还是担心这样的事会发生的。天遂人愿,遂了梁从诫先生的愿,徐志摩早早死了,不会出现梁从诫先生担心的局面。谁能想到,这上头也会有前仆后继的事儿,徐志摩是倒下了,后来又来了个金岳霖,继承徐志摩的遗志,不屈不挠地努力下去,居然差一点就成功了。这又怎么说呢?

林和徐之间的感情,到底有多深呢?现在能看到的事实是，1930年冬天，从沈阳回到北京（当时叫北平），查出肺病，第二年天气暖和以后，就去北京西山疗养。徐志摩和朋友们，常去看望，有时朋友们回去了，他还要住几天。最长的一次是1931年"九一八"以后，住了两个星期。有人说林徽因在西山住的是双清别墅，不是的，是住在双清别墅外面，一个斜坡上的几间平房里，她住一间，她母亲住一间，孩子住一间，还有一间是厨房。徐志摩去了，住在离这儿不远的甘露旅馆。徐志摩来看林徽因，一般是下午三四点到四五点，有时也出去到附近散散步。这些说明不了任何问题，只能说是一个男老朋友来看看一个女老朋友。但是，看看徐志摩死了之后，林徽因做了什么事，就不是这么简单了。徐志摩死后，梁思成、张奚若和张慰慈，马上从北平赶到济南，处理徐的后事。上海、南京都去了人。在失事地点，梁思成知道妻子与这位老朋友的感情，就捡回一个飞机上的残骸，一块烧焦了的木头片，那时的飞机跟现在的飞机不同，是有木头东西的。梁思成拿回来后，林徽因将这个烧焦了的木头片，衬上黄绸子，挂在床头。另一个说法是，放在一个盒子里，摆在客厅。我不相信会是挂在床头，那太瘆人了，放在一书柜的一个格子上还差不多。我也不相信老在那儿放着，过上一段会收拾起来的。老放着，见的人多了，会有文章记述。而记载此事的文章，我只见过一篇。

这都不算什么，老朋友去世，留个纪念，人之常情嘛。

最能看出两人当年感情深厚，已达到实质性程度的，是此前此后两人写了发表的诗作。这样说有语病,应当是,看看徐志摩还活着的时候,两人写了些什么,徐志摩死了后,林徽因又写了些什么。

有个叫蓝棣之的学者,仔细研究过林徽因的诗作,得出的结论是,1931年和1936年是林徽因诗歌创作最重要的两个年头,两个高潮,或者说是两个中心。1931年到1932年,是第一个高潮,共写了五首诗,"看起来属于同一个故事",这个故事说白了,就是跟徐志摩的故事。第二个高潮,也是有故事的,是跟金岳霖的故事,这儿就不说了。

第一个高潮期间的五首诗,写于1931年的四首,题名是《那一晚》《情愿》《仍然》《山中一个夏夜》,写于1932年的是《别丢掉》。看看这些题名吧,那一晚,情愿,仍然,山中一个夏夜,别丢掉,光这些诗名连在一起,就是一首短诗。深厚的感情,就不言而喻了。我们不可能一一地分析这些诗,挑两首,一首写在徐志摩生前,一首写在徐志摩死后。写在生前的,挑《那一晚》,是这样的——

那一晚我的船推出了河心,
澄蓝的天上托着密密的星。
那一晚你的手牵着我的手,
迷惘的星夜封锁起重愁。
那一晚你和我分定了方向,
两人各认取个生活的模样。

到如今我的船仍然在海面飘,
细弱的桅杆常在风涛里摇。
到如今太阳只在我背后徘徊,
层层的阴影留守在我周围。
到如今我还记着那一晚的天,
星光、眼泪、白茫茫的江边!
到如今我还想念你岸上的耕种:
红花儿黄花儿朵朵的生动。

那一天我希望要走到了顶层,
蜜一般酿出那记忆的滋润。
那一天我要跨上带羽翼的箭,
望着你花园里射一个满弦。
那一天你要听到鸟般的歌唱,
那便是我静候着你的赞赏。
那一天你要看到零乱的花影,
那便是我私闯入当年的边境!

　　据蓝棣之教授分析,这首诗的前半部分,写的是林徽因对十年前情景的回忆,也就是林与徐都在英国的时候,林要回国了,两人有天晚上在一起深谈。后半部分的意思是,"如今我在感情上已经成熟,已有勇气闯入十年前的不敢去闯的边境"。我觉得,前半部分的时间,不会那么遥远,这个情景,和诗人的心境,更契合 1924 年 5 月 17 日晚上,他们两人在北京的那番深谈。"那一晚我的船推出了河心",是说她就要随梁思成出洋留学了。"那一晚你和我分定了方向,两人各认取个生活的模样",说的是从此我们要各走各的路了。实际上这首诗,写了三层意思,一是过去我们怎样,二是现在我怎样,三是我将要怎样。怎样呢?就是说不定,"那一天我要跨上带羽翼的箭,望着你花园里射一个满弦"。二十世纪三十年代,人们用"那"和"哪"是不分的,这里的"那",应当是带口字旁的那个"哪",不确定的意思。也就是说,说不定哪一天,我会勇敢地大胆地爱你的,我们是有可能成为夫妻的。当然,也可以是这个不带口字旁的,"那一天"就成了她心里的一个确定的日子,整句就成了,等着吧,我一定会这么做的。

这首诗发表在《诗刊》第二期,这样的诗当然不能用真名发表,用的是"尺棰"这个笔名。尺棰,就是一根短木棍,这是有出典的,古语说,"一尺之棰,日取其半,万世不竭"。暗含的意思是,我对你的感情,是永远不会穷尽的。同一期刊物上,发表了徐志摩的《两个月亮》,可以看作是对林徽因的表白的回应。

题目叫《两个月亮》,诗里一开头就说,"我望见有两个月亮,一般的样,不同的相"。不用问,一个是天上的月亮,一个是心里的月亮。下面的诗分两节,一节写天上的月亮,一节写心里的月亮。实际上,写天上的月亮,也是心里的月亮,写心里的月亮,也映衬着天上的月亮。一定要有所区分的话,只能说看见天上的月亮,不由得想到了心里的月亮。天上,心里,都是同一个活生生的人。除了开头的两句,且引在这里,是长了点,可是值得细细品味——

  一个这时正在天上,
  披敞着雀毛的衣裳;
  她不吝惜她的恩情,
  满地全是她的金银。
  她不忘故宫的琉璃,
  三海间有她的清丽。
  她跳出云头,跳上树,
  又躲进新绿的藤萝。
  她那样玲珑,那样美,
  水底的鱼儿也得醉!
  但她有一点子不好,
  她老爱向瘦小里耗;
  有时满天只见星点,
  没了那迷人的圆脸,
  虽则到时候照样回来,
  但这份相思有些难挨!

  还有那个你看不见,
  虽则不提有多么艳!

她也有她醉涡的笑,
还有转动时的灵妙;
说慷慨她也从不让人,
可惜你望不到我的园林!
可贵是她无边的法力,
常把我灵波向高里提:
我最爱那银涛的汹涌,
浪花里有音乐的银钟;
就那些马尾似的白沫,
也比得珠宝经过雕琢。
一轮完美的明月,
又况是永不残缺!
只要我闭上这一双眼,
她就婷婷的升上了天!

怎么就说这是写给林徽因的呢?从多么高洁的感情上理解,或许会有人斥为善意的附会,从低俗的感情上猜度,或许会更近于实情。林徽因个头不是多高,身子也不是多么健壮,只可说是苗条而灵秀。得的是肺病,俗称肺痨,人会显得黑瘦。有一个照片,蹲在身边的是小姑娘梁再冰,最能看出身体的这种变化。前一节里的"但她有一点子不好,她老爱向瘦小里耗",恰是应了身体的这一变化。林徽因容颜上最大的特点,除了眉清目秀而外,就是面颊上那浅浅的却分明的酒窝。"她也有她醉涡的笑,还有转动时的灵妙",也应了吧?

最后说,"只要我闭上这一双眼,她就婷婷的升上了天"。正可理解为,天上的月亮,心里的月亮,都指向了同一个人。

这样一唱一和,可说是相当大胆的。有人会说,两人的诗怎么会发在同一刊物同一期呢,说清了一点也不奇怪,这份刊物就是徐志摩主编的。极有可能是他向林约了稿,看了林的诗,忍不住也写了这么一首作为回应。

1932年夏天写的《别丢掉》,是在徐志摩去世以后写的,可说是写出了林徽因对徐的最真挚,也最明确的感情。全诗是这样的——

> 别丢掉,
> 这一把过往的热情,
> 现在流水似的,
> 轻轻,
> 在幽冷的山泉底,
> 在黑夜,在松林,
> 叹息似的渺茫,
> 你仍要保存着那真!
> 一样是明月,
> 一样是隔山灯火,
> 满天的星,
> 只有人不见,

梦似的挂起,

你向黑夜要回,

那一句话——你仍得相信

山谷中留着

有那回音!

就这么短短的几句,但是,低低地读一遍,就能感到诗中那种沉痛的感情,那种真诚的表白。有个小错误要纠正,在《林徽因文集·文学卷》里,那句"只有人不见",成了"只使人不见",这个文集是梁从诫编的,我不知道是不是梁先生擅改的,若是梁先生擅改,就不对了。因为改成了"只使人不见",成了使动用法,意思就不一样了。请注意"满天的星,只有人不见",是怎样的一句悲怆的叹息。而最后几句,"你向黑夜要回,那一句话——你仍得相信,山谷中留着,有那回音!"等于是说,你问我要的那句话,我现在就回答你吧,你听听山谷里回荡的声音吧,那就是我的回答!要知道,林徽因原来的名字叫"徽音",这里的"回音"可说是"徽音"的谐音。再冬烘一点,把前面"松林"的那个林字加上,仿照《红灯记》里李铁梅的那句话就成了:这就是我林徽因对你的回答!

好了,跟徐志摩的感情,就说到这儿。下面该着说跟金岳霖的关系了。

4. 跟金岳霖的关系

未说金岳霖之前，先要说说林徽因与梁思成的婚姻。

这是个基础，没有这个基础，林和金的关系，就容易理解到邪处去，这样不仅对林徽因是伤害，对梁思成也是伤害。在中国，想来外国也是，一个女人有多种感情关系，人们最先想到的是，她的丈夫怎么受得了呀，这不是要戴绿帽子了吗？没有这个基础，对林和金的关系，也理解不了它高尚的地方，甚至会想到，这不是典型的第三者插足吗？

是这么回事，但不全是这么回事。

说起梁思成，千万别以为他是个木讷、窝囊的人，只知道做学问而不解风情。这个人很聪明，也很风趣，风趣的人一般来说都比较聪明。梁启超的儿子，怎么能不聪明呢。梁家兄弟，思成、思永、思礼，都是中国的院士，梁思成和梁思永还是国民党政府时期，也就是中国第一次有院士的时候，就是中央研究院的院士了。梁思成一生，都以有林徽因这样的妻子而自豪。金岳霖曾经说过一个笑话，说是：照一般人的说法，都是"老婆是别人的好，文章是自己的好"，但这个说法不适用于梁思成，他是"老婆是自己的好，文章是太太的好"。对这个笑话，梁思成当然笑纳了。林徽因是很有文采的，凡是两个人联合署名的文章不说了，不是林徽因写的初稿，也是经过她润色的。就是梁思成的文章，林徽因活着的时候，也大都经过她的润色。这一点，在梁思成的许多著作的前言或后记里都有说明。比如《图像中国建筑史》,是梁思成的一部极其重要的著作,用英文写的,在《前言》中就说:"我要感谢我的妻子、同事和旧日的同窗林徽因……没有她的合作与启迪,无论本书的撰写,还是我对中国建筑的任何一项研究工作,都是不可能的。"有人见过他俩一起工作的情形,常是梁思成写出初稿,拿给林徽因看,林不满意,在上面修改勾画,直到看不清面貌了,梁思成再拿去抄写。当然,在抄写的过程中,有梁思成认为改得不对的地方,也就恢复过来。梁思成曾说过,他几乎所有文章的"眼",都是林徽因给点上去的。所谓"眼",该是文章中最闪亮的东西吧。莫宗江是梁思成的同事,长期与梁思成和林徽因接触,莫宗江说过这样一句话:"梁先生写得最好的文章,是在与林先生争论中写成的。林先生逝世后,梁先生的文章就平淡多了。"

有这样的妻子,当然是幸福的、满意的。

既然在探讨两人的关系,也得从世俗的层面上探讨一下,就是,两个人的感情有多深,或者说,梁思成是幸福的、满意的,林徽因是不是也是幸福的、满意的?

他们两人,除了在美国上学时,有过一次感情危机,二十世纪三十年代初有过一次婚姻危机外,到现在,我没有发现任何文字材料可以证明,林徽因对与梁思成的婚姻关系有过抱怨之词。

那就再扩展开来,也即是用更世俗一些的眼光,就是用我们这样的俗人的眼光来考察一下,看看这一对夫妻,般配还是不般配。

从门当户对的观点看，这对夫妻是极为般配的。梁思成的父亲梁启超，是学者，当过北洋政府的财政总长，林徽因的父亲是诗人，与梁启超在同一届政府里，当过司法总长。从当时的声望上说，林长民逊梁启超一筹，从祖上的显赫来说，梁家又逊林家一筹。林长民的父亲是清代光绪朝的进士，授翰林院编修，在浙江一带当过知府一类的地方官。科举时代，只有二甲进士才会授翰林院编修，名分是很高的，是京官，他父亲不愿做京官才要求外放的。三甲就只能做知县了，从下面慢慢往上熬。

从学业上说，梁思成先在清华学校念书，后来赴美留学，毕业于宾夕法尼亚大学建筑系，获硕士学位，林徽因毕业于同一大学美术系，获学士学位，应当说是很般配的。

再从身材长相上说，两人都是小个子。女人相貌漂亮，身材匀称，个子小点，可说是娇小玲珑，可说是个美人坯子。男人个子要是小了，怕就不好说是小巧玲珑了。好在梁思成的相貌还好，皮肤白白净净，算是个秀气的小伙子。但是，梁思成的身体太差了。梁思成是梁启超流亡日本时出生的，1901年，比林徽因大三岁。出生时就是个畸形儿，"两腿畸形撇开，两脚尖相对"。梁启超请了个外科医生，把他的双脚扳正，办法是用绷带扎紧，放在一个小盒子里，一个月后果然治好了，但后来脚板还是斜的。这还不算，1923年5月7日，梁思成骑摩托车带上梁思永，就是那个后来成了考古学家的弟弟，去参加一个活动，被当时的陆军次长金永炎的轿车撞伤住院。康复后，落下了终身残疾，左腿比右腿短了一截，走起路来稍微有些跛。主要的是，脊椎受到严重损伤，年轻时还没有什么，到了中年，就显出来了。1933年在北京协和医院给上半身固定了钢架子，1946年到美国讲学时，又在美国换了钢架子。可以说整个后半生身上都箍着个钢架子。

梁思成和林徽因的婚姻过程，先是许婚，再是订婚，然后才是结婚。许婚就是两家口头约定。所以不举行正式的订婚礼，用梁启超的话说，是让年轻人学有所成之后再谈婚嫁之事。实际上以我的推断，一来是梁启超思想开通，愿意两个年轻人享受自由恋爱的乐趣。二来也是担心这个婚姻有不稳定的可能，早早订了婚，说不定将来人财两空，财没有什么，主要是梁家面子上会下不来。料不到的是，林徽因去美国的第二年，她父亲就在战乱中死了，连留美的学费都成了问题。这时候，是梁启超接济了她。两人结婚前，梁启超给梁思成和林徽因的信，是很有意思的，体味一下，不难明白梁老先生用心的良苦。信中有这样几句——

> 你们结婚后，我有两件新希望：头一件你们俩体子都不甚好，希望因生理变化作用，在将来开一新纪元。第二件你们俩从前都有小孩子癖气，爱吵闹，现在完全成人了，希望全变成大人样子，处处互相体贴，造成终身和睦安乐的基础。这两种希望，我想总能达到。（转引自陈学勇著《林徽

因寻真》）

梁老先生这话不全对，当时梁思成的"体子"不好是真的，林徽因的"体子"是很好的。希望因生理的变化而开一新纪元，也即健康起来的，是他的儿子梁思成。他一直担心，儿子那样的身体，能否与儿媳"造成终身和睦安乐的基础"。这话当公公的说了，真也难为他老人家了。

两人的感情究竟怎么样呢？只能说，是一种也还牢固的夫妻式的关系。怎么个牢固呢？林徽因曾试图冲破这种夫妻关系，但没有冲破，以林徽因那样刚烈的性格都没有冲破，就知道多么牢固了。

前面我们说了，有人做过研究也做过统计，研究的结果是，林徽因的六十多首诗，大多是有所指的，就是说，都是有所感而发的。统计的结果是什么呢，是在林徽因写的那么多的诗中，"没有任何一首是写她与丈夫梁思成之间的爱情故事的"。(蓝棣之《林徽因的文学成就与文学史地位》)当然，这话也可以从另一方面理解，夫妻关系是一种平常的关系，没什么激情可言，也就不会写诗了，写了反而不正常了。

总起来说，梁思成是一个有巨大成就的建筑家，是一个品德高尚的人，是一个优秀的丈夫。有人说，"没有林徽因就没有梁思成"。我不这么看，如果这话有道理，那么，说"没有梁思成就没有林徽因"，就更有些道理。可以设想一下，如果梁思成不是这样一个有大成就,又有高尚德行的人,那么,林徽因就是一个怨妇,她与徐志摩的相恋,与金岳霖的终身相爱,就成了一个普通妇女对人生的最普通的追求,也就谈不上什么品质高贵了。

这个问题说清楚了,下面的事就好说了。

刚才已说了跟徐志摩的关系,该着说她跟金岳霖的关系。

徐志摩去世后,林徽因精神非常苦闷,这时候,金岳霖跟林家前后院住着,不时过来聊天,安慰,就在这样的交往中,两人产生了感情,而且到了论婚嫁的程度,总有它必然的原因。

1932年6月中旬,梁思成去河北蓟县(今天津市蓟州区)考察古建筑,那儿有个独乐寺,很有名。这地方,过去属河北蓟县,现在是天津市蓟州区。他是跟他的一个弟弟去的,来去坐汽车,有的地方还得步行。下了雨,路不好走,很辛苦。回到北京,到了晚上,林徽因哭丧着脸对丈夫说,她苦恼极了,因为她同时爱上了两个人,不知该怎么办才好。

听了这话,梁思成当下就明白发生了什么事,半天说不出话来,血液凝固了,呼吸都困难了。他自然知道妻子说的另一个男人是谁。但他仍很理智,感谢妻子没有把他当成傻瓜,对他是坦白的、信任的。他想了一夜,把自己、金岳霖和妻子放在天平上,反复比较,最后的结论是,自己在文学艺术各方面有一定的修养,但是缺少金岳霖的哲学家的头脑,认为自己不如老金。第二天,他把想了一夜的结论告诉妻子,说你是自由的,如果你选择了老金,祝愿你们永远幸福。说完,他哭了,林徽因也哭了。可是,当林徽因把这个消息告诉金岳霖的时候,老金的回答是:"看来思成是真正爱你的,我不能伤害一个真正爱你的人。我应当退出。"

说这事的人,说到这儿就算完了。我的看法是,肯定没有完,三个人还要从长计议。金岳霖够君子了,梁思成也得够君子,不是你够不够的问题,是林徽因这边就过不去。想来他们在"和谐友好"的气氛里,进行了一番细致的磋商,并达成了一个三方都能接受的协议。具体的文辞我不好说,根据后来多少年他们的相处,我感觉这么三条是可能有的。第一,金岳霖是可以爱林徽因的。第二,林徽因也是可以爱金岳霖的。第三,梁思成尊重两人的感情,两人也要尊重梁思成的尊严。

有一件事情,足可以说明这种协议是存在的,至少也是口头上承认的。这就是,抗战开始后,金岳霖随清华大学到了昆明,成为西南联大的教授。梁思成和林徽因辗转多地,最终也到了昆明。每到了假期,不管多远,金岳霖总要去梁林所在地方度过整个假期。1942年,营造学社随史语所迁到四川叙永县的李庄,到了假期,金仍要从昆明,千里迢迢赶到李庄陪伴病中的林徽因过一段幸福的时光。

说这些没有别的意思,只是说,他们选择了最能体现他们人性高度的方式。这里,起主导作用的是林徽因。她要怎么办,梁和金,都得怎么办。我看到许多写林徽因的文章,总想把她往才女加淑女上靠,心是好的,做法并不可取。淑女是给

碧海蓝天林徽因 171

世间普通女子定的规范，等于说，啥事做得成做不成另说，先把这个事做成。常常是，做成了这个事，啥事也做不成了。有才华有个性的女子，生来不是遵循规范的，她们是创造规范，也即创造历史的。

经过这么一场感情风波，住在北京北总布胡同三号的梁家，进入一个平和安宁也兴旺发达的时期。三号是过去的门牌，后来成了二十四号。

5. 太太客厅：北总布胡同三号

我是学历史的，一说什么总爱说历史环境。说林徽因，更是非得说说那个时期的历史环境不可。

二十世纪二十年代末到三十年代初，中国社会出现了一个特殊的阶层，或者说是一个特殊的社会群体，这就是留学欧美的自由知识分子群体。说到中国近代的社会发展史，不能不注意到中国的留学史。中国的留学史上，有两个高潮，一个是清末的留日高潮，一个是民国以后的留学欧美的高潮，基本上可以这样说，每次留学高潮过后，中国社会就会发生一次重大的社会变革。留日高潮促成了辛亥革命的爆发、清朝统治的完结，建立了中华民国；留学欧美的高潮，促成了中国新文化运动的发生，最终结束了北洋政府的统治，建立了南京的国民政府，使中国初步走上一个相对和平发展的时期。留学日本高潮就不说了，留学欧美的高潮，其标志性的事件是，清华大学的前身——清华留美预备学校的成立。这时还是清末,民国政府还没有成立。最初的两批留学生,因为学校虽然成立了,还没有毕业生,是从社会上招考的,胡适就是第二批的清华留美学生。等到有了正式的毕业生之后,每年一毕业,就去美国留学,直接进入美国大学的二年级上学。每一期都有好几十人。同时自费留学欧美的学生,也多了起来。不管是公派的,还是自费的,学成之后基本上都回到国内做事。等到1927年南京国民政府成立之后,这批人大都成了气候,分布在社会的各个重要领域,有的在大学教书,有的在研究机构做事,有的在政府重要部门任职。并不是固定在一个领域,可以说随时都可能"出将入相",比如王世杰这个人,原是北京大学的法学教授,南京政府成立后,就当了法制局的局长,过了两三年又当了武汉大学的校长,过了三四年,又当了教育部的部长。这个群体,在社会上形成了一个特殊的阶层。学问好,品质好,能力强,待遇高,做事方式乃至生活方式,也是偏西方化的。

梁思成家的"太太客厅",就是在这样的社会环境中的一个文化沙龙。

这是大的社会环境,还得说到时势。时势造英雄,英雄造时势,这也跟鸡和蛋一样,是鸡生蛋,还是蛋生鸡,总也纠缠不清。要叫我说,两者是相互影响、相互生成的关系。若要分个因果,该说是时势给了英雄以空间,英雄的作为又让这个空间充实起来,成为真正的时势。二十世纪二十年代,就是1921年到1930年这十年间,文化人有两次大规模的南移,一次是1924年张作霖占据北京，实行严厉而又困窘的统治，新闻文化机构遭到扼制，大学教授一再欠薪，致使许多文化人南下，去的最多的地方是上海。新月社一班人，就是这样集中在上海的。再一次，则是1927年北伐，南京国民政府成立，一些文化人顺应时势，跑到南京做官去了。有些人，没有为革命出过什么力，名头大，政府为了装点门面，也将之招募过去，委以重任。

经过这么两次南移，待到进入二十世纪三十年代初期，"九一八"事变后，华北五省进入危机时期，日本人想控制，地方势力不愿意屈从日本人，又不完全听中央的，北平城一下子冷落起来。大学一时走不了，只有坚守着，还有一些文化机构，也走不了，比如傅斯年主持的中央研究院历史语言研究所，就一直待在北平。当然也有回流的，比如1929年叶公超回到清华教书，1930年胡适回到北京大学当了文学院院长。大体来说，还是走了的多。这样，北平就了一座名副其实的文化城。闲散的日常生活中，总得有消遣，总得有精神的松弛，于是便形成了多个文化沙龙式的处所。清华园里叶公超的住所算一个，马神庙朱光潜的住所算一个，最有名的，还要数梁思成、林徽因在北总布胡同的住处。这儿离沙滩的北大校园不远，后院又住着金岳霖（另有偏门通街上），说是看老金，顺便也就来了前院。主人又漂亮又好客，家里有厨子，喝茶用餐都很方便，时日一长，"太太客厅"的说法就传出去了。

这是概述，下面细说。

"太太客厅"是一种谑称，开玩笑的说法，多少有讽刺的意思，后来为这个说法，还出了事儿。我们这样说，只是觉得好玩，没有别的意思。所谓的"太太客厅"，就是梁思成林徽因住家的北京北总布胡同三号。这时北京已叫成北平了，为了说起来方便，我们还是说北京。

形成一个文化沙龙，尤其是"太太客厅"这样高品质的文化沙龙，是要有它的条件的，不是说，谁想组织一个沙龙就能组织得起来，得有人去才行。梁家几乎具备了组织一个文化沙龙的一切条件。还得说清楚，这可不是个什么社会组织，要向民政部门申请备案，要履行加入手续，只是一种松散的、自然的聚合。

梁家是什么时候入住北总布胡同三号的呢？

林徽因是1929年冬天回到北京养病的，这时梁思成还在东北大学教书，要到第二年春天（4月）才辞职回到北京，接受了营造学社的聘任。也就是说，这时一家三口，梁林加上女儿梁再冰，儿子梁从诫还没有出生，都到了北京。有人说，这年秋天他们就住进了北总布胡同三号，不会这么早，这一段时间，他们住在梁思成大姐梁思顺的家里。直到第二年即1931年"九一八"之后，约莫10月下旬，才租下这个院子住了进来。考虑到讲究些的人家，租下房子总要粉刷、糊顶棚什么的，入住的时间，还可以再靠后些，那就到了11月初。我的证据是，1931年11月10日，也就是徐志摩临死前离开北京，最后一次去看望林徽因的时候，正好他的表弟吴其昌也去看望林徽因，林指着她的窗户说："吴先生，你们怎么啦？抵制日货？给你一篇文章，吓得我窗帘都不敢买了；你瞧，我们的窗，还裸体站着！"11月北京已经很凉了，还没有安窗帘，可见是刚搬进来不久。（吴其昌《志摩在家乡》）

只有有了这座院子，才可能有这个"太太客厅"。

这个院子坐北朝南。多大呢？前后两进，大大小小有四十来间房子。两个庭院，主人两口住里院（北院）一排北房。女儿由保姆带着住厢房。林徽因的父亲去世后，母亲一直跟着林，也住在这儿，该在另一边的厢房。也就是说，主人层面的四人，全住在里院。除了带女儿的保姆外，仆人、厨师、车夫，这些人全在外院。

梁家的生活是相当富裕的，甚至可以说是相当气派，相当豪华的，这种气派与豪华，是我们现在不可想象的。眼下还没有发现1931年刚住进来的资料，但是有1932年梁从诫生下来之后的资料。据梁从诫说，他生下来之后，家里雇着六个用人。两个保姆，一个照顾父母，一个照顾他姐弟俩和外婆，父亲的书房有个专门的听差，还有一个洋车夫专管送姐姐上学，另有两个厨师专管做饭。应当说，在他出生前，已是这样的格局了，不会是他生下来之后才雇了保姆，他姐姐生下的时候没有保姆。我再加上一句，这两个厨师，很有可能一个是中餐厨师，一个是西餐厨师。另外，梁思成每天上班，开着一部1928型的雪佛兰小汽车。极有可能是他们回国那年在欧洲游览时买的，可说是当时的最新款式了。

怎么维持这么庞大的一个家庭的开支呢？不必发愁。梁思成在东北大学的薪金，每月是400大洋，到了营造学社，只会比这个多，不会比这个少。而当时的物价是很便宜的，劳务费也是很便宜的，有这么多钱，过这样的生活，可说是绰绰有余。

有了这些硬件，什么时候才形成的文化沙龙？我的看法是，不会在1931年，当在1932年秋天，也就是差不多梁家住进北总布胡同三号一年之后，标志性的事件是金岳霖住进梁家后边一个院子。清华大学有教授休假制度，教书五年，有一年的休假。1931年到1932年是金岳霖的休假年，休假年要跟教学年同步，第二年秋季开学前就得回来。过完休假年回到北京，金就把家搬到林家后面的一个小院里了。此前金有个美国女友，与他同居，大概就是这次去美国，把这个同居女友"处理"掉了——送回去了。好多人说金为林终生未娶，不是事实，没正式结婚是真的，有过夫妻生活也是真的。只能说，金在爱上林之后，没有再动过结婚的念头，完整的说法应当是，没动过跟别的女人结婚的念头。

为什么说金岳霖住在梁家后院，就有了形成沙龙的条件呢？金是独身，又是清华教授，留过美也留过欧，有留学欧美背景的朋友多。更重要的是，有了金这样的金招牌，来梁家就方便多了，说是来看看老金，在老金那边坐坐，就过去梁家了。更何况，金就常在梁家，说是来找老金，实际上就是来梁家，找林徽因谈谈。这样就聚起了人气，用现在的话说，就是有了人脉。

常来的有哪些人呢？

梁再冰年龄大些，记得都是些什么人。她说，抗战前常来她家，抗战后同她家关系仍然密切的伯伯阿姨们中，她比较熟悉的有张奚若、钱端升、金岳霖、周培源、陈岱孙、叶企孙、吴有训、邓以蛰、陶孟和、李济和沈从文等伯伯以及他们的夫人，包括张姨（张奚若夫人）杨景仁、钱姨（钱端升夫人）陈公蕙、周姨（周培源夫人）王蒂澂、陶姨（陶孟和夫人）沈性仁和陈姨陈意（陈植的姐姐，当时是燕京大学家政系主任）等。不便于说的，还有个叶公超，当时是清华大学的英文教授，后来当了国民党的外交部长。还有更年轻一些的，比如李健吾、萧乾、卞之琳等人。没有留学背景的，大概就是沈从文了。萧乾当时还没有出国，也要算一个。

这些人大多是清华大学、北京大学、燕京大学的教授，也都是名重一时的学者。比如张奚若、钱端升是政治学家，周培源是物理学家，陶孟和是社会学家，当时是中央研究院社会调查所的所长。邓以蛰是个艺术史家，就是现在我们称之为两弹功臣的邓稼先的父亲。金岳霖是哲学家，李济是考古学家。沈从文就不必说了。

还有一个人，未必是常客，却是贵客，肯定不时会来一下，这就是大名鼎鼎的胡适之先生。我查了一下，几乎所有的回忆文章里，都没有提到这位贵客。这也不难理解，这些文章，几乎都是中华人民共和国成立后的作家学者写的，说林梁二人与胡适有交往，等于是拉低了两位的思想境界，做人的品格。

近年来有所松动，随着胡适形象的好转，有的书上就提到胡适了。比如同样的收集回忆林徽因的文章编的集子，2001年人民文学出版社出的《窗子内外忆徽因》，刘小沁编选，就没有人提到胡适。2004年陕西师范大学出版社出的《记忆中的林徽因》，杨永生编选，里面有杨永生先生写的《林徽因小传》，就说"常常聚会的有胡适、张奚若、沈从文、徐志摩、金岳霖等学界巨匠"。不光提到胡适，还把胡适排在前头。

胡适与梁启超是朋友，梁思成该是他的晚辈，但是，对于林徽因来说，就不是晚辈了。按说也是的，胡适与林徽因的父亲林长民也是朋友。胡适出名早，比他大十几二十岁的，都以朋友待胡适，没人说胡适是他的晚辈的，这也就是那个年代文化界最流行的"我的朋友胡适之"的来历。为什么同是晚辈，梁思成只能以晚辈自居，胡适也以晚辈视之，而林徽因却不然呢？这就是女人和男人的差别。大概女人在姑娘时，也是按通常人伦辈分行事的，见了比自己大上七八岁、十来岁的，叫声叔叔，比自己父亲略大的，就叫伯伯了。前面我们不是说过了吗，张奚若给梁从诫说过，他跟徐志摩第一次去看望林长民的时候，林徽因差点给他和徐志摩叫叔叔呢。这差一点，肯定是徐志摩或张奚若挡住了，要是不挡，肯定是要叫叔叔的。小姑娘都是这样，中姑娘因人而异，大姑娘可就不一样了，尤其是结了婚以后，更不一样了。这时候，女的不算，她的同辈分的男朋友，会以几何速度砰砰往上蹿。可以说，小

碧海蓝天林徽因　　179

到十几岁的小青年，大到五六十的半老头子，凡是还有"力比多"的，都是她的朋友，至少也是以朋友之礼待之。

这是普遍情形，林徽因也不会例外，在对待胡适上，看得最为分明。

现在知道，林给胡的信，共有六封，分别写于两个时段，一个是1926年初在美国，一个是1931年冬到1932年春，也就是徐志摩死了以后。抬头都是叫"适之先生"，但信中的语气是不一样的，在美国时，完全是个受教学生的态度，在北京就是朋友了。比如1932年元旦这天写的信中就有这样的话："我觉得甚对不起您为我受了许多麻烦，又累了许多朋友也受了些许牵扰，更是不应该。"也就是说，把胡适完全当作朋友中的一个了。

林徽因初回国后一段时间，跟胡适没有什么交往。不是说这两年林在东北大学，而是胡适就不在北方。1927年夏天去美国考察回来，中国的世事变了，国民党上台了，胡适吃不开了。回到上海，没去北京，留在上海跟徐志摩他们办新月书店，办《新月》杂志，后来还当了中国公学的校长。直到1930年11月，时局稳定下来，才到北京当了北京大学文学院的院长。林徽因也是这个时候，从沈阳回到北京养病的，再后来徐志摩也来了。这些人凑在一起了，能不时常见面吗？等北总布胡同三号的沙龙一开张，那么好人缘的适之先生，能不去凑凑热闹吗？

所以，说北总布胡同三号"太太客厅"里的客人，怎么也不能落下胡适之。只能说不是常客罢了。还有一个原因，就是这一时期，胡适家里也是门庭若市，自己的摊子还在经营着，就不一定常去凑别人的热闹了。去是肯定要去的。

当然，这些人不是一下子全来的，你不来，他或许就来了，三三两两的，甚至四四五五的，总能碰到一起。也不是天天来，多是星期六下午来，这点更像外国的沙龙，比如英国就有喝下午茶的习惯。因此，也叫"星期六聚会"。又因为来的人，常在金岳霖家吃饭，金是湖南人，爱吃湖南菜，也叫"湖南饭店"。事实上，金也是个西化很深的人，就他一个人，还雇了个西点厨师，据说小点心做得非常好，常常端过来给林徽因吃。

他们在一起做什么呢？

文学艺术是经常性的话题，而时局，更是经常性的重要话题。正是"九一八"之后，抗战爆发之前，时局当然会成为经常性的重要话题。在一起就是聊天，侃大山，偶尔也有人念念诗，想来不会很多。主角当然是林徽因。用李健吾的话说就是，"每星期六下午，便有若干朋友以她为中心谈论时代应有的种种现象和话题"。这话说得太妙了，时代应有的种种现象与话题，还不就是应时应景，随兴而谈吗？

形成这样的聚会，还有没有别的原因？

还有一个可说是极其重要的原因，就是林徽因的美丽，高雅，健谈，有学问有见识，和由这些综合起来形成的个人的魅力。我们可以想象一下，一边看着这样一个让人赏心悦目的美人儿,一边喝着下午茶,一边谈着艺术或是时局,该是多么的惬意!哪个男人能不喜欢这样的聚会。不要说男人喜欢,就是女人也会喜欢的。这也就是为什么,有些人来的时候,还要带上自己的太太了。这些太太里,大多也是有文化的人,比如陶孟和的夫人,就跟徐志摩合作翻译过长篇小说。当然,来这儿动力最大的,还是男人。

现在的问题是,林徽因知道人们来她这儿,在相当程度上,是来领略她的美丽的吗?应当说是知道的。可是她在养病期间,有这么多人来关心她,陪她解闷儿,也是很愉快的。平常时节,请都请不来,现在一个个自个儿就来了,能不高兴吗?再加上,失去徐志摩,让她的精神一下子也恢复不过来,处于这样一种众人爱戴的地位,多少也可以平复精神上的创伤吧。

在这种情况下,林徽因是怎样一个表现呢?1932年后,随同费正清来到北京的费慰梅,来北京不久就加入了这个沙龙,经常来梁家,她亲身领略了林徽因谈笑风生、喜怒无常的情形。说起话来,滔滔不绝,别人根本没有插嘴的份儿,而且是那样的尖锐甚至尖刻。用费慰梅的话说是:"老朋友会记得她是怎样滔滔不绝地垄断了整个谈话……话题从诙谐的轶事到敏锐的分析,从明智的忠告到突发的愤怒,从发狂的热情到深刻的蔑视,几乎无所不包。她总是聚会的中心和领袖人物。"(费慰梅《梁思成与林徽因:一对探索中国建筑史的伴侣》)

李健吾说,"当着她的谈锋,人人低头"。有一次几个人在一起聚会吃饭，不像是在林家，可能是在外面，平日这种场合，叶公超、梁宗岱这两个人，都是谈话的中心，别人很难插上嘴，这天全都不说话了。杨振声问："公超，你怎么尽吃菜？"叶公超放下筷子，指了指对面的林徽因，林正口若悬河地说着。另一位客人说："公超，假如徽因不在，就只听见你说话了。"叶公超说："不对，还有宗岱。"也就是说，只有林徽因不在的时候，才有叶公超和梁宗岱说话的份儿，林一在场，两个人都没戏了。好在，男人们几乎全都把她当作偶像一样崇敬，没有人会在乎另外的男人高兴不高兴。听林徽因谈话，不光是听她的见解，同时还是欣赏她的美丽、她的气质，还有她的谈吐。用费慰梅的话说，就是"爱慕者们总是为她那天马行空般的灵感中所迸发出来的精辟警句而倾倒"。

当然，也不能说，那几年（直到抗战爆发），林徽因天天没事，就是等着朋友们来聊天。这是不可能的，即便林徽因身体不好要休养，没有从事有名分的工作，可以整天在家里待着，她的那些朋友们也不可能天天来。他们的聚会在圈子里叫"星期六聚会"，本身也就说明这是个休闲聚会，工作之余的消遣。

事实上这几年的时间，林徽因是很忙的，当然，有个由闲到忙逐渐过渡的过程。可以说，初搬到北总布胡同三号的时候，最为清闲，因为她在养病，后来病好了，就忙起来了。她是双重文化教育下长大的，生活习惯全是西方那一套，忙起来是真正的忙，休息起来是真正的休息，再忙也不会像我们这些人一样忙得屁滚尿流。

这一时期，主要的工作有三样。一是协助梁思成做些文字工作，比如梁思成的建筑学文章，她会帮助润色一下。二是协助梁思成做些建筑设计工作，比如公公梁启超死了，葬在北京西北郊，其墓地是梁思成设计的，她肯定会参与一些意见。三是对其时北平的文学写作，表示了极大的热情，有了好作品要看看，发现有潜质的青年作家会约到家里谈话，给些指点和鼓励。这样一来，无形中，就提携了许多年轻作家，也就成了年轻作家公认的京派文学的精神领袖。

林徽因这个人，做事有她独特的方式。怎么提携呢？召见！召你到家里聊天。那气势，也真像皇上召见臣子一样，不过被召见的人，没有恐惧，只有惊喜。召见过后，就可以随时拜访，有了一种被女主人认可的资格，也可以说是进入北京文学艺术的中心了。北京是中国文化的中心，进入这个中心，也就可以说是进入当时中国文学艺术的中心了。那个时候，有哪个青年作家，能蒙林徽因召见，一履北总布胡同三号这块宝地，一睹梁太太林小姐的容颜，真可说是喜出望外，说是"金榜题名"一点也不为过。

我看过一些文章，他们不叫她梁太太，而叫她林大小姐。这个名头，也就透着几分亲切和尊重。

谁呢？有三个人，后来都成了大名，都写过蒙林小姐召见的事儿。

一个是萧乾，当时还是燕京大学的学生，后来成了大记者，亲身参加了第二次世界大战的报道，随美国部队进了巴黎。也是小说家、翻译家，改革开放后当过中央文史馆的馆长。1933年秋天，还在燕大上学，经沈从文之手，在《大公报》文艺副刊发表了一个小说，叫《蚕》，是他的处女作。过了几天，沈从文给他来信，燕大在城外，就是现在北京大学占的地方，大意是说，一位绝顶聪明的小姐看上了你的那篇《蚕》，请你去她家吃茶，星期六下午你可来我这里，咱们一道去。萧乾当然知道这意味着什么，老早就把他平日穿的那件蓝布大褂洗得干干净净，把一双旧皮鞋擦了又擦。星期六一吃过午饭就骑上自行车进了城。当时沈从文住在城内的达子营胡同，见了沈，沈马上就领他去了北总布胡同三号见了林。见面后第一句话是："你是用感情写作的，这很难得。"然后就是吃茶，聊天。晚年，写到这件事，萧乾说："那次茶会就像在刚起步的马驹子后腿上，亲切地抽了一鞭。"萧乾的这个比方是很恰当的，当然也说不上多么新奇，王洛宾的《在那遥远的地方》里头，就有一句，"我愿做一只小羊……我愿她拿着细细的皮鞭，不断轻轻打在我身上"。萧乾要是更有文采，更大胆点，应当说，就像文艺女神的纤细温柔的手指尖儿，在他的脸颊上轻轻地抚摸了一下。那感觉才叫个幸福，那心劲才叫个大！

再一个是李健吾，这个人是我的老乡，可说是中国现代文学史上少有的天才作家，写什么成什么，在许多方面都有重大贡献。1933年秋天留学法国回来，第二年秋天，在新创刊的《文学季刊》上发表了一篇论文,评福楼拜的《包法利夫人》,是他正在写作的《福楼拜评传》中的一章。这篇文章,带给李健吾的直接好处有两个,一个是已接受上海暨南大学文学院院长职务的郑振铎,正在物色一个法国文学教授,看了这篇文章,当即拍板,就是这小子了。当时李健吾只有二十八岁,出国前不过是清华大学西洋文学系的助教,回国后连工作也找不下,靠译书维持生活,用现在的话说,是个待业青年。一下子当了国立大学的教授,真可说是喜从天降。比这个更喜的是,就是因了这篇文章,承蒙林大小姐召见。晚年他是这样说的,"这篇论文引起一些文化界知名人士的注意。从未谋面的林徽因女士看后,给我写过一封长信,约我到林家见面。我的老师金岳霖住在她家的后院。我每次去,总是到他老人家房间坐坐。"(李健吾《忆西谛》)这也正好印证了我前面说过的,去看望林徽因的人,好多都是以看望金岳霖为幌子。进入"太太客厅",就等于进入了文坛的中心,他不常去才怪哩。

第三个该是卞之琳了。这可是中国的大诗人,写小诗的大诗人,凡是喜欢新诗的,没有人不会记得他那首叫《断章》的短诗:"我站在桥上看风景,看风景的人在楼上看你。明月装饰了你的窗子,你装饰了别人的梦。"他是徐志摩的学生,想来是徐志摩带他去见林徽因的。晚年的回忆文章里,他说,"她和我的相知,开始于1931年同在《诗刊》第二期用真名发表了几首诗。她年龄只比我大六岁,因为师辈的关系,一直被我尊为敬佩的长者,但也是我感到亲切的知己。"亲切,知己,这两个词,大概是这些进入太太客厅的年轻人的共同感受。

从这几个人后来写的文章里,能够看出,他们最为佩服的是林徽因的文学见识,因此也就格外重视林大小姐对他们作品的品评和指点。不去一一引述了,在一篇正式的文章里,林大小姐有坦直的表白。

1936年10月,《大公报》出了一本《大公报文艺丛刊小说选》,由大公报馆出版。这个选本,是大公报馆委托林徽因编选的,书前有她写的《题记》。她说,文学作品最主要的是诚实。诚实的重要远在题材的新鲜、结构的完整、文字的清丽之上。小说的情景即使整个是虚构的,内容的情感却全得藉力于逼真的,体验过的情感,丝毫不能用空洞虚假来支持着伤感的"情节"。所谓诚实,并不是作者必须实际经历过作品中所提到的生活,而是凡在作品中所提到的生活,的确都是作者在理智上所极明了,在感情上极能体验得出的情景或人性。最怕的是,敲诈自己有限的幻想力去铺张出自己所没有的情感,来骗取读者的同情。重复一下,敲诈什么,铺张什么,骗取什么,说得多么俏皮,多么尖锐,又多么深刻有力!只有林徽因才能说出这样的话。

她还指出了一种不好的偏向,那就是,好些青年作家,觉得自己在物质享用上,优越于一般的少受教育的民众,便很自然地想要认识乡村的穷苦,对偏僻的内地发生兴趣,反倒撇开了自己所熟识的生活不写。全面地看，这种偏向表示着才能的贫弱，创造力的匮乏。

上面引用的林的话，多是从指导、纠偏的角度说的，比较而言，还是这期间写给好友费慰梅的信里，说得最为透彻。信是1936年5月写的，这时费已回到美国。信里是这样说的：

> 每当一个作品纯粹是我对生活的热爱的产物时，我就会写得最好。它须是从我的心坎里爆发出来的，不论是喜是悲。必得是由于我迫切要表现它才写的，是我所发觉或熟知的，要么是我经过思考了解到的，而又十分认真、诚恳地想把它传达给旁人的。对我来说，"读者"并不是"公众"，而是比戚友更能了解我，和我更具有同感的；他们渴望听我的诉说，并且在听了之后，会喜，会悲。

这段话，可说是林的经验之谈，也是深悟文学的真谛之谈。尤其要注意她的"读者观"，相比之下，我们很多人的写作就太肤浅了。我们常爱说些欺人也欺己的大话，好像一说自己的写作是为了人民的，写出来东西就高尚、高贵似的。从不想想，你写出来的东西人民喜欢不喜欢。林徽因不是这样，她写的东西，是给那些比戚友更能了解她的人，是给那些渴望听她诉说的人，是给那些听了她的诉说会喜会悲的人。正因为这样，她写出来的东西，能打动人心，先打动周围那些渴望听她诉说的人的心，再打动世世代代，各个阶层的读者的心。这样的东西，才是真正为人民大众写作的，而不是借了人民大众的名义拔高自己，掩饰自己的少才缺德，给自己那苍白无力的作品贴上黄亮的金箔。

有了这样精辟的见解，且是那样亲切地说道着，甚至是耳提面命着，年轻作者们听了，谁能不是极度的亢奋，万分的感激呢。

方才说到李健吾是一个少有的天才，联想到林徽因，不妨多说几句。前面我说过，林徽因是个文艺复兴式的人物，实际上我的意思就是说，林是个天才人物。文艺复兴式的人物，几乎都是天才人物。但是在中国，最不被认可的，恰是这样的文艺复兴式的人物。为什么呢？因为这类人，不是通常说的一专多能，而是多专多能。在中国，做学问，做事情，讲究的是专心致志，心无旁骛，讲究的是皓首穷经，到死方罢休。只要你专了，不管深浅，都是专家，多了你就是杂家，而杂家等于什么家都不是。想来这也是因为，中国彼时的生存环境恶劣，社会资源有限，名誉资源也有限，你占住了，别人就没地方了。像李健吾，是戏剧家，小说家，散文家，翻译家，也是法国文学研究的专家，但是，哪个庙里都不想要他。因为这个神太大了，太占地方了，他去了哪个庙里，哪个庙里原来坐主位的神就黯然失色，就得往后退一步。主神退一步，后面的神都得跟着往后退。这样，全庙里的神就都不喜欢他了。因此，戏剧界里就说他是翻译家，翻译界里说他是戏剧家，小说界里，散文界里，就更不用提了。两个地方一推，就哪个地方的都不是了。林徽因的情况，与此相似。清华建筑系里，有个展厅，里面塑了几个大建筑家的雕像，有人提议应当在梁思成旁边塑个林徽因的，我看了，觉得肯定不行。梁思成旁边有个林徽因，梁思成后面的人就都得推后一个座次，这怎么能行呢？理由当然是现成的，她是文学家嘛。中国现代文学馆的院子里塑了那么多跟真人等高的作家塑像，有人要是提议塑一个林徽因的，肯定也不行。有了她的，好多人就失去了光彩，理由嘛，也是现成的，她是建筑学家嘛。

我看厦门大学不妨塑上一个，她是福建人，厦门大学是福建最著名的大学嘛。有人会说，她没来过厦大呀，我可以说，没来过可她也没骂过，骂过的又不是福建籍的都塑了，没骂过的又是福建籍的，不是更该塑吗？塑个林徽因的像，至少样子好看些吧。要塑林徽因的雕像，一定要塑成真人大小，还得是青铜的，那才真叫个美。

前面说了三个常来"太太客厅"里，接受林徽因教诲的青年作家，我有意空了一个。因为这个人跟林徽因的关系太特殊了。论写作上的指导，跟李健吾一样，可说是林徽因的学生；论亲疏，跟李健吾他们不一样，李健吾他们对林大小姐多的是敬重，沈从文不一样，多的是亲近。再就是，他比林徽因还要大两岁，一旦亲近起来，称呼也不一样了，林徽因叫他二哥或沈二哥。下面我们专辟一节，说说两人之间的关系。

6. 沈二哥从文先生

　　沈从文 1902 年生人，比林徽因大两岁。相识后不久，在称呼上就亲近了许多，沈叫林什么不知道，林在给沈的信上，称沈为二哥。我想，这只是信上的称呼，图的是亲近，平日在一起，断不会这么叫的，叫个"从文"就行了。徐志摩比她大好多岁，也只是叫志摩。林徽因是个冷傲的人，给一个只比自己大两岁的人叫二哥，可见两人的关系不平常。这不平常，并不是有什么恋情，只能说是脾性相投，彼此又相当的敬重。

　　沈从文认识林徽因，也是徐志摩引见的。

　　徐志摩可说是沈从文的提携者。1925 年 10 月，徐志摩接手编辑《晨报副刊》后，大力扶植的作家，就是湖南来到北京闯天下的文学青年沈从文。又是散文，又是小说，不到一年间，就发表了十几篇，一个名不见经传的小青年，顿时成了北京文坛上炙手可热的人物。

　　那一段时间，林徽因和梁思成还在美国留学。待 1928 年回国，在东北大学教书，沈从文到了上海，跟上胡适、徐志摩一伙人，在上海滩上如蛟龙下海，风生水起，成了新月派的顶梁柱。一个小学都未见得毕业的人，承胡适大哥的擢拔，居然当上了中国公学的教授，又情书连连，不屈不挠，获得了合肥张家三小姐"兆和同学"的青睐，可说是金榜题名与洞房花烛，转瞬间一"揽"无余。张兆和其时是中国公学的学生，只可说是兆和同学，过去和现在，老师对学生，都是这样称呼的。

北伐成功，南京政府成立，国内局势大变。文化教育界的格局也有所调整。胡适、徐志摩的影响力大不如前，这也影响到沈从文的处境。在中国公学，追上了校花，是好事也是坏事，好事是携得美人归，坏事是在这儿教授是不能当了。1931年暑假过后，应杨振声之聘，去了青岛大学教书。1931年11月徐志摩在济南飞机失事遇难，北京的朋友最先就是打电报给梁实秋，让他派沈从文去济南看个究竟。

在中国的新文化运动中，杨振声也是个大人物。早年留美，是哥伦比亚大学的博士。回国后，是北京大学的教授。很早就发表小说《玉君》，名重一时。他是山东蓬莱人，家乡办起青岛大学，请他回来当了校长。南京国民政府成立，教育也有一番新气象，他在哥伦比亚大学学的是教育学和教育心理学。1933年教育部便请他出山，回到北平，主持中小学教科书编纂工作。想来他知道，他离开青岛大学，沈从文在那儿也待不住，便将沈从文也带到北平，参加了中小学教科书编委会。于是沈从文便带上张兆和，来到北平，办了婚礼，住了下来，住处在一个叫达子营的街上。好几年前，经徐志摩引见，得以结识林徽因。这些年沈从文的名气大了，再次相见，两人的关系也就更进了一步。林叫沈从文二哥，大概就是这个时候开始的。

林徽因从沈阳到北平，着意休养。患肺病的身子，已日见康复。抗战初期南下途中病倒，那是旧病复发。1932年夏天,平安地度过了与金岳霖的感情危机,家庭生活,朋友关系,都转入和谐平静,其乐融融。

沈从文在北京,名义上是在中小学教科书编委会工作,这个工作不是多么繁忙,有的是空闲时间。杨振声是大人物,来到北京是有响动的。原先就是清华大学的教授、文学院院长,回老家当了两年青岛大学的校长,声望更高了。《大公报》的主笔张季鸾先生,便请他主持《大公报》一个叫《文艺副刊》的副刊,《大公报》原先有个《文学副刊》,是吴宓主持的。我的印象是《文学副刊》停了,才办的《文艺副刊》,最近看的一个材料,说是《文学副刊》还办着,另办了这个《文艺副刊》。想想也是的,《文学副刊》主要发表学术文章和旧诗词,《文艺副刊》主要发表新文学作品。也有的文章说,这个副刊是杨振声和沈从文共同编辑的。我不这样看,我认为是张季鸾邀请杨振声编,杨振声派头很大,应承下来,不会自己动手,便委托沈从文具体操持。这样,外界说起来,就是杨振声和沈从文同编,有的甚至干脆说是沈从文在编。都有道理,但不能说对。我所以做出这种判断,跟我对张季鸾这个人的了解也有关系。

张季鸾是个有大本事的人,做的也是大事业。他用人的办法,就是请一流的人才,做一流的事业。什么事,一流人才去做,做好做坏,都是一流的。二流的人才再努力,也做不成一流的事。你看他,最初办副刊,请的是吴宓,吴是清华的教授,哈佛的硕士,学的就是文学。杨振声呢,哥伦比亚的博士,又是新文学作家。再就是，张季鸾是陕西人，吴宓也是陕西人。张季鸾这个陕西人，只能说老家在陕西，他是在山东邹平出生的，跟杨振声也有乡土的交情。那个时候的人，做事讲究交情，老乡是最看重的交情。因了这两个原因，我敢说张季鸾只会是请杨振声编《文艺副刊》，而杨振声将这份差事，委托给了沈从文。张季鸾不知道沈从文的本事，杨振声还是知道的。

二十世纪二三十年代，是一个报纸副刊大放光华的时期。沈从文就是在徐志摩编的《晨报副刊》上起家的，他自然知道《大公报》的分量、杨振声嘱托的分量，更知道这个《大公报》的《文艺副刊》的分量。

一接手，他马上就组织稿件。向名家拉稿就不用说了，他是个知恩图报的人，想了个奇招，就是让林徽因给他的这个副刊，写一篇《发刊辞》以光大门面。

我在网上最初看到这个事情，还将信将疑，觉得以沈从文办事的谨慎，不会有这样的大手笔吧。于是我让一个如今在大学教书的朋友，给我找一下这张报纸。这个朋友就是武汉大学的陈建军，他做这样的事，简直不是个事儿，一时三刻就发来了。一看，还真是。只是没有叫《发刊辞》，也没有放在第一篇的位置。题目叫《惟其是脆嫩》，放在第二篇的位置。可是看看全篇的编排，看看文章的内容，还得承认沈从文的心机。真也难为他了。

刊头是四个清秀的行楷字，竖排。那个"刊"字最是俏皮，两个并列的"干"字下面一个"木"字，不是书法好又有学问的人，写不出这么通训诂又见品位的毛笔字。沈从文的毛笔字就很好，看风格，不像是出自他的手笔。

四个刊头字竖排，下面是横排三字：第一期。用线条隔开，再下面是竖排的五行小字：每星期三、六出版；通讯处，投稿地址：北平西单西斜街甲五十五号，或天津大公报转文艺副刊编辑处。说是整版，实际只有全版的七分之五，每七分之一是一栏，正文全都竖排。

这一期诗文共是五题，分别是：

岂明：《猪鹿狸》

林徽因：《惟其是脆嫩》

卞之琳：《倦》（诗）

杨振声：《乞雨》

沈从文：《"记丁玲女士"跋》

眉额上的几组字，从左到右依次是：（第三张），中华民国二十二年九月二十三日，大公报，（星期六），（第十二版）。

这一看，全都明白了。岂明者，周作人也。有周作人的文章，当然不能让林女士的文章打头了。再看这篇《惟其是脆嫩》，还真像个发刊辞的样子。

这题名，先透着几分钟爱，里面的文句，可就全然一副"护法观世音娘娘"的口气了。看一段就行了——

创作的主力固在心底，但逼迫着这只有时间性的情绪语言而留它在空间里的，却常是刊物这一类的鼓励和努力所促成。现走遍人间是能刺激起创作的主力。尤其在中国，这种日子，那一副眼睛看到了些什么，舌头底下不立刻紧急的想说话，乃至于歌泣！如果创作界仍然有点消沉寂寞的话——努力的少，尝试的稀罕——那或是有别的缘故而使然。我们问：能鼓励创作界的活跃性的是些什么？刊物是否可以救济这消沉的？努力过刊物的诞生的人们，一定知道刊物又时常会因为别的复杂原因而夭折的。它常是极脆嫩的孩儿……那么有创作冲动的笔锋，努力于刊物的手臂，此刻何不联在一起，再来一次合作逼着创造界又挺出一个新鲜的萌芽！管它将来能不能成田壤，成森林，成江山，一个萌芽是一个萌芽。脆嫩？惟其是脆嫩，我们大家才更要来爱护它。

网上有文章说，汪曾祺曾说过，京派文学有两个精神领袖，一个是林徽因，一个是废名。若从文风的引领上说，两人都足以当之，而真正的领袖，不能光是文风的引领，还得有组织号召的本事。这上头，废名就差得不是一点点，他是个只知埋头写自己作品的人，对外界少有关心，更不会着意培养自己的弟子，还是忌讳太多。真正当得起京派文学领袖的，该是另一个人，我说的是周作人。对他来说，不必着意组织，他是北大的名教授，门下弟子有的是，大弟子就有好几个，其中就有废名。再一个当得起文坛领袖职责的，该是杨振声了，可惜的是，像杨振声这样有大来头的人，是不屑于做这种"拉帮结派"的事的。说来说去，当得起精神领袖名分的，还要数林徽因。既有文风的引领，也有组织号召的本事。

后人怎么个说好，都是虚的。当年影响最大的，可作为标志性事件的，还要数为《大公报》新创办的《文艺副刊》写"发刊辞"这件事。后来编选出版《大公报文艺丛刊小说选》，不过是坐实了她文坛领袖的身份。现在还起不到什么作用。有这篇《惟其是脆嫩》，就足以说明她在文坛的分量了。

毕竟是在一个家庭里，再怎样的风光，也忘不了她主妇的责任。

这就要说到梁思成这一时期的古建筑考察了。

1933年上半年，梁思成等人已经完成了对蓟县（今天津市蓟州区）独乐寺、宝坻广济寺、正定隆兴寺的考察，经验与判断力都逐渐走向成熟。河北是平原，又是战乱之地，保存下来的古代建筑，多为明清两代的，宋元建筑不多，唐代建筑，就更不会有了。

于是他们将目光投向了相邻的山西省。

梁思成在山西做古建筑考察，是个大题目，我们会有专节谈到。这里只说头一次，就是1933年9月去山西那次。两人一起去的，去了大同，同去的还有新加入营造学社的刘敦桢。大同完了又去了应县。林徽因没去应县，在大同待了三天就回去了。那时候北平到大同通火车，叫平绥路，北平到绥远，就是现在的呼和浩特，路过大同，来去很方便，说回去就回去了。

碧海蓝天林徽因

第一次为什么去，去了又为什么待了三天就回去了，是不是可以做这样的推测，前一年梁思成去了独乐寺，回来就出了林徽因跟金岳霖那档子事，再出去就多了个心眼，带上了夫人。而其时林徽因身体不好，大同是在城里，走动也还方便，去应县没火车，要坐汽车，就不方便了。凡事都要从常人这边理解，一通百通，全在情理之中。

知道下一节要说什么，我甚至想，她真不该回去，在大同待到丈夫考察完应县木塔回到大同，再一起回去，那时进入10月了，至少可以避开一个人面对《大公报》上发表《我们太太的客厅》这样的尴尬。

7. 遇上了克星：冰心和她的《我们太太的客厅》

林徽因回到北京十几天后，大公报《文艺副刊》发表了冰心的《我们太太的客厅》，这在当时的北平文坛，是轰动性的大事，就是八九十年后，在中国现代文学史上，也是一个让人震惊的事件。毕竟两个都是著名的作家，毕竟是两个曾有过交情的女人。

这里，在日期上要厘清。《文艺副刊》是沈从文刚刚办起的。1933年9月23日刚刚发了创刊号即第一期。刊头公告里说，每星期三、六出版。《我们太太的客厅》是连载的，从9月27日第二期起，到10月25日（星期三）第十期止，登了九期。想来那些天，北京城的文化界人士，人人都在等着看冰心这个女人，怎样挖苦嘲弄林徽因这个大美人。

对报纸来说，是绝大的成功。《文艺副刊》一炮打响。

现在的问题来了，沈从文编的副刊，怎么会刊出这样作践林大小姐的作品。

这道理，我前面已说了。主持这个副刊的是杨振声。杨振声是清华学校出来，留美的，冰心的丈夫吴文藻也是清华出来留美的，冰心随丈夫出国，也是留美的。三人原本就是老相识。《文艺副刊》办起来，杨先生肯定会向谢女士索稿。谢女士给了稿，再不情愿，也得刊登。从办副刊上考虑，正是求之不得的能引起轰动的好稿子。也就是说，这事儿是由不得沈从文的。杨振声拿来了，没二话，只有登。这样的刊发，就是林大小姐知道了，也没有脾气。

现在我们来分析一下这个小说。

"太太客厅"，是当时文化人之间的一个玩笑话，若说有什么含义的话，只能说对梁思成先生有些不敬。以中国传统观说，梁思成的家，客厅只能说是梁家的客厅，梁思成也是有身份的人，怎么到了客厅上，倒叫成了"太太的客厅"？往开里想，夫人太漂亮了，才气的名声太大了，叫个太太的客厅也不是什么丢人的事。金岳霖曾跟梁思成开玩笑，说别人可以说，"老婆是别人的好，文章是自己的好"，你不行，你只能说"老婆是自己的好，文章是太太的好"。金岳霖能当面说，可见梁思成先生，对这样的说法是认同的。

也就是说，朋友间说起"太太的客厅"，有戏谑的意思，但绝没有不恭敬的意思。

可是,叫成"我们太太的客厅",不说客厅了,只说这个"我们太太",品一品,邪味儿就出来了。太太只会是我的,单数的,一下子成了复数的,不是有了那么点"人尽可夫"的意思?

没办法,只能说林徽因遇上了她人生的克星。更绝的是,作者的丈夫,跟她的丈夫还是清华学校同年级的同学。两人都是1923年毕业,同年赴美留学的,梁思成因出了个意外,腰腿受伤,休养一年,到了1924年才去的。冰心与吴文藻同行,林与梁思成同行,要是梁思成不受伤,两对夫妇,还是同船赴美呢。纵是迟了一年,两个女人在美国也还有交往。冰心后来出的书上,有她和林徽因一起野炊时的照片,一前一后,还挺亲热的。当然,这样的照片不会出现在林徽因的书上,生前不会,死后也不会。

先简略地说一下,这篇小说写了什么,待会儿我们还要细细分析。可以这样说,小说里面,把林徽因写成一个庸俗、势利、风骚、以勾引男人为乐事的阔太太。可说是对林徽因做了无情的嘲讽和丑化。读这样的作品,让人感到的不只是遗憾,简直不敢相信是出自冰心这样的作家之手。我们能够想象得出,当年林徽因,包括梁思成看到这篇小说,会是怎样的心情。

林徽因绝不会客气,她从来就不是个客气的人,她要出这口恶气,只会按照自己的性格和自己能采取的最佳方式来处理此事。李健吾的一篇就叫《林徽因》的文章里，说了当年林徽因采取的反击行动："恰好林徽因由山西调查庙宇回到北平，她带了一坛又陈又香的山西醋，立时叫人送了一坛子给冰心吃用。"接下来说，"她们是朋友，同时又是仇敌"。你别说，时间上还真的能连接上。她是9月9号从大同回来的，坐平绥线上的火车，那边上车有人送，这边下车有人接，带几坛子醋当是情理中的事。就是只带了一坛子，这么短的时间，也未必就吃了，送过去解解恨也是值当的。

这种做法，很符合林徽因的性格，她才不会顾忌两家人过去的感情。你冰心能这样不讲情面，我姓林的还怕什么？

现在有人说，这篇小说不是写林徽因的，冰心晚年也说她写的是陆小曼。怎么可能呢？我细细地看了，要说不是写林徽因，鬼都不信。

两人不光相识，从文中的描写看，冰心是来过梁家的，没有来过，场景不会写得这样逼真，小说中的几个男人的身份，不会这样巧合。

小说本是虚构作品，按说不必认真。但冰心曾宣扬她写作的宗旨是："我只想把我所看到的种种问题，用小说的形式写了出来。"也曾说过，她的这篇小说中的"太太"确有所指。那么我们就有了考辨并确认的理由。

现在我们来比照分析一下小说中的场景和人物，与现实中的场景和人物，有哪些关联之处。要不人们就会说，不过是一篇小说，姓林的也太刁钻了。

《我们太太的客厅》中对客厅内外，有精确的描写。林的子女和朋友，对客厅内外，都有明确的较为详细的回忆。再就是，现在出版的许多书上，刊载了大量的梁家客厅与院子的照片，也是重要的比照物。为了比照起来方便，我们先将小说中的描写逐条列出，再将他人的记述放在相关的条目的下面。照片没法放，就做些简单的说明。小说的文本，我用的是人民文学出版社1979年版《冰心选集》里收的文本。个别字词参照别的版做了校正，比如人文版中有"腰支"一词，别的版本上是"腰肢"，就改过来了。人文版中有"黄鹿皮高跟鞋"一词，别的版本上是"黄麂皮高跟鞋"，也就从了后者。

先看客厅的门廊。

小说中：正对着客厅的门，是一个半圆式的廊庑……

梁再冰的回忆：当时妈妈和爹爹住宅区在这房子里院（北面）的一排北房中，房前有廊子和石阶，客厅在正中央。（梁再冰《我的妈妈林徽因》）

韩按：也就是说，正对着客厅，前面是廊子。廊子和廊庑，只是用词的不同。清华大学出版社出的《建筑师林徽因》第83页下部右图，是一张林身着马裤站在前后两进院子之间的照片，身后明显可以看到后院北房正门前面有个突出的廊子，只是正面是多棱体的，不能说是半圆。但那形状太难描写了，说是半圆也大致不错。

再看院子里的景象。

小说中：窗外正开着深紫色的一树丁香……小院中一棵新

吐绿芽的垂杨柳，柳丝垂满院中。树下围着几块山石，石缝里长着些小花，正在含苞。

梁再冰：我记得，我很小的时候，妈妈常拉着我的手在北面的院子中踱步，院里有两棵高大的马缨花树和开着白色小花或紫色小花的几棵丁香树。

韩按：《建筑师林徽因》第83页下部两图中，都可以看到院中确有高大的树木，也可以看到不高大的灌木类的植物。冰心小说中高大的马缨花树换成了垂柳。

再看客厅里的设施。

分窗户、沙发、照片三个门类说。

窗户。小说中：（窗户）上半截满嵌着玻璃，挂着淡黄色的软纱帘子。……南边是法国式长窗，上下紧绷着淡黄纱帘。

韩按：我认真比照过《建筑师林徽因》和《林徽因文集·文学卷》两书中的多幅客厅内的照片，发现，客厅北边的窗户上的窗帘是挂着的，可以横向拉动，南边的窗帘确实是绷在窗玻璃上的，不可拉动。全是黑白片，呈白色，而中国人家一般都忌讳用白色做窗帘，那么只能是淡黄色了。只是那窗户，绝不是什么法国式的长窗，只是南边的比北边的大些

沙发。小说中：窗前一张圆花青双丝葛蒙着的大沙发，后面立着一盏黄绸带穗的大灯……三四只小凳子，六七个软垫子，是预备给这些艺术家诗人坐卧的。

梁再冰：客厅的窗户朝南，窗台不高（像所有北方四合院一样），有中式窗棂的玻璃窗使冬天的太阳可以照射到屋里很

深的地方，使妈妈喜爱的窗前的梅花、泥塑的小动物、沙发和墙上的字画都沐浴在阳光中。

吴其昌：梁思成先生邀我到他家里去坐坐……静静的一盏橙黄色的华灯影下，隔窗望见志摩从沙发上跳起来，旋了一转，吐出一缕白烟。（吴其昌《志摩在家乡》）

韩按：前面提到两书中，有多幅图片能看到客厅里的长沙发，有张照片上坐了四个人照相。这个长沙发的摆法，不是靠南墙，也不是靠北墙，而是靠西墙的南半段。即在客厅的西南角上。有一张单人沙发或是双人沙发贴着南墙拐了过去。或许靠北墙，还有一张双人沙发。有时沙发背后挂的字画图片不同，当是在不同的沙发前照的。有张照片能看到沙发扶手上，确实蒙着一块织件，是不是双丝葛就不知道了。《林徽因文集·文学卷》前面的图谱中，有一张林梁夫妇与费正清夫妇、金岳霖五人的合影，两夫妇与金分坐在西和南的两个沙发上，两沙发相接处，能看到一个落地灯的灯柱，看不见灯罩，参阅吴其昌文，正可以印证冰心小说中"黄绸带穗的大灯"的说法。正因为长沙发的那种摆法，旁边又有这样一个落地灯，吴其昌才能在掌灯时分，从门外隔窗看见徐志摩从沙发上跳起来。冬天的太阳，也才能照在沙发上。

女主人的书桌。小说中：窗下放着一个小小书桌，桌前一张转椅，桌上一大片厚玻璃，罩着一张我们太太自己画的花鸟。此外桌上就是一只大墨碗，白磁笔筒插着几管笔，旁边放着几卷白纸。

梁再冰：妈妈喜欢在客厅西北角的窗前书桌上静静地写作。那时她总是用毛笔和毛边纸。她的字体有点像外公的字体——王羲之体的秀丽小楷。她的文学作品大都是在这里写成。

韩按：《建筑师林徽因》第 83 页上部，有张林徽因端坐在书桌前的照片。长方形的"三屉两头沉"小书桌，沉的部分未触地，尚余尺许的距离有桌腿支撑，桌面与北墙西头窗户下的墙体垂直，或者说是成丁字形。这样，林坐在桌前，既可以随意地与坐在右侧长沙发上的客人谈话，也不会冷落了坐在桌子对面椅子上的客人。桌面左侧，确实放着一个白色的笔筒，看不出是不是瓷的，想来该是的。里面也确实插着几只毛笔。只是东边没有放着几卷白纸。

墙上的照片。这是小说中刻意写到的，最多。有一处就这么长：墙上疏疏落落的挂着几个镜框子，大多数的倒都是我们太太自己的画像和照片。无疑的，我们的太太是当时社交界的一朵名花，十六七岁时候尤其嫩艳！相片中就有几张是青春时代的留痕。有一张正对着沙发，客人一坐下就会对着凝睇的，活人一般大小，几乎盖满半壁，是我们的太太，斜坐在层阶之上，回眸含笑，阶旁横伸出一大枝桃花，鬓云，眼波，巾痕，衣褶，无一处不表现出处女的娇情。我们的太太说，这是由一张六寸的小影放大的，那时她还是个中学生。书架子上立着一个法国雕刻家替我们的太太刻的半身小石像，斜着身子，微侧着头。对面一个椭圆形的镜框，正嵌着一个椭圆形的脸，横波入鬓,眉尖若蹙,使人一看到,就会想起"长眉满镜愁"的诗句。书架旁边还有我们的太太同她小女儿的一张画像,四只大小的玉臂互相抱着颈项,一样的笑靥,一样的眼神,也会使人想起一幅欧洲名画。此外还有戏装的,新娘装的种种照片,都是太太一个人的——我们的太太是很少同先生一块儿照相,至少是我们没有看见。我们的先生自然不能同太太摆在一起,他在客人的眼中,至少是猥琐,是市俗。谁能看见我们的太太不叹一口惊慕的气,谁又能看见我们的先生,不抽一口厌烦的气?

韩按:写一个风流自赏的女人,这些都是应有的笔墨。当年与林徽因、冰心都有交往的萧乾问过冰心,这个"太太"是谁,冰心说过这么一句话:"《我们太太的客厅》那篇,萧乾认为写的是林徽因,其实是陆小曼,客厅里全挂的是她的照片。"这话是冰心九十二岁时对两个来访者说的。因为是记录稿,这话稍微有点含混,理顺逻辑,应当是这样的意思:《我们太太的客厅》这篇小说,人物是有原型的,不是林,而是陆,证据是陆的客厅里,全挂的是她自己的照片。这话是很有说服力的,因为陆小曼风流自赏的形象已深入人心。人们一想,可不是嘛,准是写的这个女人。不管别人怎么信,我不会信,陆小曼是个情趣高雅的女人,不会这么俗气,不会这么不知羞耻地显摆。我在写《徐志摩传》的时候,对徐家也即是陆家的情形做过细致的"考察"。徐家在上海四明村的高级别墅住着,不是单独一幢的那种,是现在人们说的联体的那种，一排三四家。徐家是双开间的一个小楼，前面是两层，后面是三层。一层是陆母与下人住，二层是徐陆夫妇的卧室，也是客厅，三层是徐志摩的书房。1931年徐志摩还没死的时候，王映霞和郁达夫曾造访过陆家，晚年王映霞在回忆文章中说，"二楼是他们的寝室，相当宽敞，是一个统厢房"，我不知道上海的统厢房是怎样的格局，想来是一大间。"家具全是红木的，陈设也精致，有古玩，有花卉，有罗汉松，还有文房四宝。壁上是梁启超的立轴、刘海粟的油画，也悬挂着小曼自己画的山水，浓淡渗透，相互掩映。"够高雅的吧？是不是有大幅的女人画呢？有，在三层徐志摩的书房里挂着，但也不是陆小曼的，是俞珊的，是俞珊的大幅剧照，演王尔德的名剧《莎乐美》的剧照。俞珊是当时中国最红的话剧演员，有中国话剧第一女演员之称。是陆小曼和徐志摩的干女儿，有人还说徐与俞有私情，那是另一回事了，与本案无关。也就是说，陆小曼家里是挂着大幅的女人照片，但不是在陆小曼的客厅，也不是陆小曼本人的。可能是有人去过陆家，见过这张照片，以讹传讹，就说成是陆小曼的了。冰心为了洗刷自己讽刺林徽因的恶名，就把这个讹传当作托词了。

再看梁家客厅的真实情况。在《建筑师林徽因》第83页中部的一张照片上，能看出西墙南段（墙的中间是梁思成工作室的门），也就是长沙发背后，挂着四幅字画，其中三幅是一组，一幅中堂和两边的对联。第85页有一张林面向南窗的单人照片，可以看清对联的落款中有"梁启超"三字，又有

"辛酉"二字,当是梁启超1921年所书。中堂是山水画。中堂北边是一个画框,只能看清中间一个纵向的白影,绝不会是林的全身照。隔过梁思成工作室的门,就是林徽因的书桌了,背后的墙上有个横向的较长的画框,里面是装裱的毛笔写的小字。想来该是林徽因父亲林长民先生的手迹了。北墙因为没有正面的照片,在这张林徽因端坐书桌后的照片上,能看到有一幅字迹较为规矩的书法长轴,想来也该是名家的墨迹。总之,客厅里实用的东西比如沙发等物,是西式的,而装饰性的东西,则是中式的,如字画等,整个客厅给人的感觉应当是既有西式客厅的闲适情调,又有中国旧式客厅的高雅气氛。在这样的客厅里,是不会挂女主人那么妖艳的照片的。

再看小说中的人物和他们的丑态。丑态的描写太多,为了节省篇幅,每人只挑一两句,未必是最有代表性的。

主人公,名字叫美:

我们的太太从门外翩然的进来了,脚尖点地时是那般轻,右手还忙着扣领下的衣纽。她身上穿的是浅绿色素绉绸的长夹衣,沿着三道一分半宽的墨绿色缎边,翡翠扣子,下面是肉色袜子,黄麂皮高跟鞋。头发从额中软软的分开,半掩着耳轮,轻轻的拢到颈后,挽着一个椎结。衣袖很短,臂光莹然。右臂上抹着一只翡翠镯子,左手无名指上重叠的戴着一只钻戒,一只绿玉戒指。脸上是午睡乍醒的完满欣悦的神情,眼波欲滴,只是年光已在她眼圈边画上一道淡淡的黑圈,双颊褪红,庞儿不如照片上那么丰满,腰肢也不如十年前"二九年华"时的那般软款了!

韩按:不如十年前"二九年华",二九一十八,十年前十八现在是二十八岁。林徽因生于 1904 年,小说写于 1933 年,林二十九岁。

其他人物以出场先后为序。

丫鬟菊花,英文名 Daisy:

Daisy 是我们太太赠嫁的丫鬟。我们的太太虽然很喜欢谈女权,痛骂人口的买卖,而对于"菊花"的赠嫁,并不曾表示拒绝。菊花是 Daisy 的原名,太太嫌它俗气,便改口叫 Daisy,而 Daisy 自改了今名之后,也渐渐的会说几句英语,有新到北平的欧美艺术家,来拜访或用电话来约会我们的太太的时候,Daisy 也会极其温恭的清脆的问:"Mrs. is in bed, can I take any message?"(书中注:"太太还没起,我能不能给你带个话?")

太太的女儿彬彬,出生在意大利,太太与先生旅游的途中:

彬彬未生的时候,我们的太太怀着一百分恐惧的心,怕她长的像父亲。等到她生了下来,竟是个具体而微的母亲!我们的太太真是喜到不可形容,因着抚养的种种烦难,便赶紧带她回到中国来。

无怪她母亲逢人便夸说她带来了意大利山水的神秀,彬彬有着长长的眉,大大的眼睛,高高的鼻子,小小的嘴。虽然也有着几分父亲的木讷,而五岁的年纪,彬彬已很会宛转作态了。可惜的是我们的太太是个独女,一生惯做舞台中心的人物，她虽然极爱彬彬，而彬彬始终只站在配角的地位。

韩按：林徽因的女儿梁再冰出生于1929年，1933年虚龄五岁。

陶先生，科学家：

陶先生是个科学家。和大多数科学家一般，在众人中间不大会说话，尤其是在女人面前，总是很局促，很缄默。他和我们的太太是世交，我们的太太在"二八芳龄"的时候，陶先生刚有十二三岁，因着新年堂前的一揖，陶先生脑中，就永远洗不去这个流动的影子。我们的太太自然不畏避男人，而陶先生却不会利用多如树叶的机会。见了面只讷讷的涨红着脸，趁着我们的太太在人丛中谈笑，他便躲坐在屋角，静默的领略我们太太举止言笑的一切。我们的太太是始而嘲笑，终而鄙夷，对他从来没有一句好话。近来她渐渐感到青春之消逝，而陶先生之忠诚如昨，在众人未到之先，我们的太太对于陶先生也另加青眼了。

韩按：常来梁家的周培源是物理学家。是否与林家是世交不详。

袁小姐，画家兼诗人：

有人推测着说我们的太太喜欢袁女士有几种原因：第一种是因为我们的太太说一个女人没有女朋友，究竟不是健全的心理现象。而且在游园赴宴之间，只在男人丛里谈笑风生，远远看见别的女人们在交头耳语，年轻时虽以之自傲，而近年来却觉得不很舒服。第二是因为物以相衬而益彰，我们的太太和袁小姐是互相衬托的,两个人站在一起,袁小姐的臃肿,显得我们的太太越苗条;我们太太的莹白,显得袁小姐越黧黑。这在"沙龙"客人的眼中,自然很丰富的含着艺术的意味。第三因为友谊本是相互的感情,袁小姐对于我们的太太是一见倾心,说我们的太太浑身都是曲线,是她眼中的第一美人。我们的太太说袁小姐有林下风,无脂粉气,于是两人愈说愈投机,而友谊也永恒的继续着。

韩按:不祥。

文学教授:

教授约有四十上下年纪,两道短须,春风满面,连连的说:"好久不见了,太太,你好!"

文学教授站着笑说:"您举荐的人哪会有错!他虽然年轻,谈锋却健,很会说笑话,学生们在他班上永远不困。不过他身体似乎不大好,我仿佛常在布告板上,看见他的告假条子。"袁小姐忽然笑说:"你们说的是小施呀?他哪里有病!我差不多每天下午看见他在公园里,同一个红衣蓬发的女子,来回的走着。"

韩按:胡适 1891 年出生,到 1933 年是四十二岁。其时为北大文学院院长,有用人之权。这一时期的胡适恰恰是留着两撇短短的胡子。

哲学教授:

哲学家背着手,俯身细看书架上的书,抽出叔本华《妇女论》的译本来,正在翻着,诗人悄悄过去,把他肩膀猛然一拍,他才笑着合上卷,回过身来。他是一个瘦瘦高高的人,深目高额,两肩下垂,脸色微黄,不认得他的人,总以为是个烟鬼。

韩按:金岳霖身高一米八〇,看照片正是一个"深目高额"的人,有眼疾。

政治学者:

政治学者很年轻,身材魁伟,圆圆的脸,露着笑容,他也鞠躬着说:"无论如何,我先替市政府向我们的太太赔个不是!这汽车道是太坏了。等着我做了市长,那时您再看。别忘了我们现在还是'在野党'呀!"

韩按:钱端升,1900年出生,二十五岁就做了清华大学的政治学教授。

柯露西:

大家跟前一亮似的,都立刻欢呼了起来:"露西,你好呀,什么时候到的?"露西直奔了文学教授去,拉了他的手,笑说:"我是今午十一点五分的快车到的,行李一搁在饭店里,便到处的找你,最后才找到你家里。你太太说你吃过午饭就走的,没有说到哪儿去,我猜着你一定在这儿,你看把我累的!"一面又和政治学者拉手,笑了一笑。回头又对彬彬呼唤着,操着不很纯熟而很俏皮的中国话说:"哈罗,彬彬,你又长高了,你妈妈呢?"说着看了袁小姐一眼,不认识,又回头去同政治学者说话。

袁小姐走了进来,看见我们的太太两手支颐,坐在书桌前看着诗，便伏在太太耳边，问："这个外国女人是谁？"我们的太太一面卷起诗稿，一面站了起来，伸了伸腰，懒懒的说："这是柯露西，一个美国所谓之艺术家，一个风流寡妇。前年和她丈夫来到中国，舍不得走，便自己耽搁下来了。"

韩按：1932年费慰梅与费正清在北京结婚。费慰梅在《林徽因与梁思成》一书中说："我当时最感兴趣的是中国艺术，他则喜欢从各个层面研究中国历史。"

诗人：

这一群人都挤了进来，越众上前的是一个"白袷临风，天然瘦削"的诗人。他的头发光溜溜的两边平分着，白净的脸，高高的鼻子，薄薄的嘴唇，态度潇洒，顾盼含情，是天生的一个"女人的男子"。诗人微俯着身，捧着我们太太的指尖，轻轻的亲了一下，说："太太，无论哪时看见你，都如同看一片光明的云彩……"

大家都纷纷的找个座儿坐下，屋里立刻静了下来。我们的太太仍半卧在大沙发上。诗人拉过一个垫子，便倚坐在沙发旁边地下，头发正擦着我们太太的鞋尖。从我们太太的手里，接过那一卷诗稿来，伸开了，抬头向着我们的太太笑了一笑，又向大家点头，笑着说："我便献丑了，这一首长诗题目是《给——》。"

韩按：白净的脸，高高的鼻子，是徐志摩明显的相貌特征。梁实秋在《谈徐志摩》文中说："我最初看见徐志摩是1927年……记得是一个秋天，水木清华的校园正好是个游玩的好去处,志摩飘然而至,白白的面孔,长长的脸,鼻子很大,而下巴特长,穿着一件绸夹袍,加上一件小背心,缀着几颗闪闪发光的纽扣,足登一双黑缎皂鞋,风神萧散,旁若无人。"这篇文章是梁实秋晚年写的,说徐志摩的鼻子很大,显然有调侃的意思。再看看徐志摩死后不久,他的好朋友陶孟和是怎么说的:"他的白皙的有神的面庞,他的特有的高凸的鼻子仿佛极清楚的映在我们的眼前。"可证徐确是白脸高鼻。

再,徐志摩确有一首叫《给——》,收在1931年8月新出版的《猛虎集》里,上海新月书店印行。虽是从太太手里接过,说"献丑"当是自谓。

太太的丈夫:

我们的先生在太太客厅门口出现了。大异于我们的想象,他不是一个圆头大腹的商人,却是一个温蔼清癯的绅士,大衣敞开着,拿着帽子在手里,看见诗人,便点头说:"你在这里。美呢?她好了罢?我今早走的时候,她还没有起床。"说着放下帽子,脱下大衣挂在墙上,走了进来坐下。

韩提示:梁思成的相貌神态,绝对当得起"温蔼清癯"四字。他在营造学社任职,同时以建筑设计师的身份,在北京挂牌营业,叫"梁思成林徽因建筑事务所",从这一点上说,近似商人。

周大夫,来给太太看病:

周大夫说:"本来么,乍暖还寒时候,最易伤风。"大家都大笑起来。我们的太太笑说:"你还是安分守己当大夫罢,'乍暖还寒时候'，一加上'最易伤风'，成个什么话！"大夫对着太太深深的鞠了一躬，说："这是这沙龙里的空气，庸俗的我，也沾上点诗气了。"

韩按：林正在养病期间，医生在这里的作用，就不必说了。

这都不算什么，即便是影射，还在可容忍的范围之内。可怕的是，小说中竟暗示林徽因是庶出，即是小老婆生养的。看看下面这三段不相连的文字，尤其要注意太太的表情变化与心理活动：

Daisy 轻轻的进来，站在太太椅旁，低低的说："小姐，柯太太来了一会了，在院子里说话呢。"太太抬头皱眉说："知道了，她自己还不会进来！——你打电话到老姨太那边，问今天晚上第一舞台的包厢定好了没有？我也许一会儿就过去。"Daisy 答应着，轻轻的又退了出去。

Daisy 站在门边说："小姐，电话打通了，老姨太请您说话。"太太皱着眉头说："叫彬彬去接，我没有工夫。"

彬彬跳了进来，笑嘻嘻的走到太太面前，说："妈妈，老姨太说包厢定好了，那边还有人等你吃晚饭。今儿晚上又是杨小楼扮猴子。妈妈，我也去，可以么？"说着便爬登我们太太的膝上，抱住臂儿，笑着央求。我们的太太也笑着，一面推开彬彬："你松手，那用得着这样儿！你好好的，妈妈就带你去。"彬彬松手下来要走，又站住笑说："我忘记了，老姨太还说叫我告诉妈妈，说长春有电报来，说外公在那里很……"我们的太太忽然脸上一红，站起推着彬彬说："你该预备预备去了，你还是在家里用过晚饭再走，酒席上的东西你都是吃不得的。"

韩按：林徽因系庶出。林长民有妻叶氏，不生育，娶妾何氏，为浙江嘉兴一小作坊主的幼女，文盲。生林徽因，又生一女一子，均夭亡。徽因八岁时，因无后，林长民又娶妾程桂林，上海人，先后生有一女四子。大概在娶程氏后不久，妻叶氏即病故。至少在1921年林徽因从英国回来，与梁思成订婚时，何氏仍没有妻的名分。陈石遗是林长民的老朋友，闻知林梁两家结亲有诗记其事："七年不见林宗孟，划去长髯貌瘦劲。入都五旬仅两面，但觉心亲非面敬。小妻两人皆揖我，常服黑色无妆靓。长者有女年十八，游学欧洲高志行。君言新会梁氏子，已许为婚但未聘。"宗孟是林长民的字。小妻者，妾也。直到林长民去世前，林徽因的母亲仍未扶正。林长民是1925年冬天参与郭松龄的幕府，起兵反叛张作霖，乱军中被流弹打死的。后事是由梁启超这个亲家，和朋友们商议处理的。1926年1月5日，梁启超致信梁思成谈及处理方略，信中说："这些事过几天我打算约齐各人，当着两位姨太太面前宣布，分担责任。"两位姨太太中的大姨太太就是林徽因的母亲何氏。

正妻已死，为什么不将大姨太太即林徽因的母亲扶正呢？扶正了，林的名分也就正了。这也是有原因的。林长民是个有文化的人，二姨太程氏有文化，又是上海人，且一连生了四个儿子，深得林长民的欢心。程氏名桂林，林长民曾为自己起别号曰"桂林一枝室主",可见对程氏的偏爱。林长民居北京时,住在景山东街的雪池胡同,正院子住他与程氏及子女,林母何氏居偏院,备受冷落。正妻死后,如果扶正,按先来后到,应当扶林母为正室。只是这样一来,既非林长民的本意,又对程氏没法交代。在这一点上,林长民不愧是个政治家,采取的办法是维持现有格局不变,也就相安无事。不扶正,林母仍是大姨太,虽钟爱程氏,仍是二姨太。对林徽因也是一个交代。

再简略分析一下冰心小说中的春秋笔法。

第一处,跟前没有人,太太就正声正气地要丫鬟打电话给老姨太。

第二处,丫鬟将电话打通了,报告太太,跟前有人,太太不愿丢份,就让女儿去接。至此我们并不知道这个老姨太是何人。

第三处,女儿打过电话回来,向太太报告:"老姨太说包厢定好了,那边还有人等你吃晚饭。"至此,太太仍是和颜悦色。但是不料童言无忌,冲口说出:"老姨太还说叫我告诉妈妈,说长春有电报来,说外公在那里很……"女儿的外公必是母亲的父亲,则老姨太者,绝非他人的老姨太,必是太太的生母无疑。生母是姨太太,则此人必为庶出无疑。至此一切都大白于天下。跟前还有朋友,这样一说,让爱面子的太太脸上挂不住了,于是"我们的太太忽然脸上一红"。

有了以上的征引与分析,对有人说冰心写这篇小说只是借林家的事,嘲讽当时的归国留学生尚清谈,爱虚荣,生活奢侈，道德败坏，我都持怀疑态度了。若这样纯正的目的，那么就应当尽量地隐去一切可能让原型人物生疑的线索。比如，地点可以改变，人物身份也可以改变，不是诗人而是小说家，不是政治学者而是政坛人物，外国朋友不是美国人，也不是艺术家，而是一个英国人，一个海关职员，横竖当时英国人赫德还管着中国海关的事儿，一个风骚的英国女人在海关做事也是说得过去的。但是，有这么多可以避免与林徽因结怨的办法，冰心全都舍之不用，偏偏要人人坐实，物物坐实，事事坐实，等于是指名道姓要给林徽因和那个小群体一个难堪，一个丢脸。不是铁了心要做这个事，实在没有别的解释。

我只能说，女人的心是不可测的，不管她怎样的出身名门，怎样的毕业于中美的名校，怎样一生都有着温柔贤惠的美名，女人毕竟还是女人。

退一步，不必说什么品质问题，还是把它看成是两种文化性格的冲突更显得有文化些。

都留过学，林的文化性格更偏重西方，冰心呢，可说西方的东西，对她没有造成影响，基本上还是个东方的大家闺秀。就按普通人的性格说，林徽因属于开朗的那一种，什么地方有了她，什么地方就热闹，以她为中心的热闹。冰心则不同，冰心是个内向的人，有些像人们说的南方人的那种外慧内秀，腼腼腆腆，不爱张扬。梁实秋是个和冰心私交很好的人，两人之间，多少还有些超出普通友谊的感情，梁实秋写文章常用秋郎这个笔名，就是冰心给起的，当初是戏谑，后来就有别的意味了。二十世纪六十年代，梁实秋在美国，听说冰心和老舍一样，叫整死了，就写了篇怀念冰心的文章。文章里是这样说冰心的："初识冰心的人都觉得她是一个令人不容易亲近的人，冷冷的好像要拒人于千里之外。"当然后来又说，"她不是个恃才傲物的人，不过对人有几分矜持，至于她的胸襟之高超，感觉之敏锐，性情之细腻，均非一般人所可企及"。不管怎么说，"矜持"总该是定论。一个矜持的女人，和一个开朗的女人，在性格上总是有差异的，合不到一起也是情理中的事。

这件事，我总觉得，还是冰心的不对。当然，要是像现在一些告作家的案子那样打起官司来，肯定是冰心赢，林徽因输。因为小说是虚构作品，人家又没有提你的名字呀。但是，我们在司法之外，总还得有点别的什么来约束我们的社会行为吧？比如人性，比如道德。

事情总会有个起因的，或者是冰心早就看不惯林的做派，或者是在跟林的交往中无意间曾受过林的伤害，比如某种冷落，言谈话语中的讥讽。即使什么也没有，公道地说，林徽因那种讨男人喜欢，不讨女人喜欢的性格，也会让冰心心里不舒服，写成这样一篇肆意嘲讽的小说。李健吾的文章里，对林徽因的评价是："绝顶聪明，又是一副赤热的心肠，口快，性子直，好强，几乎妇女全把她当仇敌。"具体到冰心与林徽因两人，李健吾的说辞是，"她们是朋友，又是仇敌"。从某种意义上说，冰心的小说也可以说是，为当时北平社交界的全体

碧海蓝天林徽因　219

妇女出了一口恶气。可以推想,当时肯定有不少女人为冰心叫好。

虽然我不赞成冰心的做法,但我还想为冰心做点辩护。就是,这一时期,冰心小说创作的题材,已不是什么"致小读者"了,那是在美国时期写的。也不是什么"繁星"之类的短诗了,那是还没有出国的时候写的。这一时期,冰心的创作,以小说为主,题材几乎全是新旧蜕变途中的家庭问题。有个研究女作家的学者,写过一本多位女作家的研究专著,冰心名下只有两节,第一节就叫《家庭问题与家庭情节》。书里说,冰心最初的一篇小说就叫《两个家庭》,此后还写过多篇关于家庭的小说,如《西风》《相片》等。(刘思谦《"娜拉"言说——中国现代女作家心路纪程》)冰心不是个多么有艺术想象力的作家,她的小说题材多来自生活中实有的人物与事件。眼前就放着一个绝好的性格,绝好的素材,怎肯轻易放过?

在我看过的冰心的小说中,数这篇《我们太太的客厅》,最为大气也最为娴熟。前后出场那么多人物,调动起来得心应手,每个人物都有鲜明的个性,和与之相应的语言动作,神情毕肖,活灵活现。行文自然有致,不疾不徐,明喻隐喻,自嘲反讽,俯拾皆是。其整体艺术价值,不在钱锺书《猫》之下,难度的把握上,还要超过些。无论从艺术性上说,还是从社会批判性上说,都是中国现代文学史上的名篇。有这样的作品,冰心才能说是个好作家、重要作家。我非常欣赏冰心这种捋虎须,敢为天下先的精神,也非常欣赏她在这篇小说上表现的叙事技艺与语言风格，唯一不满意的是，既然敢写下这么优秀的作品，为什么不敢坦坦荡荡地承认呢？

当然，我们今天讲"太太客厅"，讲林徽因的性格，一点也不回避她性格中的缺憾。人都有缺点。她的缺点，跟她的优点，一样的突出，一样的鲜明，可说是优点的另一面。比如她是自信的，也是自负的，尖酸，刻薄，都在常人之上。不管什么时候，她都是中心人物，她说话的时候，滔滔不绝，别人插个嘴都难。你要是有这样一个朋友，没有相当的忍耐力，是应付不了的。

对这件事的评价，七十多年来，分歧甚多，不是公说公有理，婆说婆有理，而是拥林的说林有理，拥谢的说谢有理，各执一词，莫衷一是。现在网上的争论也不少，可说是中国现代文学史上的一桩公案。福建的一个研究冰心的学者王炳根，还跟林徽因研究专家陈学勇，为这件事起了一场笔战，说冰心的小说写的不是林，说冰心与林从来都是好朋友，还举了个例子，说，林徽因的叔叔林觉民，参加黄花岗起义死了，福州城里的房子，就是冰心的爷爷买下的。这不是瞎扯吗？你要是说，林觉民死了，讨债的太多，家里人生活不下去要卖房子了，冰心的爷爷觉得怎能让革命志士的遗属落到这般境地，于是出钱把林家的房子保住了，还能算个理由。

深入研究，弄清这篇小说写作的前因后果，并由此扩展开来，对我们了解二十世纪三十年代中国文坛的派系状况，中国高层知识分子间的人际关系，进而了解二十世纪三十年代的中国社会史与思想史，都会大有益处。从看过的资料上，我愿意提供两个切入点，一是冰心1932年给《冰心全集》写的自序。这是冰心创作生涯中的一篇重要文章，其中说："1926年，回国以后直到1929年，简直没有写出一个字。"实际上直到写这篇自序的1932年，都没有写什么正经东西。可说是沉寂的五六年，而到了1933年，一出手就是这样一篇《我们太太的客厅》。弄清了何以长期沉寂，也就会找到何以突然爆发的线索。二是要好好研究一下刘放园这个人。他是冰心的表兄，长期任《晨报副刊》编辑，与冰心情谊深长，对冰心的生活写作都关怀备至。可以说，是他把冰心送上文坛，让冰心的文学才能在各种文体上都大放光华。此人的发达与偃蹇，直接关系着冰心写作上的前行与停止。至少在她还未成为大名家之前，是这样的。将这一人一事厘清了，冰心为什么写《我们太太的客厅》这一历史谜案也就澄清了。

　　不管真相是什么，都要尊敬。只有两个高手过招，才能显出彼此的品质与才情。现代文学史上，许多这样的事件都被遮蔽了，比如巴金曾跟朱光潜相互争辩谩骂，现在就很少有人提及。常提及弄到耳熟能详的，是左派人士对右派人士的批评，比如鲁迅对陈西滢的批评，对梁实秋的批评。右派对左派的批评，左派之间的批评，就不提了。似乎一部文学史，只有左派在战斗，此外便是各自埋头写作，一派莺歌燕舞的升平景象。不会是这样的。你争我斗，你仇我恨，才是一个生机勃勃的文坛。

这件事，我本来不想做什么评价，觉得还原了事情的真相，就足够了。但是忍不住，还是想说说自己的看法，我以为，这是一个自认为出身高贵的女人，对另一个在她看来出身微贱的女人的轻蔑，但同时也显露了她人性中卑劣的一面。

《我们太太的客厅》对林徽因的伤害是很大的。其狠毒在于，说这个女人，出身卑微，品德下贱。

林徽因绝不是好惹的。但是这次，忍着感情上的痛苦，也会有沉痛的反思。从这个意义上说，也是一种事业上的砥砺，让她意识到，不能光是坐而论道，必须起而行之，在文学创作上拿出东西，才能堵住众多长舌妇的嘴。

8. 发表了《九十九度中》

这一节专门谈谈林徽因的一篇小说，我说的是她的小说名篇《九十九度中》。

《我们太太的客厅》的发表，轰动了北平文化界，有人赞赏，觉得冰心替他们出了一口气；有人气愤，觉得冰心未免欺人太甚。背后议论的多，真正站出来，替林徽因说话的几乎没有。有一个人看不过眼，心里憋着一股气，伺机出手，便是蒙林徽因召见，去过"太太客厅"，受到梁夫人林大小姐赞赏鼓励的青年才俊李健吾。

再气也得等着。有心计的人做事，总得靠谱，有所凭恃，才出手凶猛。

也得承认，受了冰心一番挖苦，林大小姐不会不有所反思。冰心比她大几岁，出名早，成就大，这都是不可否认的。可自己，回国也六七年了，生孩子，患病，不能说不是原因，说得多，做得少，也是不容掩饰的事实。那就写吧，亮上一手，别让人说自己只会激励他人，而激励不了自己。这是我的猜测，想来不会去实情太远。当时的文坛，不像后来那么繁荣，文学类的刊物没有几个，有也多半是同人刊物，不是圈子里的人挤不进去。没有一点交情，怎好意思写了文章送去。

机会来了。1931年秋冬间，徐志摩遇难后，他主持的《新月》，在上海勉强办了几期，到1933年春，实在办不下去了，只有停刊。历史也像个机警的老人，预先就留了一手。新月一伙人，原本都聚集在上海，1929年在暨南大学教书，当着外文系教授的叶公超，受聘来北平的清华大学教书。《新月》后面几期，叶公超就出了大力，办不下去了停刊，无可奈何，终是心有未甘。再办《新月》，困难重重，另创新刊，就简便多了。经过一番筹划，1933年春夏间，出了本新的杂志，起名《学文》。意思很明显，孔子的话，"行有余力而学文"。《学文》是同人刊物，参与者除了《新月》的几个老人手外，还吸收了当时在北平的一班青年才俊，如杨联陞、李健吾、季羡林等。《学文》的封面，就是请林徽因设计的，她在美国学的就是装饰设计，弄个刊物封面不过是牛刀小试。

设计封面，等于参与了《学文》的创办。不说正式邀约了，言谈也会问有没有大作助兴。按林那两年的写作路数，写首诗给了也就行了，可她没有，而是写了篇小说，还很长，有一万两三千字，叫《九十九度中》。叶公超拿上，编入《学文》创刊号，同年5月出版。《学文》是办起来了，反响很好，维持却很艰难，到8月出了第四期就办不下去了。

李健吾是山西人，我的老乡，我家离他家，不过几十华里。他父亲是辛亥革命元勋，早早死了，他少小就生活在北京，1925年清华学校招收第一批大学生，他就考上了。1931年8月赴法国留学，1933年8月回国。回国后在文坛上，很是风光过一阵子，蒙林徽因召见，就在回国后不久。这一两年，忙着安置自己，结了婚，还没有正式职业。1935年夏天，事情定了，秋季开学后去上海暨南大学教书，名头是法国文学教授。才二十九岁，一去就是教授。要离开北平了，总觉得有件事情没有做，对不起别人，也对不起自己。这就是，为他敬仰的大小姐，写一篇棒棒的评论文学。评论什么呢，就评评林的《九十九度中》这篇小说。不是针对什么人，但是在告诉所有人，林徽因的文学才华，一点也不在你冰心之下。写成了，发表了，就发表在沈从文编的《大公报》副刊《小公园》上。名字叫《〈九十九度中〉——林徽因女士作》。这也是当年发表评论文章的一个习惯，评什么，文章就叫什么，只是在原作的名字下面缀上个某某某作就是了。

我在这里，说了一句，李健吾写评《九十九度中》的文章，是要告诉世人，林的才华一点也不在冰心之下。在福建说这样的话，有的朋友怕要说我出言不逊了。这个好推论，先要肯定李健吾的评论水平,不必求证了,现在任谁都承认,李健吾是二十世纪三十年代著名的文学批评家,他的《咀华集》看过的人,没有不称赞甚至称奇的。要说李健吾是为林徽因正名,且心里认为林的才华在冰心之上,必须是见诸文字的,而且还要是,一篇文章里同时评价到林与谢两人的。多亏我写过《李健吾传》,对李健吾的作品熟稔于心,一想就想到一篇文章。

这篇文章叫《咀华记余·无题》,是李健吾1945年8月写的,登在刚刚复刊的《文汇报》副刊《世纪风》上。文章里,先说了四位女作家,其中有林徽因,后说了三位女作家,其中有冰心。且看他对两人,都是怎样评价的。

先评的四位,未具体评述之前,先有一个总的感觉。说在现代中国妇女里面,有四个人曾经以她们的作品让他心折。他不想把她们看作流行的"女作家",因为侮辱她们,等于伤害他的敬意。她们好像四种风,从四个方面吹来,从不同的社会角落出来,传统不同,环境各别,因而反应和影响也就不能趋于一致,有时候也许完全相反。具体地说——

> 一位是从旧礼教里冲出来的丁玲,绮丽的命运挽着她的热情永远在向前跑;一位是温文尔雅的凌叔华,像传教士一样宝爱她的女儿,像传教士一样说故事给女儿听;一位是时时刻刻被才情出卖的林徽因,好像一切的历史性的多才多艺的佳人,薄命把她的热情打入冷宫;最后一位最可怜,好像

一个嫩芽,有希望长成一棵大树,但是虫咬了根,一直就在挣扎之中过活,我说的是已经证实死了的萧红。

作为与前四人的比较,李健吾毫不客气地评价了更早成名的冰心与庐隐。其立论真可说是振聋发聩。这两位女作家的作品,在李健吾年轻时,都曾给他留下相当的印象,尤其是冰心的《寄小读者》。但是,如今年纪大了,他发现她们的作品缺乏什么东西让他心折。他认识她们,觉得她们的面貌在相当程度上,可以说明她们的性格及作品的风格。比如冰心,仿佛平静的湖水,清浅,平静,没有经过山的险峻,也就没有山的气势,可以让你休歇片刻,然而不能让你惊奇或者深思。浅显是她的特征,浅显是她的生活。比冰心稍后成名而早亡的庐隐,也是同样的浅显。她们全拿自己做中心。不同处在于,冰心以基督徒的信仰完成自己的感情,庐隐则孤雁一样无依无靠,在酒和眼泪里面讨生活,狂乱,把感情当作思想,把颓废看作正常。社会的存在只是为了折磨她,这样她便成了自己每部小说的主人公。

在未说李健吾对《九十九度中》的评价前,先要看看林徽因这篇小说,写得究竟怎么样。前面对冰心的《我们太太的客厅》做过详细的分析,别说这里是专门谈林徽因,就是专门谈冰心,从公道上说,也应当对《九十九度中》做个详细的分析。

全文一万两千字的样子。对这篇小说,论者多称赞其手法的新颖,写了一个夏日中午,溽热异常,其时还叫北平的北京市区,几处世俗生活的横断面。全文不分节,就那么水漫式地铺排开来,显得极为流畅,又极具气势,颇得读者的赞赏。我倒觉得,表面似乎散漫,实则故事还是井然有序,纹丝不乱。如果只有散漫的表象,而没有这严谨的底里,连小说都说不上,如何还能获得广泛的好评。

　　这里,且将小说的故事与人物,做个粗线条的梳理。通常的小说,有牵线人物,有着意描画的人物。有时候,这两类人物是合为一起的,是牵线人物,同时也是描画人物。《九十九度中》,这两类人物还是能分开的。由牵线人物,梳理故事情节,看得更为清晰些。若从牵线人物这边说,这篇小说,可称作《一个挑夫和两个洋车夫的故事》。小说一开始,就说三个人肩上各挑着黄色有"美丰楼"字号的大圆篓,脚上是六个满是泥泞凝结的布鞋,走完一条被太阳晒得滚烫的马路之后,转弯进了一个胡同里。这是三个挑夫,给胡同里的张家,送寿宴的饭菜。张家老太太今年六十九岁,按北平的风俗,正是过七十整寿的年份。

　　篓层里的饭菜验过,三个挑夫蹲在外院,等着管事的给赏钱。一个挑夫探头探脑地往进院看。院里的情形——

　　　　喜棚底下圆桌面就有七八张,方凳更是成叠地堆在一边;几个夫役持着鸡毛帚,忙了半早上才排好五桌。小孩子又多,什么孙少爷,侄孙少爷,姑太太们带来的那几位都够淘气的。李贵这边排好几张,那边小爷们又扯走了排火车玩。天热得厉害,苍蝇是免不了多,点心干果都不敢先往桌子上摆。冰化得也快,篓子底下冰水化了满地!汽水瓶子挤满了厢房的廊上,五少奶看见了只嚷不行,全要冰起来。

胡同口上有酸梅汤的摊子,天太热,三个挑夫领了赏钱,出来喝了碗酸梅汤。其中一个叫老张的,到小说最后,傍晚时分,因中暑或是什么急性病症,短短的几小时就送了性命。

该着说两个洋车夫中的一个了。三个挑夫进了胡同,快到张家的时候,在酸梅汤的摊子前面,让过一辆正在飞奔的家车。车上坐的卢二爷,拉车的叫杨三,这样的家车,甚是讲究,钢丝轮子亮得晃眼,车后带有卢字标牌。卢二爷要去东安市场会朋友,一起品尝那儿的点心和冰淇淋,杨三则有自己的打算。车夫王康,上月底欠了他十四吊钱,到现在仍不肯还,只顾着躲他。知道王康就在东安市场揽生意,将卢二爷送到地头,他就去找王康去了。

王康是个赖皮,根本没有还钱的意思,还恶意嘲笑杨三的无能,杨三一怒之下打了王康一个耳光,两人当下扭打在一起。

东安市场里,有好些个饭馆,其中一个叫喜燕堂,今天正在办一场婚庆的喜宴。新娘是一个叫阿淑的大姑娘,一直没有合适的对象,拖到二十五岁,在父母的压迫下,才勉强同意了这门亲事。新郎又老又丑,她只能忍着屈辱,出席这满不喜欢的婚礼。

一鞠躬,二鞠躬,三鞠躬,吵闹的声浪一阵高过一阵,伴娘为新娘戴上工艺戒指,又由赞礼的喊了一些命令。阿淑只觉得头脑昏昏沉沉。不知为什么,喜燕堂外传来大吵大闹的响声——

迷离中阿淑开始幻想那外面吵闹的原因:洋车夫打电车吧,汽车轧伤了人吧,学生又请愿,当局派军警弹压吧……但是阿淑想怎么我还如是焦急,现在我该像死人一样了,生活的波澜该沾不上我了,像已经临刑的人。但临刑也好,被迫结婚也好,在电影里到了这种无可奈何的时候总有一个意料不到快慰人心的解脱,不合法,特赦,恋人骑着马星夜奔波地赶到……但谁是她的恋人?除却九哥!学政治法律,讲究新思想的九哥,得着他表妹阿淑结婚的消息不知怎样?他恨由父母把持的婚姻……但谁知道他关心么?他们多少年不来往了,虽然在山东住的时候,他们曾经邻居,两小无猜地整天在一起玩。幻想是不中用的,九哥先就不在北平,两年前他回来过一次,她记得自己遇到九哥扶着一位漂亮的女同学在书店前边,她躲过了九哥的视线,惭愧自己一身不入时的装束,她不愿和九哥的女友做个太难堪的比较。

仍是在东安市场,冷饮店里,一个桌子前,卢二爷约的两个朋友都到了,一个叫老孟,一个叫逸九。三个人之中,逸九最年少,最摩登。在中学时代就是一口英文,屋子里挂着不是"梨娜"就是"琴妮"的相片,从电影杂志里细心剪下来的。他到上海去了两年,跳舞更是出色了。他到舞场拜老师去。邻座上两个情人模样男女,正在吃冰淇淋,女人的侧相很美,睫毛长长的活动着,青纱长衫罩着丰润的肩臂,带着神秘性的淡雅。

逸九看着女人的睫毛,和浮起的笑涡,想到好几年前同在假山后捉迷藏的琼的两条发辫,一个垂前,一个垂后地跳跃。琼已经死了六七年,谁也没有再提起过她。今天这青纱长衫的女人,单单叫他心底涌起琼的影子。和琼差不多大小的,还有表姨家的阿淑,住在对门,他们时常在一起玩,逸九忽然记起瘦小、不爱说话的阿淑来。就在前几天,妈妈跟他说:听说阿淑快要结婚了,你该到表姨家问候,不知道阿淑要嫁给谁。他懒得去表姨家。这几年的生疏叫他为难,前年他们遇见一次,装束不入时的阿淑倒有种特有的美,一种灵性。他不知道,他早年喜欢的表妹阿淑,就在离他不远的喜燕堂,正跟一个她不喜欢的男人举行婚礼,昏沉迷离中,还在思念着他这个表哥。

该两个车夫中的另一个车夫了。

杨三和王康斗殴,招来了警察,一根绳子拴了带到警局发落。半路上遇见了另一个车夫,车上坐的是刘太太,正赶往张府,参加张老太太七十寿宴。

到了张府,刘太太是局长夫人,当然是上座,同席还有一位丁大夫。这位丁大夫,是张老太太内侄孙,德国学医刚回来不久,麻利,漂亮,现在社会上已经有了声望,和他同席的都借着他是医生的缘故,拿北平市卫生问题做谈料。

天快要黑下来,三个挑夫中的那个叫姓李的,叫李挑子的汉子突然病倒了。以情理推论,该是蹲在外院,等着管事的给赏钱时,挑夫探头探脑地往里院看的那个。他一回家就说不舒服,睡倒在炕上,这半天也没有醒。心里想着,不该喝那冰凉东西,早知道这大暑天,还不如喝口热茶。迷惘中他看到茶碗、茶缸、施茶的人家,碗、碟、果子杂乱地绕着大圆篓,他又像看到张家的厨房。不到一刻他肚子里像纠麻绳一般痛,发狂地呕吐使他沉入严重的症候里和死搏斗。

媳妇失了主意,喊孩子出去到药铺求点药。邻居张秃子知道挑夫家里出了事,认为是霍乱,他认得大街东头的西医丁家,披上小褂子,一边扣钮子,一边跑着去了。丁大夫的门牌高高挂着,新漆大门两扇紧紧闭着。擂开门,门房望着张秃子生气,说明原委,门房说大夫和管药房先生"出份子去了"没有在家,门房劝他去对门益年堂打听一下,看有没有办法。张秃子又跑了,跑到益年堂,等了半天,说是不收传染病,医生晚上也都回家了,助手没有得上边话不能随便走开的。"最好快报告区里,找卫生局里人。"管事的告诉他,但是卫生局又在哪里?

待到张秃子失望地走回自己院子里的时候,天已经黑了下来,他听见李大嫂的哭声知道事情不行了。院里瓷罐子里还放出浓馥的药味,该是李挑子的孩子从药铺求来的药熬了飘出的。他顿一下脚,叹声"咱们这命苦的!"已在想着如何去捐募点钱,收殓他朋友的尸体。

天黑了下来,张宅跨院里更是热闹。正院前边搭着戏台,当差的忙着拦阻外面杂人往里挤。大爷由上海回来,两年中还是第一次,这次碍着母亲整寿的面,不回来太难为情。这几天行市不稳定,工人们听说很活动,本来就不放心走开,并且厂里的老赵靠不住,大爷最记挂。在院里,跟侄女慧石,他兄弟的女儿,有一番对话,问侄女哪年毕业,慧石说是明年,大爷劝她毕业了去上海找事做。

这时,厢房里电话铃响。是找丁大夫的。几个人在打牌,丁大夫的手气不坏,刚和了一牌三翻,他得意地站起来接电话。听说是中暑的病人,先说叫他派车到张宅来接,听清是要暑药的,改口说叫到平济医院去吧。咯突一声,将电话挂上。

此一刻,报馆里也热闹起来。排字工人流着汗在机器房里忙着,编辑坐到公事桌前批阅新闻。本市新闻由各区里送到。编辑略略将"张宅名伶送戏"一节细细看了看,想到方才同太太在市场吃冰淇淋后,遇到街上的打架,又看看那段斯打的新闻,于是很自然地写着"西四牌楼三条胡同卢宅车夫杨三……"新闻里将杨三王康的争斗形容得非常动听,一直到了"扭送成讼"。

再看一些零碎,他不禁注意到挑夫霍乱数小时毙命一节,感到白天去吃冰淇淋是件不聪明的事。

也是此一刻，杨三在热臭的拘留所里发愁，想着主人应该得到他出事的消息了，怎么还没有设法来保他出去。王康则在又一间房子里喂臭虫，苟且地睡觉。

还是此一刻，卢二爷为着洋车被扣已经打了好几个电话了，都没有结果。

这大热晚上难道闷在家里听太太埋怨？杨三又没有回来，还得出去雇车，老卢不耐烦地躺在床上看报，一手抓起一把蒲扇赶开蚊子。

这是整篇小说最后一句话。

这只是我的梳理，实则是一种归拢，就是将细碎的小情节，按类聚拢在一起。也就是，将一条缓缓流淌的小溪，分成几个平静的水面，真要是这么眉清目秀，起止干练，也就不会说是什么"蒙太奇"手法、现代派风格了。那么，作家又是如何将它们搅成混沌一片的呢，说来也很简单，就是让一个小事件里，总有个小零件钩在一起。

比如写到第二个车夫，一出现在大街上，是这样说的：正走着，过来一辆汽车，洋车夫紧抓车把，缩住车身前冲的趋势。汽车过去后，由刘太太车旁走出一个巡警，带着两个粗人：一根白绳由一个的臂膀系到另一个的臂上。巡警执着绳端，板着脸走着。其中一个粗人，显然是车夫，手里仍然拉着空车，嘴里咕噜着。很讲究的车身，各件白铜都擦得放亮，后面铜牌上还镌着"卢"字。这又是谁家的车夫,闹出事让巡警拉走。刘太太恨恨地一想车夫们爱肇事的可恶,反正他们到局里去,少不了东家设法把他们保出来的。

就是这么一小节文字,照应了东安市场门外杨三和王康打架的前事,又伏下了卢二爷分头打电话,托面子求人放了他家车夫的后笔,还开启了待会儿去了张府祝寿跟丁大夫打牌的现状。

末后编辑编稿子见报,这儿的编辑你觉得突然吧?看仔细点,一点也不突然,作者的针脚密着呢。卢二爷约了老孟和逸九品尝糕点和冰淇淋,逸九由邻座的一个女子的装束和眉毛,想到了他的姨表妹阿淑,那个女人不是独自一人,相随的还有他的男朋友,书里是这么写的:邻座上两个情人模样男女,对面坐着呆看。男人有很温和的脸,抽着烟没有说话;女人的侧相则颇有动人的轮廓,睫毛长长的活动着,脸上时时浮现微笑。她的青纱长衫罩着丰润的肩臂,带着神秘性的淡雅。两人无声地吃着冰淇淋,似乎对于一切完全的满足。

再看那个拼凑新闻稿子的编辑,是如何心态:他把各区里送到的稿件拿来,略略将"张宅名伶送戏"一节细细看了看,想到方才同太太在市场吃冰淇淋后,遇到街上的打架,又看看那段厮打的新闻,于是很自然地写了一篇社会新闻稿,稿子里将杨三王康的争斗形容得非常动听。再看一些零碎,不禁注意到挑夫霍乱数小时毙命一节,感到白天去吃冰淇淋是件不聪明的事。

两下里一对照，前因后果，不就全清晰了吗？

这还只是说了故事的情节，就这么云里雾里费端详了，谁看了能不叫好？小说这种东西，说得难听点，就是作者与读者的智力较量，看谁能折服了谁。只有费了心思理解了，你才会服膺作者的才智。如果作者处处照顾到你的智商，一句一句全说个明白，看上一半，你便废书不观，或者干脆骂开娘了。

再看看文字，还有更让你折服的。那个李挑夫，不是蹲在外院，不时往里院瞅吗，前面说了，他看到喜棚底下圆桌面就有七八张，这个那个，一通说辞。这还是他定了定神看到的，在看到这些之前，作者还有一通综述式的概括——

> 七十年的穿插，已经卷在历史的章页里，在今天的院里能呈露出多少，谁也不敢说。事实是今天，将有很多打扮得极体面的男女来庆祝，庆祝能够维持这样长久寿命的女人，并且为这一庆祝，饭庄里已将许多生物的寿命裁削了，拿它们的肌肉来补充这庆祝者的肠胃。

或许你会说，作者留学美国，又游览欧洲，见多识广，发这样一通宏论不算什么。好，你说得对。那你就看小零件吧。

刘太太不是坐着她家的洋车到了张家吗，坐席时与丁大夫同桌，前面我说到这儿，只是泛泛的一句，那是我为了节省篇幅，加快事件叙述的速度。看看原文，你就知道作者在这些细微处，是多么的见风趣，见捷智——

> 丁大夫是张老太太内侄孙，德国学医刚回来不久，麻利，漂亮，现在社会上已经有了声望，和他同席的都借着他是医生的缘故，拿北平市卫生问题做谈料，什么虎疫，伤寒，预防针，微菌，全在吞咽八宝东瓜，瓦块鱼，锅贴鸡，炒虾仁中间讨论过。
> "贵医院有预防针，是好极了。我们过几天要来麻烦请教了。"说话的以为如果微菌听到他有打预防针的决心也皆气馁了。
> "欢迎，欢迎。"
> 厨房送上一碗凉菜。丁大夫踌躇之后决意放弃吃这碗菜的权利。

留洋回来的西医大夫，格外受人敬重，谈病菌，吃美食，同时进行，谈话的人的心态则是，"以为如果微菌听到他有打预防针的决心也皆气馁了"，妙吧。再就是，还要留意一下，厨房送来的凉菜，讲究卫生的丁大夫略一思忖，决意放弃吃这碗菜的权利。他对自己的身体如此钟爱，而一会儿电话来了，有人患了急症，他却是那样的冷漠。

知道《九十九度中》是怎样一篇优秀的小说了，再来看李健吾的评价，就觉得他的分析是怎样的通脱，怎样的精辟了。

一开头，先发了一通内容和形式难以分开的宏论之后，接下来说，一件作品的现代性，不仅仅在材料（我们最好避免形式内容的字样），而大半在观察、选择和技巧。怕读者对他在即时性的报纸上，评论一年前的作品起了疑心，自我辩解道："这就是为什么在1935年，我却偏要介绍1934年的一篇短篇小说，那篇发表在《学文》杂志第一期上的《九十九度中》，林徽因女士的制作。"

不必另啰嗦了，且看李健吾那说辞，同时欣赏李健吾那独具特色的评论语言吧——

> 我绕了这许多弯子，只为证明《九十九度中》在我们过去短篇小说的制作中，尽有气质更伟大的，材料更事实的，然而却只有这样一篇，最富有现代性；唯其这里包含着一种独特的看法，把人生看做一根合抱不来的木料，《九十九度中》正是一个人生的横截面。在这样溽暑的一个北平，作者把一天的形形色色披露在我们的眼前，没有组织，却有组织；没有条理，却有条理；没有故事，却有故事，而且那样多的故事；没有技巧，却处处透露匠心。这是个人云亦云的通常的人生，一本原来的面目，在它全幅的活动之中，呈出一个复杂的有机体。用她狡猾而犀利的笔锋，作者引着我们，跟随饭庄的挑担，走进一个平凡然而熙熙攘攘的世界；有失恋的，有作爱的，有庆寿的，有成亲的，有享福的，有

热死的，有索债的，有无聊的……全那样的亲切，却又那样的平静——我简直要说透明；在这纷繁的头绪里，作者隐隐埋伏下一个比照，而这比照，不替作者宣传，却表示出她人类的同情。一个女性的细密而蕴藉的情感，一切在这里轻轻地弹起共鸣，却又和粼粼的水纹一样轻轻地滑开。

末后，这位人人都夸聪明的评论家，故作愚痴地说道：他百思不解，要问的仅仅是，这位女作家承受了多少现代英国小说的影响。为什么呢，因为他知道，没有一件作品会破石而出，自成一个绝缘的系统。所以影响尽管是影响，《九十九度中》仍是根据了一个特别的看法，达到一个甚高的造诣。

9. "窗子以外"的文，"窗子以内"的情

这一节也是新添的。这篇文章，原本是个讲演稿，起初写了五六万字，后来要出书，做了修订，扩到七八万字。这次算是增补，字数会更多。起初不是按照传记写的，现在也没有这样的想法。要说体裁，更近于史书的"纪事本末"，就是将相关的事情，拢成堆儿，见出身世和经历，更见出才情和品格。几个方面，若有侧重的话，侧重在才情上。才和情，又可以分开。才的展现，是文学上的成绩，古建筑考察上的贡献。情的展现，是内心的坦露，人性的张扬。两相映照，最终归结到品质的高尚，人格的完美。

林徽因发表在《大公报》上的文章，最让人佩服的，不是这篇发刊辞，是第二年9月5日登在《文艺副刊》上的散文名篇《窗子以外》。

这篇散文后来所以能广为传播，尊为上乘之作，也与沈从文的推崇大有关联。抗战开始后，沈从文到了昆明，进了西南联合大学，教三门功课，两门选修，一个必修。必修的叫"各体文写作"，不管教哪个年级，都把《窗子以外》编入教材当作范文，讲课时给予极高的评价。汪曾祺在西南联大上学时，就读过这篇文章。或许是受沈从文的影响吧，他把这篇散文，是当作小说看的。要说，写法上确有意识流的意思，但是从实景上说，我这个山西人，一看还是散文的质地。主要的是，文中说到的山西汾阳的村子、景致，都是我熟悉的，有的地方，我还去过。比如文中写的到汾阳县峪道河的水磨坊别墅，我就去过，当然我去的时候，什么都没有了，只有河水还流着。

这篇文章的写法，很是巧妙。一开头，先是嘟哝了一句：话从哪里说起？等到你要说话，什么话都是那样渺茫地找不到个源头。然后说，此刻，就在她眼帘底下，坐着是四个乡下人的背影：一个头上包着黯黑的白布，两个头上包着褪色的蓝布，又一个光头。他们支起膝盖，半蹲半坐的，在溪沿的短墙上休息。每人手里一件简单的东西：一个是白木棒，一个是篮子，那两个在树荫底下我看不清楚。无疑地他们已经走了许多路，再过一刻，抽完一筒旱烟以后，是还要走许多路的。兰花烟的香味频频随着微风，袭到我官觉上来，模糊中还有几段山西梆子的声调，虽然他们坐的地方是在我廊子的铁纱窗以外。铁纱窗以外，话可不就在这里了。永远是窗子以外，不是铁纱窗就是玻璃窗，总而言之，窗子以外。

后面还说了，她身边的窗子，是扇子式的，六边形的，绷着纱，还有的镶着玻璃。也就是说有两扇，纱的是一扇，玻璃的是一扇。

这地方，一看就是山西汾阳县峪道河水磨坊别墅的情景。文章是1934年9月5日刊出的。前面我们说了，就是这年的暑假，她夫妇二人，应美国学者费正清的邀请，去了汾阳县的水磨坊别墅消夏，顺便在附近做古建筑考察。近处去了河边的龙天庙，远处去了洪洞县的广胜寺。这么说来，这篇文章就是暑假过后，回到北平，写了给沈从文发表的。

汪曾祺之所以说这篇东西是小说，还是带有意识流意味的小说，该是说，作家不光写了眼前看到的景象，还写了脑子里闪过的北平街市上的景象，而且用的是"一闪而过"的手法。

你气闷了把笔一搁说，这叫做什么生活！你站起来，穿上不能算太贵的鞋袜，但这双鞋和袜的价钱也就比——想它做什么，反正有人每月的工资，一定只有这价钱的一半乃至于更少。你出去雇洋车了，拉车的嘴里所讨的价钱当然是要比例价高得多，难道你就傻子似地答应下来？不，不，三十二子，拉就拉，不拉，拉倒！心里也明白，如果真要充内行，你就该说，二十六子，拉就拉——但是你好意思争！

这，显然说的是在北平的生活情景。他们去的时候，水磨坊还没有全都改建成消夏别墅，有的还在开着。文章里说到，她曾去过一家开着的水磨坊参观。

话说了这许多，你仍然在廊子底下坐着，窗外送来溪流的喧响，兰花烟气味早已消失，四个乡下人这时候当已到了上流"庆和义"磨坊前面。昨天那里磨坊的伙计很好笑的满脸挂着面粉，让你看着磨坊的构造；坊下的木轮，屋里旋转着的石碾，又在高低的院落里，来回看你所不经见的农具在日影下列着。院中一棵老槐、一丛鲜艳的杂花、一条曲曲折折引水的沟渠，伙计和气地说闲话。他用着山西口音，告诉你，那里一年可出五千多包的面粉，每包的价钱约略两块多钱。又说这十几年来，这一带因为山水忽然少了，磨坊关闭了多少家，外国人都把那些磨坊租去做他们避暑的别墅。惭愧的你说，你就是住在一个磨坊里面，他脸上堆起微笑，让面粉一星星在日光下映着，说认得认得，原来你所租的磨坊主人，一个外国牧师，待这村子极和气，乡下人和他还都有好感情。

引用这节文字，不光是要说明文中所写，是他们夏天在峪道河的真实情形,更是要见出林徽因文笔的平实而优美。这是她的真性情,也是她的真本事。

这就要说到我对文学的看法了。一个作家,有没有本事,端看他的文字上的功夫。世上并没有什么文学作品。文学是文字的一种品质,你的文字达到了文学的品质,你写的作品就是文学作品,没有达到文学的品质,不管你叫小说也好,叫诗也好,都不能叫文学作品,只能说是小说样的一堆文字,诗样的一串又一串的文字。说到这里,可说一个小故事。二十世纪三十年代,舒新城是中华书局编辑所的主任,编辑所的主任相当于书局的总编辑,所有的书稿都要先经他的手。是蔡元培吧,给他推荐来一部诗稿,他看了,很不以为然,你猜他批了句什么话,他说:不是文,不是诗,只有一串一串的字。我们现在的许多作品,要是让他老先生看了,什么小说,什么诗,在他看来全是一串一串的字。

文学的品质也是分档次的。有的只可说勉强达到了,有的则可说是上佳的文字。有人会说,你这么说,不是抹杀了文字的风格吗?不会的,不管什么风格的文字,细腻的,粗犷的,只要达到文学的水准,它都有一个特征,那就是舒畅而有蕴含。细分,也许有的内敛些,有的外露些,基本的品质不会改变。

林徽因的文字好,除了这些基本的品质外,还有一个特点,就是文思敏捷,节奏轻快。看过一篇文章,是一个跟林徽因有交往的人写的,他说林徽因说话,语速甚快,思维是跳跃式的，一会儿说到这个，一会儿又说到那个，稍不凝神，就赶不上趟儿。这篇《窗子以外》，还有前面说过的《九十九度中》，细细体味她的语言，确有文如其人的感觉。可见什么意识流，什么文字风格，不是你想怎样就怎样的。你得先是那么个人，才能写那么样的文。

好了，说正经的。所以添这么一节，不会是为了展现林徽因的写作的才华，我的用意，着重在情的方面。就是前面说到的第二点，情的展现，是内心的坦露，人性的张扬。与文学上的才华，两相映照，最终归结到品质的高尚，人格的完美。

这也与沈从文这个人有关。

沈从文与张兆和的婚恋，早就成了文坛上的佳话。但这个佳话，也不是没有闲话的。男婚女嫁，生儿育女，不是铁打的营盘。感情这个东西，跟山间的溪水一样，筑个堤坝，蓄满了碧波荡漾，溃坝了冲下去，就房倒屋塌。太玄乎了，说事吧。

1936年的春节刚过，沈从文竟忽然冒着寒风，来北总布胡同三号找林徽因，说他遇到了一个人生的难题，爱上了一个年轻女孩子。这个女孩子，叫高青子，是他老乡熊希龄的家庭教师。熊希龄在民国初年，当过国务总理，梁启超、林长民当总长的那一届政府，就是熊的总理。这几年在北平香山办慈幼院，沈从文最初来北京，就是投奔他的。想来后来也常去，这样才会爱上这个女孩子。他以为这样的事，不算什么，跟新婚妻子张兆和说了，张兆和大怒，一气之下跑回合肥娘家，弄得他很是痛苦，跑来向林徽因倾诉，看林能给他什么切实的指点，挽回这个尴尬的局面。

林徽因能怎样呢，在一篇文章里说，"他的诗人气质造了他的反，使他对生活和其中的冲突茫然不知所措，可我又禁不住觉得好玩。他那天早晨竟是那么迷人和讨人喜欢！而我坐在那里，又老又疲惫地跟他谈，骂他，劝他，和他讨论生活及其曲折，人类的天性、其动人之处和其中的悲剧，理想和现实！"据说林徽因还给张兆和写过信，劝张想开些，早些回来，从文真是太痛苦了。

这些都不说了，我想说的是，林徽因后来给沈从文写的一封信。出了这事，除了见面倾诉，沈从文还写了信，总有好几封吧。这个人爱写信，一写就是一大篇。林徽因写给沈从文的信，有两三封，要说的是最后一封。这时，七七事变已经发生，北平城的文化人纷纷南下，林徽因一家已经到了长沙。想来沈从文该是去了昆明。他在的中小学课本编委会，属政府组织，该是先一步就撤出的。

抬头仍是二哥。一下笔先说，世间事有你想不到的那么古怪，你的信来的时候正碰到我双手托着头在自恨自伤的一片苦楚的情绪中熬着。在二十四个钟头中，我前前后后，理智的，客观的，把许多纠纷痛苦和挣扎或希望或颓废的详目通通看过好几遍，一方面展开事实观察，一方面分析自己的性格、情绪、历史，别人的性格、情绪、历史，两人或两人以上互相的生活，情绪和历史，我只感到一种悲哀、失望，对自己对生活全都失望无爱好。我觉得像我这样的人应该死去,减少自己及别人的痛苦!这或是暂时的一种情绪,一会儿希望会好。接下来才说——

在这样的消极悲伤的情景下,接到你的信,理智上,我虽然同情你所告诉我你的苦痛(情绪的紧张),在情感上我却很羡慕你那么积极那么热烈,那么丰富的情绪,至少此刻同我的比,我的显然萧条颓废消极无用。你的是在情感的尖锐上奔进!

再下来是譬解劝慰的话。她是个感情充沛的人,说着说着,就说到了自己。说她此一刻,也陷在感情的动荡中。原话是夹在括号里说的,可见不是信的主要内容,而是情动于中,忍不住要说了出来。她说,"此刻说说话,我倒暂时忘记了我昨天到今晚已整整哭了廿四小时,中间仅仅睡着三四个钟头,方才在过分的失望中颓废着觉到浪费去时间精力,很使自己感叹"。出了括号,又说,"在夫妇中间为着相爱纠纷自然痛苦,不过那种痛苦也是夹着极端丰富的幸福在内的。冷漠不关心的夫妇结合才是真正的悲剧!"这是劝他,对妻子的一怒离去,要给予充分的体谅。不过,对沈从文的婚外情,她仍给予正面的鼓励,也是拿自己的抉择说事的。

她说,假如在"横溢情感"和"僵死麻木的无情感"中叫她来拣一个,她毫无问题要拣前面的一个,不管是为她自己或是为别人。人活着的意义基本的是能体验情感。能体验情感，还得有聪明有思想来分别了解那情感——自己的或别人的！假如再能表现你自己所体验所了解的种种在文字上——不管那算是宗教或哲学，诗，或是小说，或是社会学论文——谁管那些——使得别人也更得点人生意义，那或许就是所有的意义了——不管人文明到什么程度，天文地理科学通到哪里去，这点人性还是一样的，主要一样的是人生的关键。在一些微笑或皱眉印象上称较分量，在无边际人事上驰骋细想，正是一种生活。末后这几句话，十分关键——

算了吧！二哥，别太虐待自己，有空来我这里，咱们再费点时间讨论讨论它，你还可以告诉我一点实在情形。我在廿四小时中只在想自己如何消极到如此田地苦到如此如此，而使我苦得想去死的那个人自己在去上海火车中也苦得要命——已经给我来了两封电报一封信，这不是"人性"的悲剧么？那个人便是说他最不喜管人性的梁二哥！

落款"徽因"二字。又有附言："你一定得同老金谈谈，他真是能了解同时又极客观极同情极懂得人性，虽然他自己并不一定会提起他的历史。"

此时金岳霖该也去了昆明，这样才会说，让沈从文跟老金谈谈。说这话莫不是提示沈从文，应以老金对她的态度，对待那个叫高青子的年轻女人？

这话到此为止。要说的只有一句，无论怎样隐晦的感情，说出来便是坦荡，便是真诚，便是品格高尚。你可以说她有失检点，不该口无遮拦，再说什么，就该想一下，若你遇上同样的情形，是心有未甘，还是像她一样胸怀坦荡？

10. 作为一个建筑师的成绩

调剂一下吧。不能光说感情和经历，也得说说她作为一个建筑师的业绩。毕竟在她的墓碑上，她丈夫给她的定位是建筑师。

林徽因是个少小有大志的人，出名很早，几乎可以说在美国留学的时候，就出名了。

又没有什么成就，而能出名，是因为她很快就融入了美国社会，得到了美国人的认可。那年代，后来也差不多，中国留学生要融入美国社会，得到彼邦人士的文化认同，是很难的。中国留美的学生，以清华学校为大宗，这些人高小毕业考入清华，上八年学，毕业时大都在二十出头。比如梁实秋，一步不落地上下来，到1923年"放洋"时，已二十岁了。闻一多也是清华的，在清华待了十年，1922年"放洋"时二十三岁，妻室儿女都有了。徐志摩北大出身，留美时二十二岁。这样的年纪，学业可能很优秀，但要融入美国社会，怕就难矣哉了。有人说徐志摩是个例外（赵毅衡说的），要叫我说，林徽因更是个例外。一是她的小学中学，在国内上的都是教会学校，二是她十六岁跟上父亲旅居英国，又游览欧陆，一待就是两年。少年时可塑性强，学下什么就是什么。林徽因后来说她是双重文化教育熏陶下长大的，主要不是说她曾在美国上过学，应当是说她从小受的就是西洋教育。在美国上学，不过是进一步的深造罢了，也可说是一次印证。

到美国不久，这个印证马上就来了。

在美国，她和梁思成上的是宾夕法尼亚大学的美术学院，梁思成进了建筑系，她也想进，建筑系不收女生，只好进了美术系，同时选修建筑系的课程。有人说，美国人怎么这么保守，建筑系竟然不收女生，这是对女性的歧视。实际上不会这么简单，那个年代，美国人怎么会比中国还要保守呢，应当说美国人的考虑更人性一点，或者说是过分人性了些。没有进入建筑系，林徽因当然要打听为什么不能进，打听到的原因是："建筑系的学生常常要彻夜赶图，而无人陪伴的女生不太方便。"这解释不能说多么周全，也有它合理的成分、人性化的成分。因为志在学建筑，选了建筑系的课，跟上了建筑系也差不了多少。不管怎么说，她的学业是相当优秀的。1924年9月入学，1926年春季班开始，她已是建筑系建筑设计教授的助理，下学期又当上了建筑设计课的辅导员。这时候，她还完全是个学生。为什么要担任这样的兼职呢，恐怕与她的父亲林长民先生，前一年冬天突然死去有关。当然，也得是学业优秀才能得到这样的兼职。

就在这一年，她的一个同学因为对她的敬佩，专门在

《蒙大拿地方报》上写了一篇她的通讯。其中说：

> 她坐在临窗的一把高凳子上——这样一个娇小玲珑的人儿却正埋头解决着一个巨大的建筑问题。当她设计出来以后，和另外三四十个人的作品一起挂在裁判厅里，她的作品肯定获得最佳奖。这并非轻率的断言：她的作品一向总获得最高分，或者偶尔拿个亚军。娴静但是富有幽默感，毫无矫揉造作之态，在谈话过程中她始终不谈个人的成就。（杨立《林徽因留美生活片断》，收入《窗子内外忆徽因》）

对林徽因能这么快地融入西方社会，她的好朋友，美国人费慰梅是这样说的：

> 她有着异乎寻常的美貌、活泼和机灵，说得一口流利的英语，而且天生善于交际。而当时因为义和团（拳）运动刚过去不久，美国人给中国来的留学生叫"拳匪学生"，中国学生的整体特点是刻板、死硬。宾大美术学院里，独有林徽因和另一个中国学生陈植是例外。陈植回国，也成了著名的建筑学家。

1927年2月林徽因大学毕业了，梁思成还要拿硕士学位，一时毕不了业，徽因就去耶鲁大学戏剧学院帕克教授的工作室学习，成为我国第一个在国外学习舞台美术专业的学生。这样刻苦自励，这样广吸博纳，她是有高远的志向的，正如她在采访录里所说：

> 我随家父遍游欧洲，正是在这次游历的过程中，我有生以来第一次产生了学建筑的想法。现代西方的经典艺术辉煌壮丽，深深地打动了我，我渴望把这些美好的东西带回我的祖国。我们需要掌握西方的牢固建造理论，使我们的建筑物能够历时更久一些。

也就是说，早在游历欧洲时，看到那些高大辉煌的建筑，让她的视觉，也让她的心灵受到巨大的震撼，立志要改变中国传统建筑那种低平而不耐久的缺憾。1928年春夏间，是新婚旅行，也可以说是为了更好地、理性地考察欧洲的近代建筑，夫妻俩遍游欧陆，然后取道西伯利亚回国。可以说，在国外数年间，这对年轻人，一个心眼，就是要开辟中国建筑的新纪元。林徽因更是雄心勃勃，她自认为，她的才分远在丈夫之上，至少也是不分高下。

但是，历史和这个漂亮的女人，开了个天大的玩笑，它造就了她，又毁灭了她，就像我们前边说过的捋瓦盆的笑话一样，只留下了飞速而过的闪光的影子。更像一个摔碎了的名贵的瓷器，只留下了一块块精美的瓷片，深埋在土中，多少年后一一挖掘拼接，才能复原它那让人惊叹的优异的品相。曾经有过的，真正美丽的，总不会完全毁灭，历史老人有他冷酷的一面，也有他忠厚的一面。该深长思之的，倒是我们这些后世之人，中国历史的不肖子孙。

能说明她，也包括她的丈夫一生形态的，该是这样一个故事。1938年他们历尽艰辛来到昆明，这时中央政府决定在昆明组建西南联合大学，就是把北大、清华、南开三所大学合成一个大学。此前已合在一起，组成临时联合大学，是在长沙。这次算是正式命名。这可是中国的一流大学，当然要设计校园，设计楼房，地方批下来了，谁来设计呢，当然得是中国一流的建筑设计师，于是便聘请了梁思成来做这个事。是梁思成的事，也是两口子的事。结果怎样呢？在《精神的雕像：西南联大纪实》一书中有这样的记载：

夫妇俩花了一个月时间，拿出了第一套设计方案，一个中国第一流的现代化的大学赫然纸上。然而设计方案很快被否定了，理由是西南联大拿不出那么多的经费建造这所中国一流的高等学府。此后两个月梁思成夫妇把设计方案改了一稿又一稿：高楼变成了矮楼，矮楼变成了平房，砖墙变成了土墙，几乎每改一稿，林徽因都要落一次泪。

我细细地翻看了林徽因的《年谱》，想看一下，夫妇俩这一生到底设计了什么建筑。大略说来有这些：

1. 1929年2月，梁启超去世后，梁林二人为父亲设计了墓碑和小亭。此为梁林设计的第一个作品。

2. 1929年，在东北大学，梁思成、陈植、童寯、蔡方荫四人组成"梁陈童蔡营造事务所"，接受建筑设计业务，设计了吉林大学校舍总体规划和三层的一个教学楼，还设计了交通大学计划在锦州开办的锦州分校校舍。林均参与其事。

3. 同年，梁林二人共同设计了沈阳郊区的"肖园"，一幢私人住宅。

4. 1932年，林为北京大学设计地质馆。又与梁思成共同设计北大女生宿舍楼。

5. 1938年8月，梁林被聘为西南联合大学校舍顾问，为联大设计校舍。又为云南大学设计女生宿舍。

6. 1940年5月，梁林二人在昆明郊区龙泉镇龙头村为自己设计并监工修建了一所住宅。

在昆明期间，他们还为一些朋友做过房屋的设计。用林徽因抗战期间给沈从文信里的话说，就是："现在所忙的仅是一些零碎的私人委托的杂务，如果他们肯给我们一点实际的报酬，我们生活可以稍稍安定，挪点做些其他有价值的事也好，偏又不然……"也就是说，这些设计，都是白做的，顶多请次客、送点礼就行了。

以上列出的几项，到现在几十年过去了，有的踪影全无，有的即便还有，也面目难识，唯二（不是唯一）还在的，一是为梁启超设计的墓和小亭子，二是他们在龙头村住过的一排土坯墙的房子，据说昆明市要将之作为市级文物保护单位。两个建筑物中，有建筑艺术价值的，只有梁启超的墓和墓前的小亭子。梁启超是中国文艺复兴运动的首倡者，当初他送儿子和准儿媳去美国学习建筑，是要他们回国之后，建筑标志着新时代新纪元的高楼大厦，绝不会想到一对这么杰出的儿女，学成归来也努力了也奋斗了，几十年后存留下来的建筑竟是他自己的坟墓！

林徽因毕竟是学美术的，与建筑的结合，当是建筑装饰艺术，纯粹的建筑不是她的本业，那就看看她在这方面有什么建树吧。

1. 1928年秋天刚回国，回福州省亲，帮助叔父林天民设计了福州东街文艺剧场。属装饰设计。

2. 1929年，东北大学征集校徽有奖设计，林作中奖，获四百元奖金。

3. 1935年，林徽因赴天津为南开新剧团演出的《财狂》（莫里哀《悭吝人》）做舞台设计。

4. 1947年，林徽因倡议并带头，组织起清华大学建筑系师生的工艺美术组，接受校外业务。其中可能就有梁从诫文章中说到的王府井大街上一家商店门面的设计。

5. 1949年，林带领清华大学建筑系部分教师参与了国徽的设计。

6. 1951年，林参与了北京特种工艺品景泰蓝的改革与设计。

7. 1952年，梁林为清华大学同方部设计学生活动场所。

8. 同年，梁林负责中南海怀仁堂的内部装修设计。

9. 1953年，梁林参与人民英雄纪念碑的设计，林主要负责基座花纹浮雕的设计。

存留下来的,真正属于她自己的作品,只有那个得了四百元奖金的东北大学校徽。只怕中国的收藏界,偶尔见到这么个实物,也不会想到此物的设计乃出自林徽因先生之手。人民英雄纪念碑基座上的花纹雕饰,也会永久留存,应当说是一种集体的创造。

但是,在别的方面,她和她的丈夫,却立下了盖世奇勋,那就是中国的古建筑调查,与中国建筑史的写作。中国第一个唐代建筑——五台山佛光寺,就是他们发现的,在此之前,日本人曾宣称中国没有唐代建筑。在梁思成写成《中国建筑史》之前,日本和欧洲,都出过类似的著作,都不是中国人写的,梁的《中国建筑史》虽后出而高出一筹,填补了中国学术史在这方面的空白,给中国人长了志气争了脸面。只是这两项,古建筑的调查和建筑史的写作,其功绩都要归在梁思成的名下。林徽因只能说是,协助丈夫做了许多工作,比如说某些图是她绘的,某些章节是她写的。

对自己的壮志难酬,林徽因是深有感触的。抗战期间,林写给她的好友沈从文的信中,备述自己人生的困顿与无奈。时间是在她一家经过三十九天的长途跋涉,来到昆明之后,信中说:

现在生活的压迫似乎比从前更有分量了。我问我自己三十年(岁)底下都剩一些什么,假使机会好点我有什么样的一两句话说出来,或是什么样事好做,这种问题在这时候

问,似乎更没有回答——我相信我已是一整个的失败,再用不着自己过分的操心。(梁从诫编《林徽因文集·文学卷》)

接着,她用在黔滇公路上看到的情景,比喻了自己的身体,也是比喻了自己的大半生,实际只有三十四五岁,因为她只活了五十一岁,可说是大半生了。她是这样说的:

我看黔滇间公路上所用的车辆颇感到一点同情,在中国做人同在中国坐车子一样都要,承受那种的待遇,磨到焦头烂额,照样有人把你拉过来推过去爬着长长的山坡,你若使懂事多了,挣扎一下,也就不见得不会喘着气爬山过岭,到了你最后的一个时候。

一辆破烂的汽车,仍要爬那长长的坡,可说是她一生的写照。懂事多了,挣扎一下,也不见得就不能爬过那道坡,翻过那道岭。此情此景,想着都让她寒心,让她气馁。这样一架破机器,总有一天要爬不动的,要熄火的。

11. 八年抗战,总算熬过来了

抗战期间,他们一家的日子,是很艰苦的。有时甚至有生命危险,比如到长沙刚住下来,就逢上日本飞机轰炸,一颗炸弹落在他们住的房子旁边,气浪将房子的玻璃全震碎了。林徽因正抱着孩子从房间出来，被气浪冲倒在楼梯跟前。

但是，我们也别把他们的艰苦，想象成中国农民三年灾害时期的艰苦，更别想象成红军爬雪山过草地的艰苦，就在上面提到的那封给沈从文的信中，林说，到如今她还不太明白，她们来到昆明是做生意，是"走江湖"，还是"社会性骗子"——因为梁老太爷的名分，人家常抬举他们夫妇，所以常常有些阔绰的应酬需要他们笑脸应付——这样说来，好像是牢骚，其实也不尽然，事实上此中情感良心均不得平衡。这话的意思，是说比起前线的将士来，他们的生活太好了，而却不能做些直接有助于抗战的工作。

就说写这封信的时候，他们住的是云南省主席的别墅，不管是租的，还是借的，都要绝大的面子才能住在这么高级的地方。这也由不得他们。须知那个年代的中国，提起梁启超的名字，可说无人不知晓，无人不敬重，有的高官大员，说不定还是梁启超的门生故旧呢。梁启超的大公子，那是许多人都想见一见的。能招待梁大公子夫妇吃顿好饭，对这些人来说也是很给面子的事体。

说到这儿，顺便说一下抗战爆发后，林徽因一家逃亡的路线。有了这些事实，说起他们一些精神层面的东西，就有了依凭。

卢沟桥事变爆发的时候，林徽因和梁思成都不在北京，这些日子他们正在山西五台山一带考察古代庙宇。就在七七事变这一天，他们发现了佛光寺是唐代建筑。在山里，见不到报纸，也没有电话，只顾工作，外面的事什么都不知道。直到几天之后来到代县，有了报纸，可以打电话了，才知道北平发生了战事。当时也没有想到，这会是抗战爆发的标志。平汉路的火车不通了，好在平绥路没有断，他们先到大同，坐平绥路的火车回到北平。当时北平还在中国军队的手里，守军在他们家门前也挖了战壕，像是要长久驻守，与日军对抗的。他们也准备了吃的喝的，等着战事起来用。没想到的是，过了几天，早上起来外面静悄悄的，出门一看，原来中国军队夜里悄悄撤走了。接着日本军队开进城，一枪都没放，北平就沦陷了。

北平一沦陷，梁思成便决定，一有机会赶紧离开，响应政府的号召，到大后方去。"九一八"事变之后，他在东北大学待过一段时间，知道当亡国奴的滋味。再就是，他的身份也不允许他留在北平。此前两三年间，随着几篇著名的古建筑考察报告的发表，他已是国际上知名的学者，日本学术界对他尤其敬重。日本人占领华北后，要维持地方治安，学术繁荣，不会不打他的主意，那时要走可就不容易了。

9月初，机会来了，他们一家五口，除了他们两口子，还有一女一男两个孩子，林徽因的母亲，上火车去了天津。天津也不是久留之地，下来去哪儿呢？梁再冰的文章里，好像是说，一开始就定下去昆明，怕不是这么回事。先定下的地方是长沙，这是当时中央政府给文化机关、研究机构定的一个重要集结地。7月间，梁实秋和叶公超两人逃出北平去了南京，找到教育部，要求给他们分配抗战工作，部里给了他们船票和路费,让他们去长沙集中待命,说不久就要发表成立临时大学的命令。李济和赵元任都是中央研究院史语所的,据赵元任的妻子杨步伟的回忆录里说,1937年8月他们奉命撤离南京,其路线也是经武汉到长沙集合。后来临时大学和中央研究院也都由长沙往昆明撤退,那是战局发生了变化,长沙失陷在即,不得不采取的第二步撤退方案。

在天津小住了一段时日,10月初,一家人开始往长沙进发,历时二十多天,上下舟车十六次,进出旅店十二次,终于在10月下旬到了长沙。在长沙过了一段相对平安的日子,大约两个月的样子,不久战局紧张,又开始往昆明撤退。从长沙到昆明,原本十天的路程,他们走了差不多四十天才到。路途艰难只是一个方面,主要是林徽因患了肺炎发高烧,在晃县一家小旅馆里,一住就是两个星期,直到经过治疗,烧退了才继续上路。到了贵阳又休息了十几天,这样走走停停,就用了一个多月的时间。这次路上得的肺炎,一直没有痊愈,到四川李庄后,终于引发了原本已经康复的结核病。

到昆明已是1938年1月中旬了。他们一家,是当时撤退的文化人中,头一批到达昆明的。从头一年9月离开北平算起,共用了五个多月的时间。这行程数千里,途经数省的逃难之旅,让林徽因有机会,全面认识了中国的社会现实,既领略了山川的秀丽、民风的淳朴,也见识了国家的积贫积弱,军民同仇敌忾、抵御外侮的精神风貌。逃难途中,包括往后一段时间,有件事给她留下了极为深刻的精神烙印,甚至影响到她后半辈子的人生态度。

1937年12月间,他们来到湖南和贵州交界的晃县(属湖南,现为新晃侗族自治县),天色已晚,林徽因开始发烧,梁思成急于找个旅馆,把一家人安置下来。但是,在小县城转了一圈,才发现所有的旅馆都住满了。正着急时,听到一间旅馆楼上传出优美的小提琴声,两人循声上到楼上,原来是一批广东小伙子,梁思成会广东话(梁启超是广东新会人),攀谈之下知道全是空军航校的学员,奉命往昆明撤退。听说他们一家五口没有住处,表示可以挤出一间房子给他们。第二天一早,学员们要走了,临别时,梁思成把他们到昆明后的住址告诉了这些年轻人。

本来只是小事一宗,谁在旅途中都可能遇到,但是,后来发生的事情,就不能说是小事了。

到昆明住下后,在晃县结识的那些航校学员,又跟他们联系上了,常来他们家的有七八个,来的时间一般是周末或节假日。林徽因像接待自己的亲弟弟一样地接待他们,事实上,她也确实有个弟弟叫林恒的,也在这个航校服役,班次要晚些。林恒是十期,这些年轻人是七期。不久,要毕业了,他们的亲人多在外地,就请梁思成和林徽因充当他们的家长参加他们的毕业典礼。毕业后,这七八个人大多分到了四川各地,担负空袭警戒与作战任务。大约1939年,拉小提琴的那个学员,最先牺牲。因为他的家乡在沦陷区,跟前没有亲人,梁思成和林徽因曾充当过他的家长,部队上便把烈士的遗物,寄给梁家保管。这才是个开始。此后不到两年,他们在晃县认识又常来往的七八个小伙子,几乎全部阵亡了。不久,林徽因的弟弟林恒,也在一次空中作战中阵亡了。

隔不多久,就有一个年轻人阵亡,一包遗物又寄到了梁家。有朋友,也有亲人,最重要的是,一个个都那样的年轻,生气蓬勃,有理想又有担当。断断续续三四年,犹如一柄重锤,不时地敲击着林徽因的心灵,锤炼着她的神经,变得敏感而又锐利,粗粝而又刚强。同时,我们也可以把晃县相遇及此后的一连串事件,看作历史老人的一个着意的安排,他要让林徽因这个中国现代知识分子的杰出代表,这个二十世纪中国的巾帼英杰,真正地见识一下我们中华民族在危难时刻表现出的民族精神,多么的光华四射、熠熠生辉,多么的气吞长虹、感天动地!

有了这件事,她后来做的许多事,就都有了精神的依托、力量的源头。作为一个后死者、一个女人,她的所作所为,对得起这些年轻的英魂。

从1938年1月中旬到昆明,到1940年11底前往四川,林徽因一家在昆明住了差不多三年的时间。这三年,以住处而论,又分为两个阶段。前一阶段,没有自己的房子,住过省主席别墅那样的高档住宅,也跟别人合住过普通的民房(在昆明文津街九号与清华大学一汪姓教授合住),时间最长的,还是营造学社恢复后,与学社的人一起住在昆明郊区麦地村,一座走空了的尼姑庵里,一家人住一间半房子。后一阶段,有了自己的房子。1940年春天，他们在离麦地村大约两华里的地方，龙泉镇龙头村，建起了自己的住房，还有个不大的院子。同时建起的，还有钱端升教授家的，也是由梁思成和林徽因设计监造。他们的房子后建，砖瓦木料，这些建筑材料开始紧缺了。他们的热情特别高涨，有大工也有小工，他们还是亲自帮着运料，做木工和泥瓦工的活儿。龙头村在昆明东北，相距十五六华里，交通也还方便。

这个房子还在，从照片上看，相当讲究。主屋分主卧室、小卧室、饭厅、起居室。院子里另有用人房、厨房、柴房和厕所。卧室和起居室，铺的木地板。起居室北墙有壁炉，外墙镶嵌着陶土圆管拼接的烟囱直通屋顶。这在昆明是没有必要，也没有先例的，只可说是林徽因要显示他们不同凡俗的生活情调。

有件事，现在的人听了会有些奇怪，当时的人肯定一点都不会奇怪，就是，房子建成或正建之际，想来应当是后者，在西南联大教书的金岳霖，见了很是喜欢，自己出钱，在正屋的西侧续接了一间耳房，比正房稍矮些也稍窄些，房门直通梁家的起居室。林徽因在给美国朋友费慰梅的信上说："这个春天，老金在我们房子的一边添盖了一间耳房。这样，整个北总布胡同集体就原封不动地搬到了这里，可天知道能维持多久。"我在一篇文章里，说及金岳霖与林徽因的情谊时，曾说过，自从1932年那场感情风波过后，金岳霖就过起了游牧民族的生活，不同处在于，游牧民族是逐水草而居，我们的金教授是逐林木而居。林徽因信中,不说他们这是个大家庭,而说他们这是"北总布胡同集体",是耐人咂摸的,也是光明磊落的。

住在乡下,是比城里安全些,但也不是绝对的安全。这一时期的日常生活,林徽因在给费慰梅的信里说:

> 轰炸越来越厉害,但是不必担心,我们没有问题,我们逃脱的机会比真的被击中的机会要多。我们只是觉得麻木了,但对可能的情况也保持着警惕。日本鬼子的轰炸或歼击机的扫射都像是一阵暴雨,你只能咬紧牙关挺过去,在头顶还是在远处都一个样,有一种让人呕吐的感觉。可怜的老金每天早晨在城里有课,常常要在早上五点半从这个村子出发,而还没来得及上课空袭就开始了,然后就得跟着一群人奔向另一个方向的另一座城门,另一座小山,直到下午五点半,再绕许多路走回这个村子,一整天没吃、没喝、没工作、没休息,什么都没有!这就是生活。(梁从诫编《林徽因文集·文学卷》)

就是这样的生活,也不能长久。林徽因说过,天知道能维持多久,意思是战局不稳定,谁知道能在这儿住多长时间,这话还真让她说中了。建房的地,是龙泉村的土地主人无偿提供的,条件是离开时房子无偿地留下。能多住几年,自然是合算的。然而,时势谁也无法预料,1940年春天建起住上,到

11月就得离开了。

原因是，中央研究院历史语言研究所要离开昆明了。营造学社恢复后，梁思成任社长。学社是私营机构，开展研究工作有诸多不便，经梁思成奔走申请，正式附属于中研院史语所，所谓的附属，只是名义上的，经费上得不到多少补助，名分上好听些，招揽的业务多些。主要是，他们的研究工作，离不开史语所的大批图书资料。这样，史语所到哪儿他们也得跟到哪儿。

史语所选定的地址是长江上游，宜宾附近长江边上的李庄，听起来像个村子，不是的，是个镇子，还不能说小。1940年9月，梁思成得到教育部的正式命令，营造学社随史语所迁往宜宾县李庄镇。刚住上新房不久，建造的费用还没全部还清，这可怎么办，多亏费慰梅给寄来一百美元，才救了这个急。11月底要动身了，偏偏梁思成病了，无法成行，林徽因只好拖着病体，带领母亲和孩子，随着大队人马先行。坐的是卡车，一家准许带八十公斤行李，同行三十一人，从七十岁的老人到一个刚出生的婴儿挤在一个车厢里，人多行李也多，只好两脚叉开坐在行李卷上。经过七八天的长途颠簸，12月7日才到了四川的泸州，要去宜宾，还要坐船走水路。又经过一番折腾，10日晚上才到了宜宾。不行，还得走，李庄离宜宾还有六十华里的水路，下水船，好走多了。13日上午，终于到了长江南岸的李庄镇，住进镇子边上的上坝村张家大院。是他们住家的地方，也是营造学社办公的地方。一个星期后，梁思成也赶来了。此后几年间,直到抗战胜利后,梁家一直窝在这个地方。

在李庄的几年,好处是听不见日本飞机扔炸弹的声音了,人是安全了,生活却艰苦多了。林徽因卧床不起,营造学社的经费断了,一家五口,节衣缩食,艰苦支撑。家中实在无钱可用时,梁思成只得到宜宾典当行去当卖衣物,把派克钢笔、手表等贵重物品都"吃"掉了。梁思成是个风趣的人,要当卖什么了,就跟家人说:把这只手表"红烧"了吧,这件衣服可以"清炖"吗?

这期间,林徽因的肺病更加沉重,每天只能躺在床上。同时,梁思成的弟弟梁思永的肺病也加重了。思永是史语所的人,也在李庄。这个情况,甚至引起了最高当局的关注,说白了就是蒋介石的关注,拨付专款,给予救济。

当然不是蒋介石亲自到梁家知道了这个情况的,是当时的中央研究院史语所所长傅斯年写信给教育部部长朱家骅,让他给蒋介石的秘书陈布雷说一下,由陈布雷上达蒋介石。蒋介石也不会拿上钱给梁家送去,他让当时的经济部部长兼资源委员会主任翁咏霓,就是翁文灏,给拨了一笔款子。多少呢,具体数目现在已不可知了,但是从傅斯年给朱家骅的信上,能看出来,至少也是两三万元。是给思成、思永两家的,这在当时是一笔大钱。对这样的辗转申请,蒋介石只会如数拨付,不会再打什么折扣的。

傅斯年和梁家兄弟的交情并不深,对梁启超还不无微词,主要还是佩服梁家兄弟,包括林徽因的人品学问,才仗义执言,上书教育部部长,转请蒋介石玉成此事。按说,这样的信,是不可能留下来的,傅斯年怕梁家兄弟突然接到这么一大笔钱不知所措,就把他给朱家骅的信的抄件,还有一些往返信件的抄件,全给了梁思成。

傅斯年在给朱家骅的信上说,"梁思成、思永兄弟皆困在李庄。思成之困,是因其夫人林徽音女士生了 T.B.,卧床二年矣"。为梁思成申请专款,实际上是因为林徽因病重卧床不起。为了将来能说动陈布雷进而说动蒋介石,傅斯年特意把梁思成的成绩做了评价,因为要钱实际上是为了给林徽因看病,顺便把林徽因的情况也做了介绍。原文是:

> 思成之研究中国建筑,并世无匹,营造学社,即彼一人耳(在君语)。营造学社历年之成绩为日本人羡妒不置,此亦发扬中国文物一大科目也。其夫人,今之女学士,才学至少在谢冰心辈之上。(梁从诫编《林徽因文集·文学卷》)

"在君语",是说这句话,是丁在君说的,丁在君是一位著名的地质学家,多年前就去世了。信中有几句话,现在读来仍让人感动,请听听:

> 总之,(梁家兄弟)二人皆今日难得之贤士,亦皆国际知名之中国学人。今日在此困难中,论其家世,论其个人,

政府似皆宜有所体恤也。未知吾兄可否与陈布雷先生一商此事，便中向介公一言，说明梁任公之后嗣，人品学问，皆中国之第一流人物，国际知名，而病困至此，似乎可赠以二三万元（此数虽大，然此等病症，所费当不止此也）。国家虽不能承认梁任公在政治上有何贡献，然其在文化上之贡献有不可没者，而名人之后，如梁氏兄弟者，亦复甚少！

傅斯年的信，是1942年4月18日写的。很长，我们再"总之"一下：总之是必须给钱才行。

当时梁思成不在李庄，林徽因接到钱的同时，也接到了这一束信，知道了是怎么回事，知道了当然是很感动的，就要写个回信表示谢意。不是给蒋介石写，那犯不着，是给傅斯年写。信中代表思成，也代表思永，她是嫂子，当然能代表了小叔子，表示了感谢与愧悚。信中说，兄弟二人"深觉抗战中未有贡献，自身先成朋友与社会上的累赘的可耻"。关于她自己，是这样说的：

尤其是关于我的地方，一言之誉可使我疚心疾首，夙夜愁痛。日念平白吃了三十多年饭，始终是一张空头支票难得兑现。好容易盼到孩子稍大，可以全力工作几年，偏偏碰上大战，转入井臼柴米的阵地，五年大好光阴又失之交臂。近来更胶着于疾病处残之阶段，体衰智困，学问工作恐已无分，将来终负今日教勉之意，太难为情了。

"疾病处残之阶段"，不通，书上就是这么写的，想来该是"疾病身残之阶段"。草写的"身"字跟草写的"处"字很像。这里多说两句，傅斯年信中，把林徽因与冰心相比，从私人信件上说，是可以的，后来发表出来，我这里也引用，没有一点鄙弃冰心的意思。不过是存点史实。

不管怎样，林徽因总算熬过了抗战的艰苦岁月，活着离开了四川，到了北京。抗战中，有一度曾传说她已病死了。抗战刚胜利，李健吾在上海，就听说林是死了，在一篇文章中说过，"据说林徽音和萧红一样死于肺痨"。这传言并不为错，抗战危急时刻，她确实是抱了必死的决心的。

1944年11月，日军攻陷桂林，柳州弃守，日军北上进入贵州，继而，占领独山，有直扑四川之势。重庆告急，李庄也人心惶惶，病体支离，逃不动了，也再没地方可逃了，林徽因做了最坏的准备。抗战胜利后，1946年还在李庄，梁从诫问妈妈："如果当时日本人真的打到四川，你们打算怎么办？"林徽因告诉儿子："中国念书人总还有一条后路嘛，我们家门口不就是扬子江吗？"儿子急了，又问："我一个人在重庆上学，那你们就不管我啦？"病中的林徽因握住儿子的手，仿佛道歉似的小声说："真要到了那一步，恐怕就顾不上你了。"（梁从诫《倏忽人间四月天——回忆我的母亲林徽因》）每次看资料看到这儿，我都有一种想哭的感觉。这才是衷肠侠胆，这才是高风亮节，这才是中国知识分子的品质，这才是读书人的气节！

在林徽因的这句话里，一定要注意"后路"这个词，后路就是退路，就是这一次你不能把我逼到非得受你摆布的地步。我有退路，那么这一回合你就不能说是赢了。以后谁赢谁输还在两可之间。现在看到的材料越来越多了，应当说那个年代的知识分子，大多数还是有品格有气节的。许多人一被错划为右派，或者一被错打成反革命，马上就要求妻子离婚，这就是品格，这就是气节！当然，在外侮面前，中国知识分子的品格和气节，表现得更突出些，更完美些。

2005年是抗战胜利六十周年，出版了许多抗战的书，第二次世界大战的书，我看了几十本，有个感觉，仗是苏联人打得最惨烈，一俘虏就是多少万，一死也是多少万，像斯大林格勒战役那样的战役，死了的就好几十万。论气派，美国人最大，像诺曼底登陆，太平洋上的海战，在人类历史上，怕不会再有。而中国知识分子在战争岁月的表现，最有见识，最见品质。有四个人，让我感触最深，一个是军事家蒋百里，一个是企业家范旭东，一个是学者胡适，再一个就是文学家林徽因了。

说蒋百里你们不熟悉，说钱学森没有不知道的，蒋百里有个女儿叫蒋英，留学德国，后来嫁给了钱学森。也就是说，蒋百里是钱学森的岳父。他是抗战中死的，死前是中国陆军大学的代理校长，死后追赠为陆军上将，这个人，名分上是军人，实际上是个文人，是军事理论家，不是打仗的军事家。他早在抗战爆发前，就极有远见地指出，中国只要守住三阳，洛阳、襄阳、衡阳，就不会亡国，后来果然是这样，在这三个地方都打过大仗。抗战中他最有名的一句话是:"千言万语,只是不能跟他们讲和。"听起来简单,实际上最见智慧,最见胆略。和了就亡国,不和肯定能胜利。

范旭东这个人,你们也不一定知道,说另一个人,你们就知道了,就是侯德榜。上中学时,化学课本上肯定讲过他的烧碱法。他是范旭东的化工公司的工程师。范旭东的化工公司,是当时中国最大的民族企业。1941年香港沦陷,抗战前程扑朔迷离,好多人都认为中国要完了。范旭东困在香港。一天《大公报》的总编辑徐铸成问范老,他当时七十多岁了,对抗战前途的看法,范老说:中国必胜无疑。问为什么,范老说:我早年留学日本,一直对日本军政两界的人士很关注。日本派到远东前线的,都是他们国内的二流人才,而我们抗战中起用的,都是中国的一流人才,哪有一流人才打不过二流人才的道理?徐铸成听了大为佩服。

现在国家也重视人才了。学校更重视。人才是分流品的。一流人才一定要做一流的事,才可以证明你是真正的一流人才。前年我看过一本书,是个入了美国籍的华裔历史学家写的,这个人叫何炳棣,书叫《读史阅世六十年》。看了这本书,我只记住了一句话,就是有次在柏林,何炳棣遇见了顶级的华人数学家林家翘,林比他要大些,临分手的时候,林告诫这位小老弟说:我们这样的人,什么时候都不要做第二等的选题。也就是,一流人才要做一流的研究。范旭东、徐铸成,都是中国的一流人才。

胡适当然也是中国的一流人才，抗战中他有句话，什么时候我想起来，都感到热血往上涌，直达脑门，砰砰作响。1939年7月他在海外，以民间人士的身份从事外交活动，到了法国，突然收到中国驻法大使馆转来的一份蒋介石的电报，要他出任驻美大使。这让他很作难，因为他自己曾标榜二十年不谈政治，连政治都不谈，当然更不能接受政府的职务从事政治活动。过了几天到了英国，先接到国民政府一份电报，也是这个意思，接着蒋介石又再次来电，还是这个意思。他思考再三，回了份电报表示同意，是这么说的："现在国家是战时，战时政府对我的征调，我不敢推辞。"每次看到这句话，我总是止不住鼻尖发酸，太感人了，太感人了。这等于是说，我就是一个壮丁，国家遭遇外侮，要调我上前线，我不能说二话。有人批评胡适当驻美大使是当国民党的官，是见利忘义，背弃诺言，对这样的说辞，我只能说，偏见比什么都可怕，不好再说什么。

再一个就是林徽因这句话，听着平平常常，掷地一点也不能作金石之声，但是你细细地品味这句话，"中国念书人总还有一条后路，门外不是有条扬子江嘛"，多么平静，可是多么的深沉，多么的决绝，多么的满含着民族大义，多么的令人肃然起敬！我相信这话是真的，相信林徽因这样的人是能做到的，林长民的女儿，梁启超的儿媳，绝不会容忍自己落入日本人手里的。那时候，真的会连儿子也不顾了，顾了就坏了名节了。一个文人，危难时刻她所能做的，就是以死报国！文天祥临死前，在他的衣带上写了几句话，"读圣贤书，所学何事，而今而后，庶几无愧"，若做个诠释，所学何事，就是这样的事！

真的日本人来了，老百姓可以四散逃命，可以跪地求饶，读书人不行，读书人该死的时候就得死，因为民族的气节在你这里，民族的大义在你这里。"念书人总还有条后路，门外不是有条扬子江嘛！"一个病弱女子能说出这样的话，真是撼天动地，气壮山河，日月也会为之易色的！

现在好多人为周作人辩解，说当日本人的官不算什么，不就是个教育督办嘛，没什么，我一听就反感。对这些人，我从心底是鄙视的，从来不给一句好话。那些带兵的将军可以当汉奸，你周作人怎么能当汉奸。周作人当汉奸以后，是郁达夫还是谁说过一句话，说周作人当了汉奸，比中国失了东三省都严重，失了东三省，总有一天可以收复，周作人当了汉奸，中国读书人的耻辱永远也洗不掉。要是周作人当了教育督办都不算汉奸，中国就没有汉奸了。

仍说林徽因。整个抗战期间，她基本上是在病痛中度过的，但是，当日军逼近重庆的时候，"门外不是有条扬子江嘛"，有了这么一句话，她的形象，她的品格，就立起来了。

12. 又遇上了一个克星：钱锺书和他的《猫》

在林徽因的传记里，还有众多的研究文章里，我注意到一个现象,就是抗战胜利到中华人民共和国建立前这段时间,说到林徽因的事情不多。这也能理解,抗战胜利前两三年,她已是个衰弱的肺病病人,整天躺在床上,天气好的时候,出来晒晒太阳,一走路就气喘吁吁,风一吹就要倒的样子。纵然这样,抗战胜利后还是拖着病衰的身子,去了北平,协助丈夫梁思成一起创办清华大学建筑系。

人在家中坐,祸从天上来。对于林徽因来说,该是人在北平家的病床上躺着,祸从上海一家杂志上飘过来降在头上。这个情形,很像前面说到的,1933年的《我们太太的客厅》事件。也是一个作家写的一篇小说,对她极尽讽刺挖苦之能事,这么说都轻了,简直可说是人身的攻击,人格的侮辱。这个作家叫钱锺书,这本杂志叫《文艺复兴》,这篇小说叫《猫》。作者有名有姓,笔下也几乎是实指,可你也不能说,是怎样的冒犯,如何的罪过。小说家都有诡辩的本事,钱锺书更是诡辩的高手。

这篇小说,收在他的短篇小说集子里,集子叫《人·鬼·兽》,序里说,他书里的人物情事,全都是凭空臆造的。不但人是安分守法的良民,兽是驯服的家畜,而且鬼也并非没有管束的野鬼。他们都只在本书范围里活动,绝不越规溜出书外。假如谁要顶认自己是这本集子里的人、兽或鬼,这等于说我幻想虚构的书中角色,竟会走出书,别具血肉、心灵和生命,变成了他,在现实里自由活动。从黄土抟人以来,怕没有这样创造的奇迹。他这样说了,谁还会再说某某是他自己呢。林徽因不会，给了谁都不会，只能干生闷气。

可是，瞎子都能看出，这篇小说里的人物，一个一个是谁，或者像是谁。最主要的是，主人公夫妇，女的叫爱默，男的叫李建侯，无论身世模样，一看就是林徽因和梁思成。

好些写林徽因传记的，几乎都回避了这件事，一则钱锺书如今也是大人物了，招惹不起，说多了还会有人训斥你，拿小说人物跟真人较什么真。再则，写林徽因的事，未必全是编造，有的当时就有传言，只是无法坐实而已。我不这么看。我认为，评价一个人物，尤其是像林徽因这样有着重大影响的人物，这样的糗事，不容回避，也不应当回避。坦然面对，细致梳理，还原事情的真相，是必须的。不必判个孰是孰非，但要探明始作俑者的心机。一句话，弄清事件的原委，见出世道人心，还林徽因一个公道。

这一节，我想多说几句，一则我十分敬重林徽因，同时我也非常喜欢钱锺书。再就是，这一事件牵涉到的另一个人，就是与林徽因、钱锺书都有交往的李健吾先生。前几年我曾写过他的传记。《猫》登在《文艺复兴》上，李健吾是这一期的编辑。有这三方面的便利，我想我说起来，不敢说多么准确，至少会周全些。

《猫》里的人物，除了李建侯夫妇，出场人物还有六七个，且都是当时的文化名人。李建侯夫妇既然是梁林，其他人也就不难看出或猜测出是哪个现实人物。一看就能看出，几乎是公认的，就有几个。李建侯聘用的书记员齐颐谷是萧乾，诗人是徐志摩,陆伯麟是周作人,马用中是罗隆基,曹世昌是沈从文。猜测出是,大体也就是的,袁友春像是林语堂,傅聚卿像是朱光潜,赵玉山像是胡适之或赵元任,陈侠君像是徐志摩的分身。有人说,钱锺书也太狂妄了吧,一竿子打翻一船人。也有人说,一篇小说,把半部文学史中人物骂遍了,一点忌讳都没有。

一点忌讳都没有,还真是这样。至于原因,下面我们会谈到,一点忌讳都没有则是真的。身世不说了,从起名字上也能看出来。比如原型是梁思成的那个人物,叫什么不行,他就给他叫李建侯。梁是木,李是木,梁思成是建筑学泰斗,公侯伯子男,侯是二等爵位,叫个李建侯最是妥帖。再比如,书中有个人物叫齐颐谷,地位仅次于女主人爱默,是男主人李建侯聘来当书记员,为他写游记的。书中说他,一来就爱上女主人,当女主人得知丈夫带上一个女孩子去了南方,想跟这个书记员云雨一场作为对丈夫的报复的时候,又吓得跑了。看到有文章说,这个齐颐谷写的是作家萧乾,我马上就想到为什么会起这么个名字。钱锺书是古典文学专家,精通训诂学,萧与齐有什么联系,我们不知道,他肯定知道。萧乾当时还是燕京大学的学生,燕京大学在颐和园附近,拈了个颐字。萧乾最著名的作品,是长篇小说《梦之谷》,拈了个谷字。连在一起,不就是齐颐谷吗?其他人物,如果人们的猜测是对的,在钱先生那儿,必有一套"拈"字经,三拐两拐就拈上了。这里我们就不一一考证了,连李建侯是梁思成也不多说了,只说书中对林徽因都写了些什么。

真叫个狠啊。

林徽因漂亮是没说的。漂亮只是个笼统的说法，在她身上，体现漂亮的主要标志，是脸型和神态。神态不好说，脸型一看，就是像了她父亲林长民先生，有张照片是父女俩在一起的，看了就明白。只能说这样的脸型，放在一个中年男人身上太"娘"了，而放在一个少女身上，那真是俏极了。这样的遗传也就带来一个副作用，就是脸色也跟父亲差不了多少。过去的照片都是黑白的，给了不少的掩饰，也能看出不怎么白，但也说不上黑。这个不怎么白，放在普通女人身上就那么回事，放在一个公认的美女身上，就是让人说道的缺陷了。

聪明到刁钻的钱先生，是不会直说女主人不白的，书中是借了女主人家的猫来说事的。且看这一段文字——

"淘气"就是那只闹事的黑猫。它在东皇城根穷人家里，原叫做"小黑"。李太太嫌"小黑"的称谓太俗，又笑说："那跟门房'老白'不成了一对儿么？老白听了要生气的。"猫送到南长街李家的那天，李太太正请朋友们茶会，来客都想给它起个好听的名字。一个爱慕李太太的诗人说："在西洋文艺复兴的时候，标准美人要生得黑，我们读沙士比亚和法国七星派诗人的十四行诗，就知道使他们颠倒的都是些黑美人。我个人也觉得黑比白来得神秘，富于含蓄和诱惑。一向中国人喜欢女人皮肤白，那是幼稚的审美观念，好比小孩只爱吃奶,没资格喝咖啡。这只猫又黑又美,不妨借沙士比亚诗里的现成名字,叫它'Dark Lady',再雅致没有了。"有两个客人听了彼此做个鬼脸,因为这诗人说话明明双关着女主人。

一个"双关着女主人",黑的就不是猫而是女主人了。到此为止,也就是英文系一年级学生的本事。钱先生毕竟是留学英法的,不会让肚子里的英文知识沤烂在肚子里,别人说了黑不算,还要让女主人自己认了这个账——

李太太自然极高兴,只嫌"Dark Lady"名字太长。她受过美国式的教育,养成一种逢人叫小名以表亲昵的习气,就是见了沙士比亚的面,她也会叫他Bill,何况猫呢?所以她采用诗人的提议,同时来个简称,叫"Darkie",大家一致叫"妙!",这猫听许多人学自己的叫声,莫名其妙,也和着叫:"妙!妙!"(miaow! miaow!)没人想到这简称的意义并非"黑美人",而正是李太太嫌俗的"小黑"。

钱先生不光外文好,中文上也是饱学之士,不能不再亮上一手。这回不能让诗人说了,也不能让女主人自个儿说了,便拉来了一个中文好的学者来。这里只说"大名鼎鼎",后面才说这个大名鼎鼎的人物,便是原型为周作人的陆伯麟。且看这位陆先生是如何说的——

一个大名鼎鼎的老头子，当场一言不发，回家翻了半夜的书，明天清早赶来看李太太，讲诗人的坏话道："他懂什么？我当时不好意思跟他抬杠，所以忍住没有讲。中国人一向也喜欢黑里俏的美人，就象妲己，古文作'䞥己'，就是说她又黑又美。䞥己刚是'Darkie'的音译，并且也译了意思。哈哈！太巧了，太巧了！"这猫仗着女主人的宠爱，专闹乱子，不上一星期，它的外国名字叫滑了口，变为跟Darkie双声叠韵的混名："淘气"。

我们自然不懂得一个英文词与一个中文词如何的"双声叠韵"，但是我们能体会出钱先生写下这几个字时心情的舒畅。事情到了这个地步，也就知道以林徽因为原型的女主人，为什么给她起了个名字叫"爱默"了吧？再蠢的人，也能说出那两重的含义，明是"爱黑犬"，隐是爱自家的黑。

光说相貌，谁能想到是林徽因呢？钱先生的办法是，一步一步往坑里引。林徽因的父亲林长民，是民国时期的风云人物，曾在北洋政府里，当过一个短时期的司法总长。书中说——

李氏夫妇的父亲都是前清遗老，李太太的父亲有名，李先生的父亲有钱。李太太的父亲在辛亥革命前个把月放了什么省的藩台，满心想弄几个钱来弥补历年的亏空。武昌起义好像专跟他捣乱似的，他把民国恨得咬牙切齿。幸而他有个门生,失节做了民国的大官,每月送笔孝敬给他。他住在上海租界里,抱过去的思想,享受现代的生活,预用着未来的钱——赊了账等月费汇来了再还。他渐渐悟出寓公自有生财之道。今天暴发户替儿子办喜事要证婚,明天洋行买办死了母亲要点主,都用得着前清的遗老,谢仪往往可抵月费的数目。妙在买办的母亲死不尽,暴发户的儿子全养得大。他文理平常,写字也不出色,但是他发现只要盖几个自己的官衔图章,"某年进士","某省布政使",他的字和文章就有人出大价钱来求。他才知道清朝亡得有代价,遗老值得一做,心平气和,也肯送女儿进洋学堂念书了。

除了没说此人早在1925年冬,死于东北军郭松龄部的叛乱之外,大体是真实的。就是顺便提到的那个"李先生的父亲有钱",也不是无稽之谈,林长民当司法总长的那一届政府,梁启超当的是财政总长。说这些,是要落在"肯送女儿进洋学堂念书"上。嫁呢,又嫁在这样一个大户人家,于是笔头一拐,便拐到了女主人的脸上。谁都知道,林徽因的天生丽质,神态妩媚,最给力也最重要的一个标志,是脸腮上那对浅浅的小酒窝。这样的特征,钱先生对掳到笔下的女主人,怎肯轻易放手。顺势对女主人的双眼皮,也做了推测——

> 李太太从小对自己的面貌有两点不满意:皮肤不是上白,眼皮不双。第一点还无关紧要,因为她不希罕那种又红又白

的洋娃娃脸,她觉得原有的相貌已经够可爱了。单眼皮呢,确是极大的缺陷,内心的丰富没有充分流露的工具,宛如大陆国没有海港,物产不易出口。进了学校,她才知道单眼皮是日本女人的国徽,因此那个足智多谋、偷天换日的民族建立美容医院,除掉身子的长短没法充分改造,"倭奴"的国号只好忍受,此外面部器官无不可以修补,丑的变美,怪物改成妖精。李先生向她求婚,她提出许多条件,第十八条就是蜜月旅行到日本。一到日本,她进医院去修改眼皮,附带把左颊的酒靥加深。

这些已经说得太多了,在小说里,不过是前奏。正经的嘲弄,还在后头。撇开过程不说,只说得知丈夫有了外遇,女主人要跟书记员齐颐谷,来一番亲热作为报复,而年轻不谙世事的小书记员,张皇失措,不敢应对。且看这时漂亮的女主人,变了怎样的一副丑陋的嘴脸——

侠君知道爱默脾气,扯个淡走了。爱默也没送他,坐在沙发上,紧咬着牙。脸上的泪渍像玻璃窗上已干的雨痕。颐谷瞧她的脸在愤恨里变形换相,变得又尖又硬,带些杀气。他意识到这是一个利害女人,害怕起来。

看了以上文字,就知道钱锺书笔下的爱默女士,是个怎样漂亮又可恶的女人了。将之归于林徽因,是我们无论如何接受不了的。前面我说过,好些年轻作家,以能进入"太太客厅"为荣幸,说了三个人,萧乾、李健吾和卞之琳。有了齐颐谷在李家的遭际,等于是说林徽因是以有年轻作家来家为乐事,为消遣。有了这样的厚诬,容貌上的丑化,也就不足为奇了。

我看过一些评论,网上的,有的将这样的写法,归诸钱锺书的"毒舌",意思是对谁都一样,对林徽因这样,是自毁声名。还有的说,这是他对文化界诸多人士的真实看法,骨鲠在喉,不吐不快。更有浅薄者,连时间地点都没弄个清爽,说是在清华大学,钱锺书和梁思成两家住邻居,钱家养着一只猫,梁家也养了一只猫,两只猫常在墙头屋檐打架,一打起来,钱家猫总吃亏,钱锺书气愤不过,便写了这样一篇小说出气。

我认为,这些说法,都是皮相之谈。最为缺少的,是对时势的分析,对人性的把握。我们常说的知人论世,实际操作起来,该颠个倒,论世才能知人。

先说时势,这在小说开篇不久,就说了出来。是说到那只小黑猫来到李家时,捎带上说的,说"它到李家不足两年,在这两年里,日本霸占了东三省,北平的行政机构改组了一次,非洲亡了一个国,兴了一个帝国,国际联盟暴露了真相,只算一个国际联梦或者一群国际联盲"。到李家不足两年,就发生了这么多的事,这些事的一个标志性事件,是日本霸占了东三省。此后还有"北平的行政机构改组了一次"。这些,都有确定的年份，日本霸占东三省是1931年。北平的行政机构改组，是说"九一八"事变之后，华北危急，张学良应对无方，最高当局于1933年，在北平另设军事委员会北平分会，由何应钦任北平分会代理委员长，委员长为蒋介石，非如此不能压住名头极高的张学良。也就是说，小黑猫来到李家，是在1931年到1933年这两年里。

小说里对应的许多文化人，这一段时间里，确实是在北平。梁思成、林徽因在，萧乾在，周作人在，沈从文在，胡适在，赵元任在，几乎可以说都在。徐志摩是死得早，可1931年11月之前也在，且有记载，时常去那个"太太客厅"。

钱锺书对这一时期北京文化人的事体这么熟悉，那么他在哪儿呢？

他在北平。他是1929年秋季考上的清华，1933年夏季毕的业。清华是在郊外，不是在天外，属地仍是北平，住在北平，北平文化界的那些破事儿，不用打听，听也听够了。

知道这些事是一回事，写了另是一回事。现在我们看看，什么机缘让他有胆量，这么恣肆汪洋，这么不管不顾地写了这么多文化人的丑态。地点是在上海，这不用说了，时间呢，大可考究。且看两个小文章。一个是钱锺书的，一个是李健吾的。钱的是他的小说集《人·兽·鬼》的序，李的是他写成的《咀华记余》里的一篇，名为《无题》。钱的序，前面引用了，要紧的就那么几句话。要关注的，是文章的落款。新版书上标的是："三十三年（1944）4月1日"。这是钱先生的一个毛病，重版书的民国年数后面，总要标明公元年数，好像是要表明一种立场似的。可以肯定，初版上写的只会是"三十三年四月一日"。

他的《围城》，是1944年到1946年两年里写的。也就是说，在写《围城》之前，已写起了《人·兽·鬼》里的四个短篇小说。这就好说了。

钱是1941年冬从湖南的蓝田师范学院回上海探亲，杨绛在上海，没有随他去蓝田。寒假回来，正遇上"珍珠港事件"爆发，日军全面占领上海，交通阻隔，无法返回内地，只有困居上海。先还教书，后来他想写小说，杨绛负起生活的责任，由他躲在家里写作。原本是要一起手就写《围城》的，在蓝田时已有初步的构思。毕竟此前没写过小说，先练练手吧，于是便有了《人·兽·鬼》里面四个短篇小说的写作。以阅读之广，认识之深，他自然知道短篇小说与长篇小说的差异。质言之，短篇要的是干练精巧，长篇要的是铺排放荡。以此标准衡量，四篇中，头一篇《上帝的梦》基本上是失败了，不像个短篇小说，更像是一篇松垮的随笔。《猫》是放开了，又放得太开了，结构不宏阔，而人物众多，说起一个，就拉拉杂杂一大篇。只有《灵感》和《纪念》，还算是中规中矩的短篇小说。在《序》的一则附记里，说了他的短篇小说的翻译情况。直到二十世纪八十年代，他已名满天下了，《灵感》和《纪念》有英译本，《纪念》有俄译本，《上帝的梦》和《猫》什么译本都没有。这也可以印证，这两篇小说的不成功。同是不成功，又不是一样的质地。《上帝的梦》是彻底的失败，《猫》作为长篇的预演，则是完满的成功。陈侠君的散漫无聊，已有了方鸿渐的影子，陆伯麟的狡诈，不正是李梅亭的一个缩影？

果若如此，问题就来了，何以在写《猫》的时候，他就敢这么毫无顾忌地将林徽因、梁思成、萧乾、周作人作为小说人物，肆意编排而毫不在意？

这又要说到时势了。

珍珠港事件后，太平洋战争爆发，世界的形势骤变，中国的形势可说是大变。从信息交流上说，一个最大的变化是，过去南北不畅，东西还是通的，现在是南北通畅，而东西隔绝了。光这么说不抵事，得说个实例，跟林徽因有关，还是李健吾做下的。抗战胜利后，《文汇报》在上海复刊，原来的《世纪风》副刊，仍由柯灵先生主持。他跟李健吾是好朋友，自然会向李约稿，李在战前就以写《咀华集》闻名，便开了个专栏叫《咀华记余》。打头着的两篇，算是开场白，第三篇就上了个正经货色，正题仍是《咀华记余》，篇名则为《无题》。

在这篇不足千字的文章里，分作两组，评价了七位女作家。前面一组四位，分别是丁玲、凌叔华、林徽因和萧红。

各自的评价，前面已说过了。要说的是，写到林徽因时，用了个很犯忌的词儿——薄命。此文刊于1945年9月12日《文汇报》副刊《世纪风》。这个时间，林徽因还在重庆好好地活着，以李对林的敬重，实在不该用这样晦气的词儿。这是为什么呢，恰是东西信息的阻隔造成的。上海的文化界，早就有个传说，说林在大后方死于肺痨。李健吾如此认为，作为编辑的柯灵也是如此认为。不这样认为，他勾改几个字就行了，可没勾也没有改。

1945年9月了，还这样认为，1944年钱锺书写《猫》的时候，只会是这样认为。

对一个过世的女作家，非亲非故，还有什么可顾忌的呢？更何况早在十年前，冰心不是写过《我们太太的客厅》吗？

这个难题解决了，其他几个人就更好说了。周作人早就下了水，当时他的身份是，汪伪华北政务委员会委员兼教育总署督办，等于华北伪政权的教育部部长，还当过日本人办的东亚文化协会会长。有消息说，日本人北平阅兵时，个头那么矮小的周作人，居然身着日本军装腰挎洋刀，站在观礼台上好不威风。对于这样一个无耻的汉奸文人，不是正应当以文字大加鞭挞吗？在这上头，明面上处世圆滑的钱先生，一点都不缺少杀伐的勇气。

其他诸人，就不必一一细说了。一句话，他看上眼的人，没有几个。

对于钱锺书写《猫》一事，也跟冰心写《我们太太的客厅》一样，我原不准备多说什么，觉得把事情说清楚，就行了。可是我这人，嘴贱得很，总爱多说个什么，要说只会说，这是一个自认为聪明绝顶的男人，对一个他看不上的女人的恶意的嘲弄，他的智力上的聪明是显出来了，同时他品质上的刻薄也显露出来了。

13. 中国现当代知识分子的杰出典范

前面说过，历史和这个优秀的中国女人开了一个玩笑。那么优秀，在建筑设计和工艺美术上，只有那么一点可怜的成绩。历史的玩笑，还不在这里，没设计下什么重要的建筑和工艺，有在文学上的成就也不算虚度此生。更严重的是，她青年时代的志向是，"掌握西方牢固建造理论，使我们的建筑物能够历时更久一些"，而历史偏偏让她目睹，她过去不怎么看得起的，中国的那些不历久也难说多么坚固的建筑，我是说北京的城墙和城门楼，街道上的牌楼，却在她的眼皮底下，叫一段一段地，一个一个地拆掉了。坚固的没有建起来，本来已够羞愧的了，而原有的，虽不坚固却也辉煌，已经耐了几百年怎么也还能耐几百上千年的古老建筑，没有毁于八国联军，没有毁于日寇侵华，却在自己原先寄予希望的共和国时代，像风刮一样地从她眼前消失了，这才是让她心如刀绞，生不如死的事情。这才是历史开的天大的玩笑！

这就要说到林徽因中华人民共和国成立后的情形了。早在 1946 年 7 月，林徽因一家就随清华大学的好些教授，一起乘飞机回到了北京，住在了清华园里。

北京和平解放前夕，她是很兴奋的。清华在城外，北京还没有解放，解放军的围城部队就到了清华一带，当然没有进学校，是在校外驻扎着。她和梁思成都担心，一旦攻城，城内的古建筑就全完了。就在这个时候，张奚若带着两个解放军干部来到梁家，向梁思成请教，一旦不得已要攻城，哪些古建筑需要保护，打炮的时候就不往那儿打。要梁思成把城里最重要的古建筑，标在他们带来的地图上。梁思成当然标了。这件事，让两口子非常激动，说："这样的党、这样的军队，值得信赖，值得拥护！"有的教授离开北京去了国外，林徽因在和一些老师学生谈话时曾说："我深信一个有爱国心的中国知识分子不会选择在这个时候离开祖国的。"抗战期间在李庄，费正清要她两口子去美国治病，林也说过同样意思的话。可见她是抱着绝大的热情和信心，要投身于中国的建设中去的。

后来设计国徽的事，设计人民英雄纪念碑的事，前面都说了。与这两件事同时进行的，还有一件事是拆除北京的旧城墙，还有好些个城门楼子。当时梁思成是北京市计划委员会的副主任，林是委员兼工程师，这些都是虚衔，真正的职务，梁思成是清华大学建筑系的教授、系主任，林徽因是梁思成的夫人，当然，他们还有一个最大的头衔，那就是中国的文化名人。梁思成的名气大到什么程度呢？前面说了，是梁启超的大公子，这就够有名的了。这算祖上的庇荫，不能算他自己挣来的。他还有他的声名，一点也不逊于他的父亲。1947年有个学生到清华大学建筑系上学，系里的老师告诉他，中国文化界有三个国宝级的人物，就是梁思成、陈寅恪、翁文灏。我为什么特意说明是1947年的事呢，意思是，这是当时的评论，不是中华人民共和国成立后的评论。社会形态不一样，评价标准就会不一样，过去是"清议"，就是你说我说就形成了个说法，后来凡事都要按程序来，要"民主评定"，评出来的就不知道是什么人物了。就算是公正，这三个人里，怎么也不会有翁文灏。翁文灏，前面说过，梁思成兄弟在四川李庄，蒋介石如数拨给救济款时，是国民政府的经济部部长和资源委员会主任，后来的官当得还要大，当过行政院的院长。从政之前，是中国第一流的地质学家，当过中央研究院地质所的所长。陈寅恪这几年宣传得很热闹了，都知道是教授的教授，研究中古史的，会十几种外语，好几种是国外都快失传了的。谁都知道是个国宝级的人物。只是怕都没有想到，梁思成会跟这两个人并驾齐驱，也是三个国宝之一。虽说都在各自的领域做出了独特的贡献，要叫我说，梁的贡献感觉上更大些。毕竟他调查发现了那么多的古建筑，留下了一部中国人自己写的《中国建筑史》。梁启超的大公子和中国顶级的建筑学家，这两项合在一起，就是他的全部名声。要是再加个附带条件的话，那就是，还是绝代佳人林徽因的丈夫，这也是很加分的。同样，林徽因作为梁思成的夫人，也是加分的。

只是夫妻两个人，肯定没有想到，正当他们满腔热情地投身于中国的建设事业的时候，会经历一场比他们经历过的任何战斗都要激烈的"战斗"，说战斗太轻巧了，该说是一场战役。这场战役如果起个名字的话，该叫"保卫北京城"，或者叫"北京城保卫战"。中外著名的城市保卫战太多了，有些已载入史册，比如二战前的马德里保卫战，二战中的莫斯科保卫战，中国则有南京保卫战、武汉保卫战。解放战争期间，也有个"北京保卫战"，也是保卫北京城，守将是傅作义将军。

这个人是中国现代战争史上的守城名将。1927年冬天，傅作义率一个师的兵力守河北的涿州，张学良五六万大军把涿州城团团围住，强攻两个多月就是攻不下，张学良太没面子了，只好讲和，傅作义带领他的部队，平安撤出涿州。从此傅作义得到守城名将的美名。抗战初期，日本人攻下娘子关，太原危急，阎锡山着了急，调傅作义防守太原。这次没有那么幸运，只守了几天就失陷了。知其不可为而为之，大溃退的前夕，仍能给强敌以重创，也是很了不起的。辽沈战役以后，首当其冲的便是北京，谁来守呢，蒋介石想来想去，想到这个守城名将，任命他为华北国民党部队的总司令，统率二三十万大军，任务是守住北京城。应当说傅作义很好地"完成"了蒋介石的任务，北京城守住了，一砖一瓦都不缺，完整地交给了解放军，交给了人民。这次守城之战，动用了几十万大军才守（保）住。中华人民共和国成立初期的"北京城保卫战"，从战略目的上说是一样，也是要保住北京城，但是兵力之悬殊，却是天上地下，傅作义几十万大军，加上解放军几十万大军，两军角力，最后保住了北京，而我们要说到的这场"北京城保卫战"，守城的只有梁思成和林徽因这一对病弱的夫妇，顶多再加上他们身边的几个同事，比诸葛亮守西城的人还少得多。兵力这么悬殊，胜败在未交战前已经判定，但是，其壮烈，其重大的意义，一点不亚于当年的"北京保卫战"。

现在一提到这场保卫战,人们都说,梁思成提的方案是在北京的旧城墙上建公园,供人民休憩之用。这个说法是错的。梁思成是有过这个提议,现在还留下了他当年画的示意图,画的就是现在前门一带的城墙和城门楼子,很美,上面还有几个小人儿,在下棋,在游玩。实际不是这样,或者说,实际最初不是这样,最初他们提的方案是全部保存,顶多在城墙上多开几个门洞子。但是不行,没人认可他们的方案。这是他们黔驴技穷之后,使的障眼法,或者说是欺骗法,想以旧物利用,供人民休憩,来说服当时决计要拆除旧城墙的北京市的领导。可是他们失败了,北京的旧城墙全拆了,旧城楼也几乎全拆了,只留下有数的那么三两个。没过多久,林徽因就死了。

说到这里,还得插一句,要不就不公平了。中华人民共和国成立后,林徽因虽没有明确的职务,但是名气太大了,当时的北京市政府对她的关照,还是很好的,好到不可想象的程度。1954年林徽因病情加重,考虑到住在清华来市内看病不方便,北京市政府拨给一个大院子,装修好了,让梁林夫妇来住。梁在校内有职务,不可能来住,就林一个人住在这儿。这个院子有多大呢,我没去过,也没有文字资料可以查证,但我能想象到这个院子有多大,只会比他们家原来在北总布胡同三号的院子大,不会比那个院子小。因为林死后,这个院子没用了,国家就让傅作义住了。傅作义当时是水利部部长,这身份该住多大的院子,是可以想象的,也是可以比照的。章诒和写的《往事并不如烟》里,说到他父亲章伯钧当年住的院子,说是有七十九个房间。他父亲当年是中央人民政府的交通部部长，傅作义是同时任命的水利部部长，论名分，傅作义比章伯钧还要高些，就可以估计出那个院子有多大了。人民政府做事从来是有板有眼，不会荒腔走板的，总是林徽因该住这么大的院子才让她住的。只是一想到傅作义住了林徽因住过的院子，叫人不由得想笑。人们常说历史老人多么的严肃，多么的庄重，从这件事上，也可以说历史老人多么的调皮，多么的幽默。当然，不管是严肃还是调皮，总的说来历史老人是公正的。你林徽因没有守住北京城，这么好的院子，当然要给守住北京城的人住了。这是说笑话。真正要说的是，有这么个大院子住，北京市政府对这位女英雄真可以说是敬重有加了。

或许有人会说，政府对你两口子够好的，你们怎么老和政府叫板呢，一圈旧城墙，几个城门楼子，拆就拆了吧。士为知己者死嘛。不能这么说，这正是他们的高尚之处，也正是有良知的知识分子最可贵的地方。生活再好，待遇再高，也要坚守自己的信念。反过来说，正因为政府对我们这么好，我们才要犯颜极谏，才要陈明利害，才要以死抗争。

既是一次战役，总得有几次战斗。我梳理了一下，共有三次短兵相接的战斗。

第一次是在1952年8月，北京市召集的各界人民代表会议上，具体是8月11日到25日（会议的全部时间）中间的某一天，议题是讨论拆除长安右门和长安左门。地点在中山公园的中山堂。会场上没有固定座位，运去大批软椅让代表队们坐，为了出入方便，留下了几条通道。梁思成没有来，林徽因代表梁思成发言，林一上台，就以她雄辩的口才问各位代表：台下的椅子为什么要这样摆？还不是为了交通方便！如果说北京从明代遗留下来的城墙妨碍交通，多开几个城门不就解决了？她的看法在代表中起了很大的煽动作用，因为当时普遍认为，天安门前东西两座"三座门"，即长安右门和长安左门，对来往车辆和行人实在太不方便，每年这两个地方都发生几起车与车相撞，或者车与人相撞的事故。市委市政府早已决定，先把这两座"三座门"迁移，施工力量都准备好了，单等代表会议一举手通过，就立即动手。现在叫林徽因这么一搅和，当时的市长彭真，考虑到这天会场上代表们的情绪太大，怕一时很难通过，示意立即停止会议，召开代表中的党员开会，要求大家一定服从市委的决定，表决时都要举手同意。代表中的党员代表居多，再开会时，就顺利通过了。这样，一夜之间，两座"三座门"就从北京地面上消失了。

第二次是在一次宴会上。时间是1953年夏天，同济大学教授陈从周先生，还有著名建筑学家刘敦桢先生，到了北京。文化部副部长兼国家文物局局长郑振铎，在骑河楼欧美同学会设宴请客，梁林二位来了，还有北京市副市长吴晗也来了。都是考古与古建筑界的知名人士，吴晗是历史学家，也算是考古界的人吧，宴饮间主要谈的是文物保护工作。郑振铎说，推土机一开动，我们祖宗留下来的文化遗物，就此寿终正寝了。当时林徽因的感情一下子冲动了，指着吴晗的鼻子，大声谴责，因为她的肺病已到晚期，嗓音都失常了。然而从神情与气氛上看，真是句句中肯，声声深情。这是陈从周在一篇文章中写的。他没有写林当时说了什么，另一位建筑学家吴良镛在一篇文章中说了，说林曾与北京市某领导起过争论，从时间上说，应当是一回事。吴的文章中说，林徽因当时对这位北京市的领导人说："你们把真古董拆了，将来要懊悔的，即使把它恢复起来，充其量也只是假古董。"这话还真叫林先生说中了，这几年去过北京的都看到了，前门南边的中轴线上，不就新修了个永定门吗？我每回见了怎么看怎么难受。早知今日何必当初！

第三次是1953年8月20日，地点在北京市政府第一会议室。来的都是中央和北京市文物部门的领导，这一方面的专家，还有一些社会知名人士。北京市副市长吴晗主持会议。梁思成和林徽因都在会上发了言。林的发言很长，谈了几个问题，在谈到保护古文物与新的城市建设的关系时，是这样说的：这两个方面肯定是有矛盾的，首先考虑如何想办法"保"，想办法去解决矛盾，而不是首先考虑"拆"。中国建筑在科学和美学上的价值都不比欧美的建筑差。中国建筑最成功的是木构架，和最庄严美丽的各式各样的屋顶，比欧美建筑更具美学价值。把它们保护下来，将来有钱了好好修整一下，给全体市民、全国人民以及外国友人来参观欣赏，有多好。如果把它们拆了，一切都没有了。

当时还有人说天坛面积太大了，主张只留下祈年殿和圜丘等部分就可以了，意思是把那些古柏全砍了，作为新建筑的用地。林徽因说，天坛如果没有了那些郁郁葱葱的古树，整个青葱肃穆的环境就没有了，天坛整个气氛也就破坏了。希望中央和市政府要认真考虑。当时她说得很动感情，很激动。

就是在这个发言中，林徽因说，"思成先生已发表了全部保存城墙和合理利用的建议"，就是那个利用城墙做公园的建议。可见，这个建议是到了最后关头才提出来的，不是一开始提出来的。可惜这个建议白提了，现在留下的只有他画的那张漂亮的示意图了。如果没见过北京旧城墙的人，看了这张放大的示意图，就会知道北京曾有过那么雄伟那么漂亮的古城墙，增加对伟大祖国首都的热爱。

或许正是这样一次次地违拗领导意图，一次次不识时务要留下这些"封建"的东西，此后不久，文化界就开始了一场批评梁思成资产阶级建筑思想的运动。当时林徽因已病重住院，梁思成没有告诉妻子。不久梁思成也病了，住在同一家医院隔壁的另一间病房。

1955年4月1日，林徽因去世。逝世前拒绝吃药。深夜弥留之际，梁思成过来为妻子送行，放声痛哭，喃喃自语："受罪呀，徽，受罪呀，你真受罪呀！"

梁思成说错了，受罪的不是妻子，而是他。林徽因死的时候，在八宝山建了墓，立了碑，人民纪念碑建造委员会，还把她设计的一块饰纹的样品，送给梁家做了墓上的装饰。梁思成活得长些，寿则多辱，于1972年在寂寞中去世。唯一欣慰的是，身边有他的继室林洙女士细心陪护。

什么都不必说了，发生在二十世纪五十年代前期的"北京城保卫战"，两位守城名将，或者说保城勇士，是彻底失败了。然而，历史将永远记载着他们的名字。如果没有他们的英勇奋战，将留下中国知识分子永远也洗不掉的耻辱。

　　不管过上多少年，多少代，只要人们知道中国北方有个叫北京的城市，这个城市曾有一圈庄严肃穆的城墙，有若干高大美丽的城门楼，都会知道有两个中国的杰出的知识分子曾为保卫它们而生死以赴，粉身碎骨在所不辞。

　　林徽因，这个受过双重文化教育熏陶的绝代佳人，没有只留下她的美丽，也留下了她的业绩，成功的和失败的，最终完成了一个中国现代知识分子杰出典范的形象的塑造。就是作为一个女人，她也是杰出的，成全了她的家庭，也成全了她的祖国，可谓功在家国，永垂不朽了。

　　她是中国现代知识分子的骄傲，也是中华民族的骄傲。她是天地日月精气凝聚成的一个才女，也是中西文化共同铸造的一个女神。

　　记住吧，历史！

　　什么时候看到碧澄的海水，什么时候仰望头顶的蓝天，什么时候都要想到，在这个世界上，在碧海蓝天间，有过一个叫林徽因的女人！

据作者在厦门电视台讲座稿改写
2008年3月5日草成，2022年3月3日增补

民国知识女性的婚姻认同
——以林徽因、陆小曼、王映霞为例

关于这三个人的经历、名望、品质，还有成就（有的有，有的没有），就不必谈了。所以选中她们，是基于这样三点，一、都是货真价实的美人，美名盖世，倾国倾城；二、都有足以匹配的丈夫，名重一时，无可替代；三、都曾遇到过轰动一时的婚姻危机，差别只在于，有的破裂，有的没有破裂。这样一来，作为研究对象，就有了某种恒定性即一致性，也有了某种非恒定性即差异性。这样的研究，才有学理上的价值。

为了下面叙说与分析的方便，还是要将这三个人的基本情况，还有他们各自的丈夫与情人（或者说是朋友）的基本情况，扼要地介绍一下。

第一组：林徽因、梁思成、金岳霖。

林（1904—1955）：北京培华女校。宾夕法尼亚大学美术系学士。诗人，建筑装饰学者。

梁（1901—1972）：清华学校。宾夕法尼亚大学建筑系硕士。著名建筑史学家。

金（1895—1984）：清华学校。美国哥伦比亚大学政治学博士。著名哲学家。

第二组：陆小曼、徐志摩、翁瑞午。

陆（1903—1965）：北京圣心学堂。前夫王赓。

徐（1897—1931）：北京大学。哥伦比亚大学政治学硕士。剑桥大学研究院肄业。著名诗人。

翁（1899—1961）：世家子。沪上著名推拿医师。

第三组：王映霞、郁达夫、许绍棣。

王（1908—2000）：浙江女子师范学校。有"杭州第一美人"之誉。当过小学教员。

郁（1896—1945）：日本东京帝国大学经济学部学士。著名小说家。

许（1900—1980）：复旦大学商科。曾任浙江省教育厅厅长多年。

这种在夫妇之外，无论男女，其中一方又与异性发生感情纠葛的，现在叫"第三者插足"。想想并不妥当。这个词儿，是从"插足其间"演化而来。原来的意思是，主动涉足某一事件中。现在用于婚外情这样的特定事件中，给人的感觉是，两人正亲热着，忽然一只脚插了进来，太恐怖，也太不道德了。再就是，这种有第三者"插足其间"的情感事件，未必全是恐怖的、不道德的。有的是破坏性的，有的却极可能是建设性的。我们还是舍弃这种粗鄙化的词语，寻个中性一点的词儿命名之，较为妥善。为了区别于不负责任的淫乱行为，称之为"感情黏连"。涉及同一感情黏连事件的各方，统称之为"黏连组合"。至于这种黏连会造成怎样的后果，不是这个词语应当承担的。也就是说，作为研究者，我们只做事实的表述，不做品质的判定。

这三个黏连组合，以其后果的平和与否而论，最优的是林徽因组合，次之是陆小曼组合，最差的是王映霞组合。若以后果的惨烈而论，则反之。为了能更好地说明，或者说为了听讲的朋友能更好地理解这三个组合所说明的社会现象，我们还是从王映霞组合说起，继而是陆小曼组合，最后是林徽因组合。

我们得假定朋友们对他们的"本事"——这是借用史学上的一个术语，不是指"能耐"，而是指原本的史实——都是知道的，纵然不是多么详细准确，大致脉络该是了然于胸，不待含糊的。

王映霞和郁达夫闹翻之后说的最狠毒的话，是说郁达夫，"在此光天化日之下，竟也曾有这样一个包了人皮的走兽存在着"。这自然是因为郁达夫发表了《毁家诗纪》，将一个女人弄得颜面无存，声名扫地。《诗纪》中对王映霞伤害最大的一句是："九州铸铁终成错，一饭论交自成媒。"（《十二》）看看他的自注不难明白："映霞失身之夜，事在饭后，许君来信中（即三封情书中之一），叙当夜事很详细。"郁达夫的自贬，最厉害的是："欲返江东无面目，曳尾涂中当死"。（《贺新郎》）

同样意思的句子还有:"禅心已似冬枯木,忍再拖泥带水行。"(《十五》)意思都一样,就是说,我已经戴上绿帽子,成了一个"大王八"。这世上,哪个男人愿当"王八",而我却不能不承认自己是个"大王八",为什么呢,因为我的妻子让我戴上了绿帽子,戴上了绿帽子,那我就是个"大王八"。这一招是很毒的,有此一通自残,王姬罪无可逭矣。附带说一下,王姬是郁达夫对王映霞既感自得,又饱含歧视的一个称呼。在《毁家诗纪》中亦有体现,如《十五》的原题即是:《重入浙境,情更怯矣,酒楼听流娼卖唱,又恐被人传为话柄,向王姬说也》。再如《十三》手稿第八句下注有言:"姬企慕官职以厅长为最大荣名。"

现在要弄清的是,王映霞究竟有没有"红杏出墙"。

关于王映霞失身的证据,近年来发现的最有力的证据是汪静之死后,他女儿发表的汪氏遗稿,名为《汪静之为郁达夫鸣冤》,现在国内已能见到。最早刊于泰国《亚洲日报》(华文),时间在1998年8月。其中说,郁达夫赴徐州前线劳军期间,王曾恳请汪假扮丈夫,陪她去医院打胎。汪觉得言之成理,也就陪上去了。至于奸情,汪说了这样一件事,此后不久,他去郁家,郁已从徐州前线劳军回来,正在与王吵架。郁说:"这个不要脸的女人,她居然和人家睡觉!"汪以为是打胎事,帮王掩饰,说:"不会的,你不要相信谣言。"郁马上说:"哪里是谣言,她的姘头许绍棣的亲笔信在我手里!"一边说一边痛哭,泪流满面,我(汪静之自称)从来没有见过一个男人这样号啕大哭,万分伤心痛苦的样子。

这里有一个症结,即:一个女人怀上孩子,不管是谁的,若想打掉,只要常跟丈夫在一起,且丈夫有此能力,似乎不必瞒着丈夫。相反,若提出打掉孩子,会引起丈夫质疑(我不在,怎么会怀上孩子),进而问责(谁种的),那就要刻意隐瞒,就要趁丈夫不在,悄然打掉孩子了。

现在我们来推算一下,王氏有没有这样做的必要。

据《郁达夫年谱》与《王映霞自传》记载,郁与王此前的接触是这样的:

1937年"八一三"上海战事初起,王映霞便陪同老母与儿子避难富阳。恰在此时,郁达夫有公干赴上海,返回福州任所时,曾来富阳看望妻子,数日后离去。紧接着,王即乘朋友提供的汽车,到了金华,旋即转赴浙江省政府所在地丽水,住燧昌火柴公司楼房(五开间、五进、三层楼)。新鳏中的许绍棣,也住此楼。身为教育厅厅长,权力还是有的,对王家多方关照该在情理之中。时间当在同年九月。

转年3月9日,郁达夫离开福州,来到浙江丽水,拟去武汉,就任军委会政治部第三厅设计委员。这个时间,是《王映霞自传》里的说法。在《毁家诗纪》里,郁说到这次的丽水之行,时间要早一些,"1938年1月初,果然大雨连朝,我自福州而延平,而龙泉、丽水。到了寓居的头一夜,映霞就拒绝我同房,因许君这几日不去办公,仍在丽水留宿的缘故"。第二天亦未同房。第三天下午六时,许去碧湖游玩,王随车同去,留宿一晚第二天始归。过了两天，即与郁一起来到武汉。四月中旬，郁去徐州、台儿庄一带劳军。五月上旬返回。

如上所述，从 1937 年 9 月，王映霞到丽水与许绍棣有接触算起，到第二年四月中旬郁达夫去徐州劳军，共有七个月的时间。四月就急着打胎，那么可以推测，三月间腹部的迹象已相当明显。这恐怕就是郁达夫到丽水，而王映霞接连两天，不愿与他同房的真正原因。郁达夫以为许绍棣在丽水，王就不愿意与丈夫同房，显然不足凭信。哪个女人也不会丈夫在侧，而对他人这么忠贞。到了第三天，实在无可搪塞，宁愿冒着与许绍棣一起月夜游湖的非议，也不愿意与丈夫同房。若不是腹部迹象明显，实在没有第二个解释。三月不能同房，四月刚好有个机会（郁去劳军），当然就要匆匆打掉了。

因此上说，王映霞红杏出墙，怕是铁案难移。

他们的结局是，再后来两人到了新加坡，协议离婚，王到重庆，两年后另嫁他人，白首偕老。1945 年 9 月，郁达夫在印尼某地，被日本宪兵杀害。

再看陆小曼这个组合。陆小曼原是王赓的妻子，徐志摩苦苦追求，才与王赓离婚，与志摩结合。1926 年 10 月结婚，两年后，即显裂痕。起因当是，陆小曼奢靡无度，又染上大烟瘾，引起志摩的厌恶。1928 年春节前后，志摩写有日记，其中一则是："爱的出发点不一定是身体，但爱到身体就到了顶点。厌恶的出发点，也不一定是身体，但厌恶到了身体也就到了顶点。"

纵然如此，志摩仍为小曼辩护。有传言说，陆小曼与翁瑞午同榻抽大烟，如何如何，志摩不相信，说烟榻上只能谈心，不能做爱。然而，小曼慵懒的生活，确实让志摩沮丧。先是出国躲避，继而去北平教书，不及一年，便因飞机失事而亡。两人由相恋到私通，由结婚到厌倦，再到志摩暴亡，不过八年时光。志摩所以难下离婚的决心，固有其为人忠厚的一面，也有不愿背"始乱终弃"骂名的顾虑。

志摩活着的时候，小曼的表现不是上佳，而志摩去世后，小曼却表现了一个现代知识女性的优秀品质。当然，也不是没有可非议的地方。最大的非议是，志摩去世后数年，与翁瑞午公开同居。有人据此认为，小曼是个没有廉耻的女人。

我不这么看。小曼的毛病肯定是有的，但不在这上头。恰在这件事情上，可看出对志摩的忠贞。志摩去世的这一年，小曼只有二十八岁，还是个少妇，打她主意的达官贵人，不知凡几。而她不为所动，立誓不再谈婚嫁二字。长年素服，不施粉黛，也绝不出入娱乐场所。家中供着徐志摩的遗像，像下摆放鲜花，四季不败。

既已立誓不再谈婚嫁，又与翁同居，能说不是一种婚嫁？此同居非彼同居也。寻常同居是一种婚姻关系，比如许广平和鲁迅，许广平就不说他们是结婚，而说是同居。陆与翁确是同居，但不是婚嫁关系，各人保持各人的名分，即陆小曼仍是徐志摩夫人而不是翁瑞午的如夫人。嫁给别人，她的身份就变了，而与翁同居，翁能理解她，供养她，又不勉强她。这也就是她宁愿与翁没有名分地同居，而不愿意另攀高枝的原因。

最后看林徽因这个组合。林徽因与梁思成怎样才子佳人，怎样门当户对，不必说了，我们还是来说危机。跟徐志摩的黏连，可说事出有因，查无实据，跟金岳霖怕就不能这么说了。

实据是，梁思成晚年，与林洙结合后，林洙有次问起金岳霖终身不娶的事，梁思成笑了笑说：「我们住在总布胡同的时候，老金就住在我们家后院，但另有旁门出入。可能是在1931年，我从宝坻调查回来，徽因见到我哭丧着脸说，她苦恼极了，因为她同时爱上了两个人，不知怎么办才好。她和我谈话时一点不像妻子对丈夫谈话，却像个小妹妹在请哥哥拿主意。听到这事我半天说不出话，一种无法形容的痛苦紧紧地抓住了我，我感到血液也凝固了，连呼吸都困难。但我感谢徽因，她没有把我当一个傻丈夫，她对我是坦白和信任的。我想了一夜该怎么办？我问自己，徽因到底和我幸福还是和老金一起幸福？我把自己、老金和徽因三个人反复放在天平上衡量。我觉得尽管自己在文学艺术各方面有一定的修养，但我缺少老金那哲学家的头脑，我认为自己不如老金。于是第二天，我把想了一夜的结论告诉徽因。我说她是自由的，如果她选择了老金，祝愿他们永远幸福。我们都哭了。当徽因把我的话告诉老金时，老金的回答是：'看来思成是真正爱你的，我不能去伤害一个真正爱你的人。我应该退出。'从那次谈话以后，我再没有和徽因谈过这件事。因为我知道老金是个说到做到的人，徽因也是个诚实的人。后来，事实证明了这一点，我们三个人始终是好朋友。我自己在工作上遇到难题也常去请教老金,甚至连我和徽因吵架也常要老金来'仲裁',因为他总是那么理性,把我们因为情绪激动而搞胡涂的问题分析得一清二楚。"(刘培育主编《金岳霖的回忆和回忆金岳霖》)

现在我们要探究的是,这一晚之前,林与金的感情,发展到什么程度。这一晚之后,林、梁、金之间,又是怎样处理这场感情危机的。

这一晚之前出了什么事,不好推测,敢说的是,林与金的感情已到了论嫁娶的程度,或者说到了与本夫摊牌的程度。后来的发展,若不是金氏的急流勇退,梁思成将成为另一个王赓,林徽因将成为另一个陆小曼,金岳霖呢,将成为另一个为他所不齿的徐志摩。

这一晚之后如何?

梁思成是第二天告诉林徽因的,林当天就会告诉金,这样才有了金的表态。以情理论,此后三人之间,还会有一次交谈,此事才能说有始有终。现在要弄清楚的是,三人之间达成了怎样的共识,从而成功地度过了这场感情危机,并使这种感情黏连,平衡地持续地发展下去,成为中国现代知识分子感情史上的一个奇观。对这件事,我们不能说什么过头的话,只能是有一分事实说一分话,有八分事实不说十分话。事实是,金没有搬出去另找地方居住,可说是从此之后,过起了游牧民族的生活。游牧民族是"逐水草而居",他则是"逐林木而居"。林(当然要加上梁)走到哪儿,他就跟到哪儿,林住到哪儿,他就住到哪儿，万一分开了，也要利用假期，到林那儿住上一段时间。

且看具体事实。七七事变之后，梁家先离开北平，辗转到了长沙。在此期间，奉教育部之命，清华、北大、南开三校南迁，在长沙组成临时大学，清华教授金岳霖也就随之来到长沙。这可说是时势之功。后来梁家到了昆明，营造学社恢复后，没有图书，无法开展工作，只能依附中央研究院史语所，驻扎在昆明东北郊的麦地村。随后联合大学迁往昆明，改名为西南联合大学，校舍在昆明城内。

1940年春天，梁林二人，在离麦地村大约两华里的龙泉镇龙头村，建起了自己的住房，还有个不大的院子。龙头村距昆明十五六华里，交通也还方便。就在房子将要建成之际（应当说在建造中），一件奇怪的事情发生了，这就是，金岳霖自己出钱，在正房（朝北）的西侧续接了一间耳房，比正房稍矮些，房门直通梁家客厅。建房一事，林徽因给美国朋友费慰梅的信上，是这样说的："这个春天，老金在我们房子的一边添盖了一间耳房。这样，整个北总布胡同集体就原封不动地搬到了这里，可天知道能维持多久。"

《建筑师林徽因》（清华大学出版社2004年6月出版）一书中，有篇文章叫《梁思成、林徽因昆明龙头村旧居简介》，附有《梁、林旧居测绘图》。稍有识图常识的人，比如买过房子见过住宅平面图的，一看图上的标识，就知道在这个耳房与正房之间，即正房的西墙上，有个可开阖的小门。进去就是梁家的起居室，起居室的东侧，就是梁家的主卧室。这样一来，这三间房子就构成了一明两暗的格局，中间是客厅（明），一边是老金的卧室（暗），一边是梁林的卧室（暗）。

是不是老金住在这儿，很方便呢。我们是这么想的。实则并不尽然。林徽因在给费氏的信中，曾说过老金住在这儿去城里上课，是怎样的情形：有时走上十几里地，去了市内，还没上课，就响起了警报，只好钻进防空洞，警报解除了，上课的时间也过去了，又走上十几里地回到龙头村。一天连顿饭也吃不上。老金住在这儿，除了不会遭到空袭外，只能说，再苦再累，他就想住在这儿。没有别的解释。

前面引用的信中，有个词，大可玩味，就是："北总布胡同集体"。同时在龙头村建房住的，还有钱端升、陶孟和两家。初次读到这儿，我以为这个"集体"，应当包括了钱、陶两家，细细品读这段文字，方知不然。这里的"集体"二字，只包括梁林一家和老金。事实上，当年住在北总布胡同的，也正是梁林一家和老金一家，而老金一家实则只有老金一人。

这样的房间格局，老金就跟住在梁家差不了多少。上面引用过的林写给费慰梅的那封信里，一处说："老金这时走进已经暗下来的屋子……先是说些不相干的事，然后便说到那最让人绝望的问题——即必须做出决定，教育部已命令我们迁出云南。"另一处说："老金无意中听到这一句，正在他屋里格格地笑。"

再看后来的事，举几例。

一是，1940年冬，营造学社随史语所迁到四川李庄，第二年夏天，老金即来李庄度假，住在梁家住的院子里，可说是比邻而居。同年秋天，金又来李庄度假，仍住梁家，重写他丢失了的一部哲学书稿。

二是，这年夏天，西南联合大学常委，来李庄视察，曾两次登门看望林徽因。7月5日第二次看望后，在日记中说："临别伊再提返昆明之意，但余深虑其不能速愈也。"（《梅贻琦日记（1941——1946）》第62页）揣度梅氏文意，在很短的看望时间里，林两度提出返回昆明，可见其心情之急迫也。再就是，梁思成是营造学社的负责人，奉教育部之命，随史语所入川，没有上级的命令，是不得随意离开此地的。这样一来，林即使是为了治病返回昆明，也只能是投奔金岳霖了。

三是，抗战胜利后，1946年春天，林徽因扶病独自来昆明看望朋友，张奚若安排她住在唐家花园。这期间，陪着林徽因的则是老金。在给费慰梅的信里，林说过这个住处如何宽敞豪华之后，接下来说："如果我和老金能创作出合适的台词，我敢说这真能成为一出精彩戏剧的布景。但是此刻他正背着光线和我，像往常一样戴着他的遮阳帽，坐在一个小圆桌旁专心写作。"从实际的情形看，说到昆明就是来看望老金，至少不能说是荒唐。

据此我们只能说，他们三人处理这起情感危机，或者说是处理这起感情黏连的方式，极可能是达成了某种默契。这个默契的一个中心意思极可能是，金是可以爱林的，林是可以爱金的。

现在该总结一下了。

上面三个黏连组合中,有一个条件已述及而未着重提醒,即各组合人物的文化背景。现在可以提醒了。仍按照前面叙述的顺序,王映霞这一组合里,郁达夫留学日本,应当说是东方文化背景,也就是说,这一组合里,三人都是东方文化背景。

陆小曼这一组合里,陆是东方文化背景,徐志摩应当说是西方文化背景。

林徽因这一组合里,梁林双方,加上老金,均应视作西方文化背景。

于是可以得出这样一个粗浅的结论,当一个黏连组合中,全是东方文化背景的人物参与时,会弄得很僵。起初恩恩爱爱,一旦起了纠纷,立马恩断义绝,翻脸不认人。当一个黏连组合中,一方是有西方文化背景,一方是东方文化背景,前者会宽容忍让,不会采取极端手段。另一方纵然事中全无察觉,事后会给予更为深刻的理解。当一个黏连组合中,双方,连上第三方,全是西方文化背景,他们会用文明也合理的方式,化解他们的矛盾,安置他们的感情,达到一种极为完美的境界。

再就是,从上述分析中还能看得出来,在感情黏连事件里,每一组合的文明程度、幸福程度,跟他们学历的高低,修养的高低,是成正比的。学历高的,修养高的,处理这样的事件,文明程度就高些,幸福程度也要高些。学历低的,修养差的,处理这样的事件,文明程度就差些,幸福程度也要差些。

此中起作用最大的,是第三方,即另一男性方的修养与品质。一般来说,另一男性方的修养与品质高些,这类事件的处理就好些。

这只是我的粗浅研究。说到这儿,必须着重说一句的是,我从来认为,世事无常,凡事只能有个大致的趋向。因为世事无常,人世才这样的绚丽,因为有个大致的趋向,人世才这样值得留恋。

2010年3月4日

(本文根据2010年3月6日在太原万象书城演讲稿修改而成)

林徽因最为特别的地方
——答美国崴涞大学文慧科副教授问

谢谢您把您的信箱告诉我。很对不起，今天的通话断断续续。我现在在北京，没有固定的电话，只有手机，所以信号有时候不太好。我前天晚上回到北京，然后就觉得有些感冒，今天嗓子很奇怪，几乎说不出话来了。我才知道不能说话很可怕。

我现在在美国的 Willamette University（崴涞大学）当副教授，主要的研究方向是媒体科技，历史，还有 gender studies（性别研究）。我这次回国主要是为了查找跟林徽因文学、传记出版有关的一些资料，然后进行一些采访。在我研究的过程中，发现林徽因的传记，还有跟她有关的传记以及文集多达 30 多本，而且这个数量还在不断增长。您写的《徐志摩传》还有散文集《寻访林徽因》我都读过了，觉得您就很多有争议的问题进行了分析，我还在网上看过您主讲的有关林徽因和徐志摩的故事，觉得您将文史结合，非常生动有趣。我在美国的很多大学的图书馆里都发现他们收藏了您写的几本书,还有一些收录了您的文章的反映民国文人的文集,所以我想问您几个问题。如果有的问题您觉得没有必要,或者不想回答,我完全理解。能跟您通话,我万分感激,我十分感激岳洪治老师帮助我联系您。(文慧科)

1. 您对民国的很多知识阶层的代表人物进行过认真的研究,选择徐志摩有什么特别的原因吗?我想您一定很喜欢他的诗对不对?

答:几乎是上高中的时候,就对民国时期的文化人感兴趣,常看他们写的书,和写他们的书。我们那个中学的图书室里,有旧时代的出版物,可以随意借阅。囿于当时的见识,看的最多的还是一些左翼作家的作品,喜欢的是鲁迅、郭沫若、茅盾、巴金这些人。随着时光的流逝,看书多了,尤其是改革开放之后,许多禁忌没有了,阅读面大为开阔,渐渐就喜欢上了郁达夫、徐志摩、胡适这些人。

我原先是写小说的,二十世纪八十年代末,却对写小说没了兴趣,也许是自己原本没有这方面的才能吧,便转而做现代文学人物的研究。或许与我原来学历史有关,总也忘不了的是"研究"。最初选择的人物是李健吾,我的一个有着绝大天分的乡贤,用了四五年的时间,写了本《李健吾传》。这期间,北京十月文艺出版社正在组织写作一套"中国现代作家传记丛书",已出版了十多种,多为左翼作家。随着形势的变化,他们也想出些其他作家的传记,于是有《周作人传》《林语堂传》

的出版。我的一个朋友的妹妹，在这家出版社供职，参与这套丛书的编辑，听哥哥说我写的《李健吾传》不错，想让我也为他们写一本。当时他们拟定的传主名单，只剩下徐志摩、何其芳、冯雪峰还没找下写手，便问我三个人中愿意写哪个。几乎没有考虑，就说还是写徐志摩吧。徐志摩其人，在写《李健吾传》时，接触到不少资料，觉得他的一生丰富多彩，又一直处于时代文化的中心，能写成一部好的传记。

你猜可能是缘于我对徐志摩诗歌的喜爱，错了，我对新诗没什么好感，当然也说不上有什么反感。至今，我仍不能完整地背出一首徐诗，著名的《沙扬娜拉》只有四句，也背不下来。

2. 您在《寻访林徽因》的前言里曾经说，选择这个书名是因为对林先生的敬慕，您觉得林徽因有比她同时代的人更特别的成就和更突出的地位吗？

答:《寻访林徽因》里的文章，大都是在整理徐志摩的资料的过程中写成的。比如为了写徐传，买了一套影印的《晨报副刊》，没事了翻阅其中的文章，陆续写成《周作人与〈情波记〉风波》《由感叹号到吠字的论战》等，还有许多小文章，送报刊发表。所以这样做，也是为了收回成本。为写徐传买书，花的钱太多了，初版的稿费不及我花费的一半。

早在写《李健吾传》的时候，就对林徽因这个人起了兴趣。李与她有交往且不浅，她提携过李，李也写过她的文章。当然，我看书甚杂，看有关她的书与文章不少。所以对此人起兴趣，一是她的漂亮，二是她的才华，三是她与那么多优秀的男士的感情纠葛，都让我因喜爱而起敬意。无论从哪方面说，同时代的文化人中，她都是极为优秀的一个。后来我写过一篇八九万字的长文，叫《碧海蓝天林徽因》，收入我的一本叫《民国文人风骨》的书中。在写这篇长文时，又对她的身世、经历、才华、性格，做了一番研究。明白了她何以极为优秀的原因，就是，受过双重文化教育，或者说是一个西化甚深的人，加上绝顶的聪明，超卓的才华，还有她的美貌，成为一位风华绝代的女诗人、女学者，也就不足为奇了。

3. 您在写《徐志摩传》和跟其他民国人物有关的研究文章，尤其是林徽因的文章时，只是出于个人的兴趣，还是也考虑到近年来民国名人传记所受的关注？

答：前面说了，我一直对民国文化人物有兴趣，比如早在1990年就写过《纵横谁似李健吾》，后来出版《李健吾传》初版时，移作该书的《代序》。在我还没有接受写《徐志摩传》的时候，具体地说是1995年6月，就与朋友一起去山西汾阳县（今汾阳市）寻访林徽因在峪道河的踪迹，写成《寻访林徽因》一文发表。《李健吾传》1993年动手，四年后出版。《徐志摩传》1996年动手，五年后出版。有了这些事，这些文章，可以说，我的传记写作与研究文章，全是个人的兴趣，与近年来民国名人传记受关注，没有任何联系。他们只能说是我的晚辈吧，毕竟相隔了差不多二十年的时间。这当然是说笑话了。

4. 您觉得影视节目，尤其是电视剧《人间四月天》对于林徐的刻画怎么样？您觉得林徽因作品和传记的出版是不是因为受到这部电视剧的影响？

答：《人间四月天》的电视片，我没有看过。顶多是胡乱翻台的时候，翻到那儿看上一眼，很快又翻过去了。但我买下了正式出版的剧本，为的是研究之用。因为你不能说，这儿不好，那儿不好，是看电视看到的，写文章只能引用成文字的东西。早在这部电视剧还在摄制的时候（1999年），我就写过一篇文章，叫《别急着拍徐志摩》，在《文艺报》发表（后来收入我的随笔集《路上的女人你要看》）。结论是，现在拍，肯定拍不好，什么时候拍好呢，待我的《徐志摩传》出来。因为我知道，台湾编剧所依凭的，是张幼仪的侄孙女张邦梅写的《小脚与西服》；这本书，当时一位去美国讲学的朋友买到送我了。既是如此，能拍成个什么样子，对徐林的刻画，也就不待龟著了。至于说现在许多人写林传是受了这部电视剧的影响，我看不一定，真正优秀的人物，最终是会引起有识之士的注意的。比如我去峪道河寻访林徽因的踪迹时，这部电视剧还没有影儿，怎么就对林有那么大的兴趣？像我一样的人，也一定很多。

5. 您觉得林徽因跟她同时代的女性名人相比最特别的地方是什么？

答：前面说了，双重文化教育，再加上生于名宦人家，庶出又天生丽质，这些都或好或坏地，严重地影响了她的性格，使她成为独特的一个，又是极为优秀的一个。不是说凡是留学欧美的，都是双重文化教育。比如最近看到一篇文章中说，冰心留学回来，都当了燕大的教授，想看《金瓶梅》不敢到图书馆去借，而托章廷谦（川岛）去办。冰心与林徽因两人后来的矛盾，除了女性之间的嫉妒，还有一重原因，就是两种文化的冲突。林是一个完全西化了的知识分子，这是她最为特别的地方。

6. 您觉得目前对于林徽因等一批民国文化名人的研究现状怎么样？有什么还急需深层研究的方面？

答：现在许多人的研究，都是急于给出意义。这实际上与中国前多少年的路子一样。说鲁迅、郭沫若、茅盾，怎样推进了进步文化事业，进而怎样促进了中国的革命事业，是给出一种意义。说胡适、徐志摩这些人，怎样促进了新文化运动，又怎样促进了中国民主化的进程，同样是给出一种意义。给了鲁迅他们那么多的意义，一旦加以深入的研究，人们知道了他们究竟是个什么样的人，做过什么事，这塑起的金身便轰然倒塌，或部分倒塌，至少也是不再像先前那样高耸云天，金光灿烂。这样说并不是否认他们的文学功绩和社会贡献。有鉴于此，我以为，对林徽因这些民国文化名人的研究，着重点应放在他们究竟是个怎样的人，做过怎样的事上。多用事实说话，意义不言自明。而在这方面，做得还很不够。有心者应当，而且必须，在事实上下功夫。我们不能还原历史真相，但我们可以探求历史真相，接近历史真相，至少不被伪造的历史真相所蒙蔽。从这个意义上说，眼下的研究现状，是不能令人满意的，需要做的事，还很多。

7. 有的人觉得对民国名人和文化的研究是一种怀旧的表现，您同意吗？您觉得您对这一段时期文化的兴趣也有一种怀旧的情绪吗？还是，您从民国文化中看到与当前文化面临的相似的论题？

答：我不认为是什么怀旧的表现，乃是中国走向现代化的必需。我最初研究现代文化人物，或者仅是一种兴趣，越到后来，这个意识越明确了。我相信，许多研究者，都是有这样的心志的。这也是一种文化启蒙吧。从这点上说，当前对民国名人与文化的研究，只能说是一种向往，一种借助，而不是什么怀旧。从事研究的人中，我算是大的了，也是二十世纪四十年代中期出生的，怎么会有怀旧情绪呢？

至于说从中看到与当前文化面临的相似的论题，我觉得还没有到这个份上。根本就是两个不同的文化时代，也就不会有什么相似的文化论题。至于说由此会受到什么启发，那是研究以外的事。

8. 您觉得民国文化名人拥有的什么是后来的文化名人无法企及的地方？他们那一代文化名人又有什么共同的问题？

答：首先是所处的时代不同。时代是造就人才的最大的因素。不能过多地责备现在的文化人。生存毕竟是第一位的。说现在的文化人与过去的文化人有什么不同，是个伪命题。

他们那一代人最了不起的，是他们的家国情怀，就是要在自己手里改变国家命运的心志与能力。虽说最后的结果未必尽合他们的意愿，但他们毕竟做了，尝试了。就是孟子说的，"尽心力而为之"。这是他们最了不起的地方，也是最让后人敬重且羡慕的地方。

2010 年 6 月 5 日

人物传记衰象之分析
——以林徽因的传记为例

释题

本文探讨的范围，有一种地域上的限制，也有一种时间上的限制。具体地说，研究的是1949年中华人民共和国成立，以迄现今，港澳台地区以外的中国地区。

"人物传记"一词中所指的人物，系指主要活动在1840年鸦片战争爆发到1949年中华人民共和国成立这期间的文化人物。简约点说，就是现代文化人物。此类传记，二十世纪三四十年代，有少量出版。中华人民共和国成立后到改革开放前，几乎没有出版的。近三十多年来，由少到多，渐成规模，近年来则蔚为壮观。凡有名气的现代文化人物，几乎都有传记出版，声名卓著者且不止一部。极端的例子，如鲁迅当在二十部以上，胡适当在十部以上。

衰象一词的采用，稍为复杂些。

以词义而论，应是衰败的景象。这样说，好像是原先兴盛，现在才衰败下来。显然与我写作本文的意思不符。我的意思是，不管原先怎样，跟理论上应当达到的境界，跟世界发达国家相比，现在中国的人物传记，从一开始就是一种衰象，几十年来，几乎没有什么大的改变。这个衰字，是从外孙常看的一种图文书的书名上借来的。

外孙九岁，放学回家，常躲在他的小书房里，捧着一本小书看得津津有味，不时吃吃而笑。什么书呢，如此有趣，有次我实在忍不住了，过去扳下他的手看了书名：《阿衰》（云南教育出版社）。且已出到第三十几册。此后注意到，"衰"几乎成了外孙的口头禅，我要是做下什么无来由的错事，甩过来的一句便是："姥爷真衰啊！"以我的揣测，衰不仅是差的意思，还有弱智的意思。而这种弱智引来的结果，常是让人可笑可气又无可奈何。无以名之，亦无以责之，只能慨然曰："衰。"这位"衰哥"还有一个特点，就是不管别人怎样嘲讽，做起他的衰事来，总是那样的兴头十足，不屈不挠也无怨无悔。这一点，也与眼下传记写作中存在的问题相似。总之，中国的人物传记，可说是衰象连连又衰劲足足，令人可笑可气又无可奈何。

人物传记的衰象，可分为以下几种：一、囿于手头材料，就事论事，不做延伸，不事搜求；二、各种材料都有，稍加联想，就会有所发现，竟茫然不顾；三、手头资料上，就有宝贵内容，细细察看，不难发现，竟视而不见；四、限于大陆已出资料，不知借重台湾地区所存的相关资料。就我所看过的众多人物传记查验，或许能选取更为典型的事例，只是这样一来，文章就会散漫无边且卷帙浩繁，因此之故，只选与林徽因传记有关的资料以资佐证。

林徽因的传记作品，改革开放以来，出版的差不多有十种。我在本文中，只选择三四种，例证多采用陈学勇先生的《莲灯微光里的梦——林徽因的一生》。这不是因为陈学勇先生的这部林传最差，恰恰相反，陈先生的这部林传，是众多林传中，最为优秀的。陈先生是当今最有成绩的林徽因研究专家，编过《林徽因文存》（四川文艺出版社），出版过林氏史实考证集《林徽因寻真》（附《林徽因年谱》），他本人又是北京大学中文系出身。无论材料的掌握，还是文笔的练达，他写的这本林传，截止眼下，仍是林氏传记的最高水准。用本文采用的词语表述，应当说是最不衰的。这是要特别说明的。兹将这四种林徽因传的书名、作者、出版社及出版时间开列如下：

《莲灯微光里的梦——林徽因的一生》：陈学勇，人民文学出版社，2008年8月。

《一代才女林徽因》：林杉，作家出版社，1993年3月。

《骄傲的女神·林徽因》：丁言昭，上海书店出版社，2002年1月。

《客厅内外——林徽因的情感与道路》：王晶晶，东方出版社，2011年7月。

我手头的林传不止这四种，有这四种也就行了。

以下就各种衰象分别举例并略做剖析，限于篇幅，一种衰象只举一例。

一、囿于所知材料，就事论事，不做延伸，不事搜求

《林徽因年谱》载：1934年8月上旬，林徽因、梁思成应费正清、费慰梅夫妇之邀，往美国传教士恒慕义博士购置的一座废磨坊改作的乡间别墅度夏，别墅坐落于山西省汾阳县滹沱河谷地。度夏前后，林徽因、梁思成考察了汾阳、孝义、介休、霍县、赵城、文水、太原等县市的数十处古代建筑。费正清、费慰梅亦同行。(《莲灯微光里的梦——林徽因的一生》所附，全书第280—281页)

上文中，"滹沱河"系"峪道河"之误。滹沱河在山西北部，汾阳县（今汾阳市）在山西中部，行政上属吕梁市，其境内有峪道河，过去河上有磨坊。据我推测，陈先生之错，在于相信了《费正清对华回忆录》或《费正清自传》（与前书为同一书）的译文，或许是费正清原文就是错的。我疑心是费先生有"峪道河"的汉字记载，读起来则是"谷道河"，音译成英文写入文章，汉译者不加考证，就成了"滹沱河"。

《莲灯微光里的梦——林徽因的一生》里，无专章记其事。《骄傲的女神·林徽因》有专章记其事，第二十章，名为《晋汾之旅》。所用资料共四种，一为林徽因与梁思成合写的《晋汾古建筑预查纪略》，一为林徽因写的《山西通讯》，一为费正清著、陆惠勤等译的《费正清对华回忆录》，一为费慰梅

著、曲莹璞等译的《梁思成与林徽因———一对探索中国建筑史的伴侣》。文中叙事，主要引自《晋汾古建筑预查纪略》。对林徽因、梁思成此番晋汾之行，无论旅程还是行事，描述也还周详准确。

《一代才女林徽因》在名为《智慧的叶子掉在人间》的第十七章里，也写到了林徽因与梁思成及费正清夫妇的此次河汾之行。该书的写法近似小说，随时有依据史实杜撰的情节与对话。尤其令人吃惊的是，在写到由汾阳去洪洞的路上，作者在说了车把式的情形后，还让车把式一应一和地唱起了山西的民歌小调《亲疙蛋》，并将这首不算太短的民歌的歌词全部抄录在书上。且说：林徽因、梁思成、费慰梅不由自主地齐应："小亲疙蛋——"

引述此书的这一内容，是想说林徽因的传记，从最早的一部起，就有这种小说化的倾向，后来的发展，就更严重了。比如去年出版的《你若安好便是晴天》，便是循着这一路子发展下来的。此后对这类传记，不做论述。

《骄傲的女神·林徽因》是认真的著作。存在的问题是，囿于所知材料，就事论事，不做延伸，不事搜求。比如费正清的自传，作者采用的是陆惠勤等人翻译，1991年5月知识出版社出版的《费正清对华回忆录》。费正清的这一著作，还有另一个版本，就是黎鸣等人翻译，1993年8月天津人民出版社出版的本子。且不说译文如何，前一个本子，删节较多是肯定的。同样是写"晋汾之行"的《我的中国朋友》这一节里，后一个译本里的内容要丰富得多。且有几段文字，是费正清摘引他当年的笔记。当然，译文也不无小的讹误，在一段摘自"当时的记录"里，有一处地方，费正清写的是"Huo chou"，译者若能查一下山西地图，就会发现从汾阳到洪洞的路途上，必经之地有个"霍州"，就不会译作"和州"了。《骄傲的女神·林徽因》的作者丁言昭女士，若采用这个译本，对这一段行程的叙述，当会生动一些，也翔实一些。

这还不是我所说的"不做延伸，不事搜求"。

丁言昭的这本林传，在《晋汾之游》这一章里，依据《费正清对华回忆录》里的资料，写了林徽因等人在汾阳期间，费正清曾与金岳霖通信，谈到当时荣获中国女子网球冠军的王氏姐妹，也在峪道河的磨坊别墅度假，说"每一个都比另一个美"。金从北京回了信，说："根据你对天气的描述，你们每人应该穿上两件毛皮衣。你们怎么打网球呢？王氏姐妹怎么能打球呢？也许除了更加漂亮之外，每一个妞儿还比另一个更加结实。"以金与林的关系，这样的信，说是写给费的，也可以说是写给林的。从信中可以看出，林费等人在峪道河磨坊别墅，还有打网球的活动，且是跟当时荣获全国女子网球冠军的王氏姐妹一起打。写到这里，应当做适度的延伸与搜求。前些年，山西太原曾办过体育历史图片展，报上做过报道，介绍过1933年全国女子网球赛中，获得冠军的是两位山西籍的混血儿姐妹，一位叫王春菁，一位叫王春蕤，两人获得女子双打冠军，一人获得女子单打冠军，第二年在上海举行的全运会上，这对姐妹花又再度蝉联冠军。费正清夫妇与林徽因夫妇来峪道河磨坊别墅度假，正是 1934 年 8 月，当在王氏姐妹蝉联冠军之后。这样的资料，除过报刊文章外（《山西文学》就曾刊登过王湄的介绍文章），在网上也可以查到。

若兴致更高，视野更广阔，还可以约略介绍一下峪道河附近的人文景观。1934 年夏，正是中原大战停战不久，冯阎联军失败后，阎锡山曾将冯玉祥接到山西，名为保护，实为软禁，先是安置在他的家乡五台县河边村，后来就转移到这儿，具体地点，在峪道河上游，现在峪道河乡中学所在地。现在峪道河中学的理化实验室，系当年西北军将领高桂滋的公馆。是否专为冯玉祥而建就不得而知了。冯在此地住了年余光景，看中这里的好风水，将去世多年的父母的骨殖迁来安葬，并建有高大的碑楼。以情理而论，这些地方，林徽因他们是会来游览的。韩石山曾写有《寻访林徽因》一文，专记此事，收入同名随笔集《寻访林徽因》中。该书 2001 年 10 月人民文学出版社出版，不难看到。

这才是我所说的延伸与搜求。

二、各种材料都有，稍加联想，就会有所发现，竟茫然不顾

有一则史料，几乎所有的林传都会引用：

我曾问起过梁公,金岳霖为林徽因终生不娶的事。梁公笑了笑说:"我们住在总布胡同的时候,老金就住在我们家后院,但另有旁门出入。可能是在1931年,我从宝坻调查回来,徽因见到我哭丧着脸说,她苦恼极了,因为她同时爱上了两个人,不知怎么办才好。她和我谈话时一点不像妻子对丈夫谈话,却像个小妹妹在请哥哥拿主意。听到这事我半天说不出话,一种无法形容的痛苦紧紧地抓住了我,我感到血液也凝固了,连呼吸都困难。但我感谢徽因,她没有把我当一个傻丈夫,她对我是坦白和信任的。我想了一夜该怎么办?我问自己,徽因到底和我幸福还是和老金一起幸福?我把自己、老金和徽因三个人反复放在天平上衡量。我觉得尽管自己在文学艺术各方面有一定的修养,但我缺少老金那哲学家的头脑,我认为自己不如老金。于是第二天,我把想了一夜的结论告诉徽因。我说她是自由的,如果她选择了老金,祝愿他们永远幸福。我们都哭了。当徽因把我的话告诉老金时,老金的回答是:'看来思成是真正爱你的,我不能去伤害一个真正爱你的人。我应该退出。'从那次谈话以后,我再没有和徽因谈过这件事。因为我知道老金是个说到做到的人,徽因也是个诚实的人。后来,事实也证明了这一点,我们三个人始终是好朋友。"

这个材料,最早见于梁思成续弦夫人林洙的文章《碑树国土上美留人心中——我所认识的林徽因》(1991年),后来收入刘培育主编的《金岳霖的回忆和回忆金岳霖》(1995年，四川教育出版社)，再后来又由林洙几乎原封不动收入她的《大匠的困惑·梁思成》一书中，就广为人知了。上文中的"我"即林洙自称。文中梁思成说的1931年去宝坻调查古建筑，不确，当是1932年去河北蓟县（今天津市蓟州区）。具体时间是这年的6月中旬。这一点，陈学勇的书中有订正。

由此引发出的评价与感慨，不外林与金之间的感情如何的纯洁真诚，梁思成面对即将爆发的婚变，又是如何的沉着思索，从容以对。正是由于三人的品优学高，终于使这一即将爆发的婚变化险为夷，且成为中国现代婚恋史上的一段佳话。

这样的评价与感慨，都是把这一事件，看成一个完全孤立的事情，前无因，后无果，就它一个，孤零零地发生在1932年6月的某一天的夜晚到第二天白天的某个时刻。

论者至少应当留意到，《林徽因年谱》上有这样的记载：1932年8月4日，林徽因子梁从诫生于北平协和医院，林巧稚助产。取名从诫，意在纪念宋代建筑家李诫。（陈学勇《莲光徽灯里的梦——林徽因的一生》所附，全书第276页）

有了这一材料，作为一个诚实的写传者，写到这一晚上林梁夫妻之间的谈话时，至少应当说上这么一句：与金岳霖倾心相爱，导致向梁思成提出离婚时，林徽因已怀有8个多月的身孕。

依常情而论，第二天林徽因将金岳霖的话告诉梁，或是林与金一起再见梁，三人之间一定有一场严肃认真的谈话。这场谈的内容是什么，没有留下文字材料。往后三人之间的关系，该是最有力的佐证。大量的材料证明，这个谈话的最核心的部分当是，林是可以爱金的，金也是可以爱林的。

给了细心的作者，下面的材料也会留意到。

林徽因致费慰梅信："我们正在一个新建的农舍中安下家来。它位于昆明市东北8公里处一个小村边上，风景优美而没有军事目标。邻接一条长堤，堤上长满如古画中的那种高大的笔直的松树。我们的房子有三个大一点的房间……这个春天，老金在我们房子的一边添盖了一间'耳房'。这样，整个北总布胡同集体就原封不动地搬到了这里，可天知道能维持多久。"（陈学勇编《林徽因文存》散文卷第122页，四川文艺出版社）

这三个房间的房舍，与旁边的耳房，是怎样的一种格局？

清华大学建筑学院编，2004年由清华大学出版社出版的《建筑师林徽因》收有一文《梁思成、林徽因昆明龙头村旧居简介》。该文附有《梁、林旧居测绘图》。看图上的标识，知道这个耳房与正房之间的墙上，有个可开阖的房门。进去是梁家的起居室，东侧是梁家的主卧室。这样一来，不算正房最东边的一间，这三间房子就构成了一明两暗的格局，中间是客厅，西边是老金的卧室，东边是梁林的卧室。从图中能看出，老金的这个耳房，没有单独与外面院子相通的房门。

晚上是怎样的情形？

林徽因致费慰梅信："老金这时走进已经暗下来的屋子，使事情更加叫人心烦意乱。他先是说些不相干的事，然后便说到那最让人绝望的问题——即必须做出决定,教育部已命令我们迁出云南,然后就谈到了我们尴尬的财政状况……老金无意中听到这一句,正在他屋里格格地笑,说把这几个词放在一起毫无意义。"(陈学勇编《林徽因文存》散文卷第121—122页,四川文艺出版社)

也就是说,晚上梁林在东侧房里躺下,金在西侧房里躺下,中间隔着客厅,三人是可以对话的。

这样的事实,是否可以反证那天晚上林、金与梁,达成了怎样的协议?

众多的林传里,对此没有一句提及。

三、手头资料上,就有宝贵内容,细细察看,不难发现,竟视而不见

写人物传记,最棘手的是,少小时的材料难以寻觅。鲁迅的资料,可说是毫发无遗,可你知道鲁迅少小时的模样,他的亲人师友给他写过什么评价没有,想来是没有,若有,众多的鲁迅传里早就引用了。林徽因有一张少小时,与妹妹及三位表姐妹的照片,也还清晰,上面还有父亲写的带评价性的文字。

这张照片,最早见于梁从诫编、百花文艺出版社1999年4月出版的《林徽因文集》文学卷的插页,第155页,单色印刷,右侧文字有遗漏,不易辨认。最为清晰的是,清华大学建筑学院编、清华大学出版社2004年6月出版的《建筑师林徽

因》的插页，稍大些且是四色印刷，周边的文字，几乎没有遗漏。仔细辨认，不难看出其文字的全部。照片上五个女孩，最左边的是九岁的林徽因。照片有边框，上、左、右三边的边框上，有林长民用毛笔写的文字：

壬子三月，携诸女甥、诸女出游，令合照一图。麟趾最小。握其手，衣服端整身亭亭者王孟瑜，衣袖襞积，貌圆□□□瑜妹次亮也。曲发覆额最低者语儿曾氏，徽音白衫黑袴，左手邀语儿，意若甚昵，实则两儿俱黠，往往相争，果饵调停，时时费我唇舌也。瑜、亮，大姊出；语儿、四妹出；徽、趾，吾女。趾五岁，徽九岁，语十一岁，亮十二岁，瑜十四岁，读书皆慧。长民识。

从这段文字上可以看出，父亲对女儿的评论是：一、为人黠；二、读书慧。

人从三岁看到老。能说林氏少女时的德性与才分，没有延长到成年吗？

这么重要的材料，众多的林传都没有顾及。

四，限于大陆已出资料，不借重台湾地区存有的相关资料

多部林传里，都写到傅斯年分别写信给朱家骅与翁文灏，

希望他们通过陈布雷说项，让蒋介石亲批一笔大额款项，以接济因病致贫，困居李庄的梁思成、梁思永两家人。所依据的材料，多是傅斯年给林徽因的信及林给傅的回信。林的信见多种林徽因文集，傅的信见湖南教育出版社出版的《傅斯年文集》。

台湾史语所存有"傅档"（傅斯年档案的简称），学界许多人都知道，未听说写林传的人，去台湾查过"傅档"。听学界的朋友说，台湾史语所是允许大陆学者使用"傅档"的。

2011年，台湾史语所整理出版了《傅斯年遗札》三卷，内中颇多与林徽因有关的资料，且有一通林徽因的遗札。

从《傅斯年遗札》中能看出，此番请款，翁文灏那边后来是见了效，朱家骅这边并非没有尽自己的努力。朱的办法是，说动中英庚款董事会总干事杭立武同意，由傅斯年与林徽因相商设个学术著作项目，由中英庚款董事会给予"科学研究补助"。于是便有了林徽因给傅斯年的这封信。原信正文是：

> 今为实际生活所需，如不得已而接受此项实利，则最紧要之条件，是必需让我担负工作，不能由思成代劳顶替。
>
> 与思成细商之后决定，用我自己工作到一半的旧稿，用我驾轻就熟之题材，用半年可完之体裁，限制每日工作之时间，作图解及翻检笨重书籍时，由思成帮忙，则接受，不然，仍以卖物为较好之出路，少一良心问题。（《傅斯年遗札》第三卷第1273页）

查梁从诫编的两卷本《林徽因文集》(百花文艺出版社)，陈学勇编的三卷本《林徽因文存》(四川文艺出版社)，均未收入。多种林徽因传亦未提及。说是一通遗札，当无大谬。

从《傅斯年遗札》所收傅斯年致其妻俞大綵的信里，虽片言只语，也能看出傅与林之间的情谊，远在傅与梁之上。1946年1月7日给俞的信上说："现在托徐轼游兄带去此信，另带啤酒一小罐（林徽音送我，梁二反对之）。"(同上书第1666页) 梁思成排行为二。信中梁二，该是傅俞夫妻间平日对梁思成的指称语，不会是此番专为蔑视而另铸新词。

此时林已离开李庄，来到重庆，不久又去昆明看望金岳霖。重庆居住期间，林徽因曾去医院检查身体，病情恶化，活不长久，朋友圈内已广为人知。3月5日傅斯年给俞大綵的信里说："林徽音的病，实在没法了。他近月在此，似乎觉得我对他事不太热心，实因他一家事又卷入营造学社，太复杂，无从为力。他走以前，似乎透露这意思，言下甚为怆然，我只有力辩其无而已。他觉得是他们一家得罪了我。他的处境甚凄惨，明知一切无望了，加上他的办法，我看，不过一二年而已。"写至此处，特加一注："你可写信给他。昆明北门街七十一号金岳霖转。"指称女性仍用他字，该是傅氏的一个习惯。信中可以看出傅斯年的情感，光复之后，分手在即，他已不可能给林徽因切实的帮助，仍希望妻子写信劝慰病困中的老朋友。(同上书第1674页)

衰象罗列出来了，解救之法是什么呢，无他，反其道而

人物传记衰象之分析　331

行之是也。毛病不是一日得下的,救治怕也非一日之功所能奏效。但愿有志于此者,及早认知,尽力补救,使中国的人物传记的写作,早日走上正道,走上坦途。

2013年7月22日

(本文根据作者在香港传记文学国际学术会议上的发言稿修改而成)